Das große Buch der Entspannungstechniken

Von Helmut Brenner

humboldt – Die großen Bücher 923
Umschlaggestaltung: Christa Manner, München
Umschlagfoto: The Image Bank; Fotograf: Larry Dale Gordon
Zeichnungen im Text: Rita Timm, Bad Salzuflen, und Autor
Fotoabbildungen im Text: Gertrud Brenner
Die Forschungsergebnisse, die dem Inhalt dieses Bandes zugrunde liegen, wurden vom Autor in der Klinik Lipperland der BfA, Bad Salzuflen (Ltd. Arzt Dr. med. F.-L. Schmidt) erarbeitet.

Hinweis für den Leser

Alle Angaben sind von Autor und Verlag sorgfältig geprüft.
Eine Garantie kann dennoch nicht übernommen werden.

© 1989 by Humboldt-Taschenbuchverlag Jacobi KG, München
Druck: Ebner Ulm
Printed in Germany
ISBN 3-581-66923-4

1 2 3 * 91 90 89

Inhalt

Vorwort

Sie sind entschlossen, sich mit Entspannungstechniken näher zu befassen. Sie suchen Informationen über mögliche Verfahren oder konkrete Übungsanleitungen. Beides können Sie in diesem Buch finden.

Nicht bieten kann Ihnen dieses Buch den lebendigen Gruppenprozeß und die persönliche Therapiekontrolle. Beides ist wichtig. Wenn Sie die Möglichkeit haben, sollten Sie im Anschluß oder parallel zur Lektüre einen psychotherapeutisch geleiteten Kursus besuchen. Insbesondere das Autogene Training soll in der Anfangsphase nicht ohne Therapiekontrolle erlernt werden. Solche Kurse werden heute an den meisten Volkshochschulen oder anderen Bildungseinrichtungen durchgeführt. Erfahrungsgemäß fällt es in einer Gruppe leichter, die angestrebten Empfindungen zu erreichen. Dort können auch Mißempfindungen während des Übens, die allerdings selten auftreten, besprochen und geklärt werden.

Dieses Buch ist in den praktischen Teilen in Seminar- und Übungsform gehalten, wobei ich Sie als Mitglied einer Gruppe anspreche. Ich möchte Sie auch anregen, selbst Fragen zu stellen und diese aufgrund Ihrer Lektüre zu beantworten. Die angesprochenen Themen und Probleme können Sie für Ihre eigene Person durchdenken, erlebnismäßig erfahren und handelnd erproben.

Vor Beginn der Lektüre sollten Sie sich überlegen, weshalb Sie Entspannungstechniken erlernen möchten. Durch Test-Fragebogen erfahren Sie, ob Sie Ihre Erwartungen erfüllen und Ihre Ziele erreichen können. Wir informieren Sie über den jeweiligen Trainingseinsatz. Überlegen Sie dann, ob Sie sich der Mühe unterziehen wollen, über einen gewissen Zeitraum hinweg regelmäßig zu üben. Wenn Sie zu einem positiven Entschluß gekommen sind: Beginnen Sie mit dem entsprechenden Übungsteil!

Vergleich der
Entspannungsverfahren

Es gibt verschiedene Entspannungsverfahren, die ihre Berechtigung und ihren Sinn haben. Hierzu gehören neben Autogenem Training religiöse Meditation, transzendentale Meditation, Yoga, Hypnose, funktionelle Entspannung, Musik-Entspannungstherapie, Biofeedback und Tiefmuskel-Entspannungstraining.

Das **Autogene Training** (ab Seite 161 beschrieben) ist ein Entspannungsverfahren, das in den zwanziger Jahren dieses Jahrhunderts von dem Berliner Psychiater JOHANN HEINRICH SCHULTZ* entwikkelt wurde. Die erste Ausgabe seines Standardwerkes »Das Autogene Training – Konzentrative Selbstentspannung – Versuch einer klinisch-praktischen Darstellung« erschien 1932. Seither hat seine Methode große Verbreitung gefunden und ist heute das bekannteste Entspannungsverfahren. Das mag daran liegen, daß Autogenes Training auch im ärztlichen Bereich Anerkennung und Anwendung gefunden hat. Eine weitere Verbreitung ergibt sich auch durch die positiven Erfahrungsberichte autogen Trainierter, die immer mehr Menschen ermutigen, selbst dieses Entspannungsverfahren zu erlernen.

Wir können Autogenes Training als »im Selbst entstehende Entspannung« definieren. Wir lernen, mit »passiver Konzentriertheit« auf Muskeln, Kreislauf und Vegetatives Nervensystem Einfluß zu nehmen.

Im Gegensatz zum Autogenen Training ist bei den meditativen Verfahren nicht die bessere Regulation der Körpersysteme das Ziel. Vielmehr sollen geistig-meditative Übungen durchgeführt und je nach weltanschaulichem Standort unterschiedliche Ziele erreicht werden. In der **religiösen Meditation** wird eine größere Nähe zum Göttlichen angestrebt. Dabei ist die Form der Meditation recht un-

---

* 1884–1970

einheitlich: In religiösen Exerzitien legen sich die Teilnehmer ein Sprechverbot auf, das einige Tage lang durchgehalten werden soll. Die Aufgabe des einzelnen besteht in der Durchführung von Gebeten und religiösen Lesungen. Die Entspannungsempfindungen sind Nebenprodukte; sie kommen einerseits durch meditative Gebete und andererseits durch Ausklammern von Alltagsproblemen zustande.

Aus dem Bereich der religiösen Mystik sind Versenkungsübungen bekannt, die in Trancezustände und leidenschaftliche Gotteshuldigungen übergehen. Diese Technik, die man vor allem bei Naturvölkern vorfindet, unterscheidet sich von der christlichen und auch von der buddhistischen Versenkung. Bei letzterer wird eine innere Ruhetönung angestrebt, die es erlaubt, das Nirwana, d. h. die völlige Auflösung und Befreiung von der Körperlichkeit, zu erreichen. Mystische Übersteigerungen haben mit Entspannungsverfahren nichts mehr gemeinsam: sie führen mit voller Absicht zum Gegenteil körperlicher Entspanntheit. Das Ziel ist bedingungslose Huldigung des Göttlichen. Der Körper wird dabei als Störfaktor angesehen, der im eigentlichen Sinne des Wortes »mißachtet« wird.

Dies gilt nicht für eine stabile religiöse Gläubigkeit, obwohl auch hier die Gefahr der Übersteigerung des Geistigen und die Mißachtung sowie Kasteiung des Körperlichen nicht übersehen werden sollten. Die ganzheitliche Entspannung in der Religion kann nicht allein durch deren meditative Techniken erreicht werden; die entspannende Wirkung der Religion kommt in erster Linie durch Antworten auf existentielle Fragen zustande: Worin besteht der Sinn des Lebens? Was kommt nach dem Tode? ... Wenn der Mensch diese Fragen für sich selbst zufriedenstellend beantworten kann, wird er sich viel weniger mit Ängsten und Krankheiten plagen.

Die existentiellen Fragen müssen nicht unbedingt auf der christlichen Ebene beantwortet werden. Der Sinn des Lebens kann auch in uns selbst liegen: »Ich lebe, um zu erleben« oder »Ich lebe, um den heutigen Tag zu meistern« oder »Ich lebe, weil ich Freude geben will« oder...

Wer sich zu einer Religion bekennen kann, ist in der Sinn-Frage im Vorteil, weil er einfache, eindeutige und allgemeingültige Antworten auf seine Fragen bekommt. Eventuelle Glaubenszweifel können allerdings zu noch größeren Schwierigkeiten führen.

Die Frage nach dem Sinn des Lebens sollte sich auch ein autogen Trainierender zur ganzheitlichen Absicherung seines Trainings bewußt stellen und in bezug auf seine eigene Situation und Geschichte eindeutig und, wenn notwendig, schonungslos sich selbst gegenüber beantworten. Sollte die Antwort vorübergehend schmerzlich für Sie sein, dann haben Sie bisher einer Illusion angehangen.

Bei der Durchführung von meditativen Techniken wird die Auseinandersetzung mit der Wirklichkeit vermieden und der Boden der Realität verlassen. Dies geschieht auch in der **transzendentalen Meditation**. Diese Technik ist nicht an eine religiöse Richtung gebunden, stellt jedoch selbst eine Ideologie dar. Es wird eine höhere Bewußtheitsstufe angestrebt, die mit aufmerksamem Denken und Verfolgen von Symbolen und Gedanken beginnt. Bestimmte Nuancen der Gedanken sollen dann transzendiert (überschritten) werden. Das Ziel ist ein Zustand reiner Bewußtheit, wobei die Körperlichkeit keine Rolle mehr spielt. Nach den Übungen kann der Kontrast zur Wirklichkeit verstärkt spürbar werden. Ein wichtiger Unterschied zum Autogenen Training liegt also in der einseitigen Betonung der geistigen Seite des Menschen. Weiterhin wird in der transzendentalen Meditation auch mit mystischen Komponenten gearbeitet, was beim Autogenen Training nicht der Fall ist.

Wie bei den meisten asiatischen Methoden wird auch beim **Yoga** die geistige Seite des Menschen stark betont. Selbst die kunstvollen Übungshaltungen und die gymnastischen Übungen beim asiatischen Yoga haben nicht das Ziel, die menschliche Einheit und Ganzheit zu fördern, sondern zielen auf eine Gleichgültigkeit den körperlichen Funktionen gegenüber.*

Das der europäischen Kultur am ehesten entsprechende Verfahren ist der sogenannte Hata-Yoga. Die meisten Yoga-Methoden greifen aktiv in den autonomen, also unwillkürlich gesteuerten Atem- oder Herzrhythmus ein. Dadurch kommt es leicht zu Funktionsstörungen in diesen Bereichen. Auch das Autogene Training kennt eine Atem- und Herzübung, jedoch folgt der Trainierende hier ausdrücklich seinem Eigenrhythmus.

---

* Wenn Sie Yoga näher kennenlernen wollen, empfehlen wir die Taschenbücher »Das ist Yoga!« (ht 82) und »Yoga für Frauen« (ht 588) vom Humboldt-Taschenbuchverlag, München.

Als europäischer Vorläufer des Autogenen Trainings kann die **Hypnose** angesehen werden, obwohl sie sich vom Autogenen Training stark unterscheidet.* Wichtige Erkenntnisse für die Entwicklung des Autogenen Trainings sammelte Prof. J. H. SCHULTZ durch Beobachtung und Befragung von Studenten, die er in Hypnose versetzt hatte. Sie berichteten von intensiven Entspannungsempfindungen. Die beschreibenden Begriffe, die am häufigsten genannt wurden, waren: Ruhe, Wärme und Schwere. SCHULTZ stellte nun die Überlegung an: Wenn in tiefen Entspannungszuständen diese Empfindungen auftreten, müßte Entspannung auch dadurch zu erreichen sein, daß die Begriffe Ruhe, Wärme und Schwere auf autosuggestivem Wege eingeübt werden. Mit einem entsprechenden Training müßte es möglich sein, selbstgesteuerte Entspannung hervorzurufen. Seine Überlegung war richtig, wie sich an den positiven Ergebnissen zeigte. SCHULTZ wies damit den Weg von der Fremdbeeinflussung zur systematischen Selbstbeeinflussung. Aus der Behandlung konnte Handlung entstehen; aus der Passivität konnte Aktivität werden. Erleiden und Erdulden war nicht mehr die Devise, sondern die Menschen begannen ihr Schicksal selbst in die Hand zu nehmen. Sie lernten mit dem Autogenen Training ein Verfahren kennen, das ihnen erstmals Selbststeuerung und Eigenverantwortung für sich und ihre Gesundheit ermöglichte. Hypnose dagegen ist ein Verfahren, das die passive Empfängerhaltung des Patienten unterstützt.

Bei der **funktionellen Entspannung** wird vorrangig über die Atemregulierung Gesamtentspannung gelernt. Das Verfahren wird auch atemrhythmisierende Entspannung genannt. Es geht von der Erfahrung aus, daß schon geringste Spannungen den Atemrhythmus störend beeinflussen. Durch die Übungen sollen der Eigenrhythmus der Atmung entdeckt und die Schwingungsfähigkeit des Zwerchfells erhöht werden. Dadurch können Spannungen gelöst werden.

Dieses Verfahren erscheint besonders geeignet für Personen, bei denen Atemstörungen im Vordergrund stehen. Eine gewisse Gefahr

---

* Einen guten Einblick in die Techniken und Voraussetzungen der Selbsthypnose gibt das Humboldt-Taschenbuch »Erfolgsgeheimnis Selbsthypnose« (ht 571), erschienen im Humboldt-Taschenbuchverlag, München.

liegt darin, daß durch die alleinige Einstellung auf die Atmung dieser übergroße Bedeutung zugemessen wird und dadurch wieder neue Atemstörungen entstehen können. Ein guter Lehrer des Verfahrens kann jedoch diese Schwierigkeit beseitigen. Außerdem entwickelt sich das Verfahren von der bloßen Atementspannung zu einer ganzheitlicheren Therapie weiter.

In der **Musik-Entspannungstherapie** spielt der Rhythmus eine entscheidende Rolle. Sie alle kennen die aufpeitschende Wirkung der Rockmusik oder südamerikanischer Tanzmusik. Sie haben auch die beruhigende Wirkung vieler Sonaten oder langsamer symphonischer Sätze erfahren. Bloßes Anhören solcher Musik ist jedoch noch keine Musik-Entspannungstherapie. Erst wenn die Anfangsphase des reinen Zuhörens überwunden ist, kann die Phase der emotionalen Auflockerung voll zur Wirkung kommen. Die üblichen oberflächlichen Hörgewohnheiten müssen in ein »Tiefenhören« umgewandelt werden. Ein wichtiges Kriterium liegt in der passiv empfangenden Anwendung der Musik. Die von der eigenen Person ausgehende Suggestion fällt weg; es findet eine Außenbeeinflussung, hier durch Musik, statt. Davon abgesehen gibt es bis heute noch keine für Musik-Entspannungstherapie komponierte Musik, die ohne Einschränkung zu empfehlen ist. Aus dem Repertoire klassischer Musik erscheinen mir drei Stücke als zufriedenstellend geeignet: 1) L. v. Beethoven: Sonate Nr. 14, cis-Moll, Op. 27 Nr. 2 (Mondscheinsonate), 1. Satz, 2) R. Schumann: Träumerei (aus: Kinderszenen, Op.15), 3) C. Débussy: Clair de lune (aus: Suite Bergamasque).

Darüber hinaus gibt es noch eine Vielzahl geeigneter Musikpassagen, jedoch finden Sie immer Tonhöhen- oder Lautstärkesteigerungen, die die Entspannung beeinträchtigen können. Selbst »Clair de lune« hat solch einen störenden Mittelteil.

In der Praxis wird die Musik-Entspannungstherapie in reiner Form nur selten durchgeführt; meist wird sie mit autosuggestiven Formeln kombiniert oder als Unterstützung im Rahmen anderer Entspannungsverfahren eingesetzt. Um eine Koppelung beider Entspannungsarten zu ermöglichen, ist es günstig, nur mit einem oder zwei Musikstücken zu arbeiten, die gleichzeitig oder abwechselnd mit der anderen Entspannungskomponente dargeboten beziehungsweise durchgeführt werden.

In manchen Fällen sind auch gute Erfolge mit Hilfe von **Biofeed-back**-Techniken zu erreichen. Hierbei wird eine dem Entspannungsziel entsprechende biologische Größe gewählt (z. B. Muskelaktivität, Herzfrequenz oder Hauttemperatur) und optisch oder akustisch wahrnehmbar gemacht. Durch Konzentration auf das rückgemeldete Signal und den Vorsatz, das Signal zu verändern, ist es nach einiger Übung möglich, die Muskelaktivität, die Herzfrequenz oder die Hauttemperatur in der gewünschten Richtung willentlich zu beeinflussen. Es werden hier mit apparativer Hilfe ähnliche Erfolge erzielt wie bei anderen Entspannungsverfahren, jedoch ist das Verfahren aufwendig, und das Gelernte ist schwer auf konkrete Situationen zu übertragen.

Das **Tiefmuskel-Entspannungstraining** (Progressive Relaxation nach JACOBSON, hier ab S. 19 ausführlich beschrieben) ist ein verhaltenstherapeutisches Verfahren, bei dem zunächst ohne gezielte Anwendung von Autosuggestionen fortschreitende Entspannung der Hauptmuskelpartien geübt wird. Systematische muskuläre Anspannung und Entspannung bewirken Kontrasterlebnisse; es lassen sich damit ähnliche Empfindungen erzielen, wie sie im Autogenen Training auf autosuggestivem Wege eingeübt werden. Durch das Tiefmuskel-Entspannungstraining werden schnellere Erfolge erreicht als beim Autogenen Training, jedoch gewährleistet das Autogene Training die intensiveren Langzeitwirkungen. Wenn sich allerdings jemand nicht zum Erlernen eines autosuggestiven Entspannungsverfahrens entschließen kann oder wenn sich wider Erwarten besondere Schwierigkeiten beim Erlernen des Autogenen Trainings ergeben, würde ich als Ersatz beziehungsweise als vorbereitende Übung das Tiefmuskel-Entspannungstraining empfehlen. Jemand, der das Tiefmuskel-Entspannungstraining beherrscht, erreicht leichter und schneller Erfolge beim Autogenen Training. Diese Methode legt, im Gegensatz zum Autogenen Training, besonderen Wert auf die Muskel**an**spannung und Muskel**ent**spannung. Es wird z. B. mit aktiver Anspannung der Bizepsmuskeln gearbeitet; darauf folgt die Entspannungsphase. Dabei prägen sich Entspannungsgefühle ein und versetzen den Übenden besser in die Lage, zukünftige Spannungszustände wahrzunehmen und gegenzusteuern.

Über die Kontrasterlebnisse, die durch dieses Vorgehen zustande kommen, treten die Entspannungsempfindungen in jedem Falle sogleich ein. Dies ist für die eigene Motivation, ein Entspannungsverfahren zu erlernen, von Vorteil. Beim Autogenen Training dauert es normalerweise einige Tage, bis sich die ersten Empfindungen einstellen. Eine gewissen Schwierigkeit beim Tiefmuskel-Entspannungstraining sehe ich in den notwendigen umfangreichen Anleitungen, die nicht ganz leicht zu behalten sind. Wie beim Autogenen Training erscheint es mir wichtig, daß der Übende die Anleitungen im Laufe der Zeit in sich aufnimmt und die Übungen auch selbst durchführt. Aus dem Geführtwerden soll Selbstführung werden.

Der Autor führt zusätzlich zu Kursen in Autogenem Training und Biofeedback-Übungen auch Trainingsrunden in Tiefmuskel-Entspannung durch. Dazu liegt eine Tonkassette mit den Übungen des Tiefmuskel-Entspannungstrainings vor, die Interessierte durch Überweisung von DM 18,– an Dipl.-Psych. H. Brenner, 4902 Bad Salzuflen 1, Postscheckkonto Hannover Nr. 320668-304, BLZ 250100 30, bestellen können. (Eine Ton-Anleitung zum Autogenen Training veröffentlicht der Autor nicht, weil dies dem Sinn, dem Vorgehen und dem Ziel dieses *autosuggestiven* Verfahrens widersprechen würde.)

Das Tiefmuskel-Entspannungstraining wird heute zur Behandlung einer Vielzahl psychovegetativer Störungen eingesetzt. Außerdem wird es oft im Rahmen der Verhaltenstherapie als Hilfsmittel zum Abbau krankhafter Ängste (Phobien) benutzt. Hierbei werden die angstmachenden Situationen zunächst gesammelt und dann in eine Rangfolge gebracht, die ihrer subjektiv empfundenen Angststärke entspricht. Dann wird der Klient gebeten, sich die Situation mit dem geringsten Angstwert möglichst plastisch vorzustellen. Nach etwa einer halben Minute wird er gebeten, bestimmte Übungen des Tiefmuskel-Entspannungstrainings durchzuführen. Dies wird so lange wiederholt, bis in der vorgestellten Situation keine Angst mehr auftritt. Die neue Erfahrung wird dann in der Realität erprobt. Danach kann zur nächstschwierigeren Situation übergegangen werden, bis schließlich auch die am stärksten angstbesetzte Situation angstfrei erlebt wird. Mit Hilfe von Entspannungsreaktionen läßt sich somit auch Angst systematisch abbauen (vgl. S. 138 ff.).

Tiefmuskel-Entspannungs-Training

Die Menschen erflehen Gesundheit von den Göttern beziehungsweise Halbgöttern in Weiß. Sie haben verlernt, für ihre Gesundheit selbstverantwortlich zu handeln.

(frei nach Demokrit)

Einführung in das Tiefmuskel-Entspannungs-Training

Spannung und Entspannung in der heutigen Zeit

Wir wollen mit zwei Fragen beginnen:

Warum, lieber Leser, lege ich Ihnen diese Informationen zum Tiefmuskel-Entspannungs-Training (TE) vor?

Weshalb wollen Sie dieses Entspannungs-Training erlernen?

Zur ersten Frage möchte ich Ihnen die folgenden Erläuterungen geben, die Ihnen für die eigene Beantwortung der zweiten Frage als Hilfestellung dienen können.

Psychische und psychovegetative* Störungen haben nach Experteneinschätzung 50–80% der Bevölkerung in den Industriestaaten. Sie gehören also keineswegs zu einer Minderheit, wenn Sie unter solchen Störungen leiden.

Leiden ist für fast jeden eine unangenehme Empfindung, die er zu verändern sucht. Der »kämpferische Typ bekämpft« seine Beschwerden, indem er noch mehr arbeitet oder sich andere Ablenkung sucht. Der »resignierende Typ« gibt sich seinen Leiden hin, will bedauert werden und sucht kindhaftes Beschütztwerden. Das

---

* Ich habe mich bemüht, fremdsprachliche Ausdrücke möglichst wenig zu benutzen. Die verwendeten Fremdwörter, die im Text nicht übersetzt sind, werden im Verzeichnis der Fachausdrücke auf den Seiten 305–307 erklärt.

sind die beiden Extremtypen. Es gibt jedoch weitere große Gruppen, etwa die »fortschrittsgläubigen Typen«, die der Auffassung sind, daß in unserem technisch-wissenschaftlichen Zeitalter alles ohne viel eigenes Dazutun machbar sein müßte. Von diesem Typ sind nach Auskunft der Deutschen Krankenversicherung 4 Millionen Menschen abhängig von Beruhigungsmitteln und 4 Millionen abhängig von Schmerzmitteln. Bei weiteren 8 Millionen Mitmenschen hat sich infolge der dauernden emotionalen und körperlichen Anspannung ein Bluthochdruck eingestellt, der meist medikamentös »bekämpft« wird.

Der »selbstverantwortliche Typ«, der nach den obengenannten Zahlen nicht sehr weit verbreitet zu sein scheint, fragt nach den Ursachen der Anspannungen und Spannungsleiden und bearbeitet die Ursachen. Er handelt auch sonst gesundheitsförderlich, indem er weitgehend natürlich (natürlich kommt von Natur) lebt und auf natürlichem Wege Entspannung herbeiführt.

Den letztgenannten Menschentyp habe ich vor Augen, wenn ich dieses Buch schreibe. Das Buch möchte ich denjenigen Mitmenschen widmen, die mehr Selbstverantwortung für ihre Gesundheit zu übernehmen bereit sind und die mehr gesunde Eigenaktivität entwickeln möchten.

Wenn Sie Verantwortungsbewußtsein für Ihre Gesundheit in sich spüren, Ihnen aber noch konkrete Hinweise und Anleitungen fehlen, werden Sie die entsprechenden Hilfen in diesem Buch finden.

Wenn Sie den Stellenwert der natürlichen Gesundheitsförderung noch nicht abschätzen können, möchte ich versuchen, Sie durch Argumente und Belege zu überzeugen.

Ich bin seit Jahren in der Rehabilitationsklinik der BfA in Bad Salzuflen im Rahmen der Gesundheitsförderung tätig und habe in dieser Zeit für die Einzel- und Gruppenarbeit mit den Klienten begleitende Effektivitätsuntersuchungen durchgeführt. In einer Untersuchung bei Herzinfarktpatienten habe ich diejenigen Klienten, die während der Rehabilitationskur gesundheitsfördernde Eigeninitiative in einer Gesprächsrunde und beim Entspannungs-Training gezeigt hatten (= Gruppe 2) denjenigen gegenübergestellt, die eher passive Rehabilitationsmaßnahmen wie Bäder oder Massagen vorzogen (= Gruppe 0). Nach 3 Jahren habe ich beide Gruppen nachbefragt und einige erstaunliche Ergebnisse erhalten: Die ehemaligen Patienten der Gruppe 0 hatten in 18% der Fälle in den letzten 3 Jahren einen Reinfarkt, das heißt einen zweiten Herzinfarkt erlitten; bei der Gruppe 2 waren es lediglich 2%. Von den Patienten der Gruppe 0 waren 10% verstorben, von der Gruppe 2 waren es lediglich 2%. Bei den ehemaligen Klienten der Gruppe 2 hatten sich die Einstellungen zu Streß und Konflikten positiv verändert, psychovegetative Störungen hatten stärker abgenommen und auch der Medikamentenkonsum war stärker zurückgegangen als bei der Gruppe 0. (Die medizinische Vergleichbarkeit der Gruppen ist durch eine zusätzliche Untersuchung von Dr. F.-L. Schmidt abgesichert.)

Die Ergebnisse zeigen, daß die Übernahme von Eigenverantwortung zu greifbaren positiven Ergebnissen führt: Krankheiten treten seltener auf, Leiden und Gesundheitsstörungen werden gebessert, der Körper braucht sich weniger mit der Beseitigung von chemischen Schadstoffen und Medikamentennebenwirkungen zu plagen.

Die gesundheitsförderlichen Resultate können selbst dann erzielt werden, wenn bereits eine ernste Erkrankung durchgemacht wurde. Aber muß es erst soweit kommen, daß der Organismus durch Herzinfarkt, Schlaganfall, Magengeschwür oder Krebs die Notbremse zieht? Ist es nicht sinnvoller und einfacher, seine Gesundheit selbstverantwortlich in die Hand zu nehmen?

Ich fragte zu Anfang nach Ihrem Ziel, welches Sie mit Hilfe dieser Anleitung erreichen wollen.

Wahrscheinlich haben Sie einige Befindensstörungen, wie innere Unruhe, Schlafstörungen, Kopfschmerzen oder Atembeschwerden genannt, die Sie mit Hilfe unseres Trainings beseitigen möchten.

Ich darf Sie nun bitten, auf Grund des bisher Besprochenen Ihr Ziel nochmals zu überprüfen und eventuell zu erweitern. Erstrebenswert ist sicher eine selbstgesteuerte Entspannung des ganzen Menschen.

In unserer geschäftigen Welt geht es häufig nur um Beseitigung von Symptomen wie z. B. Reizbarkeit oder Magendruck. Die »Maschine« soll einwandfrei funktionieren. Das Gesundheitssystem wird mit dem Begriff TÜV belegt, verschiedene Zeitgenossen vergleichen sich mit einem Auto, das mal eben repariert werden muß, wenn es nicht richtig funktioniert. Ich habe manchmal den Eindruck, daß wir mit unserem Automobil bedachtsamer umgehen als mit unserem eigenen Organismus. Wenn ein wassergekühltes

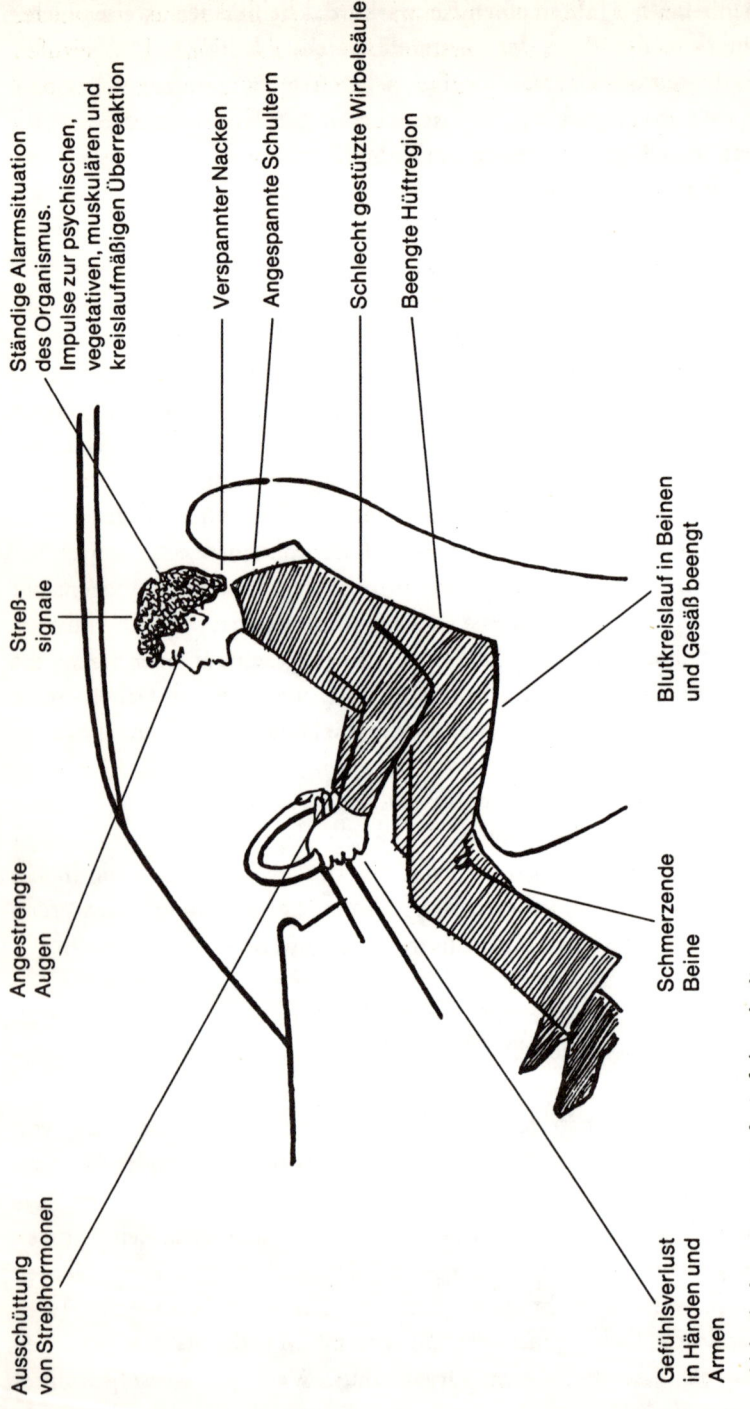

Ständige Alarmsituation
des Organismus.
Impulse zur psychischen,
vegetativen, muskulären und
kreislaufmäßigen Überreaktion

Verspannter Nacken

Angespannte Schultern

Schlecht gestützte Wirbelsäule

Beengte Hüftregion

Streß-
signale

Angestrengte
Augen

Ausschüttung
von Streßhormonen

Blutkreislauf in Beinen
und Gesäß beengt

Schmerzende
Beine

Gefühlsverlust
in Händen und
Armen

Abb. 1: Angespannte Autofahrerhaltung

Auto heißgelaufen ist, lassen wir ihm Zeit und Ruhe, um wieder abzukühlen. Wenn der Verstand oder die Emotionen heißgelaufen sind, handeln wir weit weniger vernünftig. Wir treiben die Selbstüberforderung weiter und lassen uns von anderen weitertreiben, so daß überdauernde Verspannungen und Krankheitssymptome die Folge sind.

Symptome sind immer nur Anzeichen und Äußerungsformen von tieferliegenden Ursachen. Symptome sind also nicht die Ursachen. Ursachen sind die Ereignisse und Erlebnisse, die den Symptomen vorausgegangen sind. Wenn wir zusätzlich zur gezielten Körperentspannung die Ursachen der Verspannungen mit bearbeiten, haben wir gute Aussichten, neben der momentanen Entspannung auch eine andauernde Entspannung zu erreichen. Bleibt die Ursache jedoch bestehen, werden wir bei den Entspannungs-Übungen bald das Gefühl bekommen, gegen Windmühlen anzukämpfen, weil immer neue Spannungsenergie nachgeliefert wird.

Ursachen von Spannungen können in vielen Bereichen liegen, auch in unphysiologischer Arbeitshaltung. Schreibmaschineschreiben ist eine solche Haltung, die besonders zu Verspannungen gerade im Schulter-Nacken-Bereich führt. Im Erlebnisbereich sind es oft Probleme und Konflikte, die, wenn sie nicht gleich oder bald gelöst werden, Spannungen und Verhärtungen in bestimmten Körperbereichen verursachen. Wenn die Anspannungen längere Zeit bestehen bleiben, verfestigen sie sich zu andauernden Verhärtungen von Muskeln oder Verengungen von Blutgefäßen.

Ein typisches Beispiel für eine häufige Spannungshaltung ist die Autofahrerhaltung des Zivilisationsmenschen (siehe Abb. 1).

In dieser Situation treten verschiedene Spannungsmomente gleichzeitig auf und verstärken sich gegenseitig.

- Die freie Bewegungsfähigkeit ist behindert
- Dauernde Muskelanspannungen führen zu Muskelverhärtungen
- Die unphysiologische Haltung führt zu Schmerzen (Rücken-, Kopf-, Beinschmerzen usw.)
- Die Blutzirkulation wird behindert
- Die natürliche Atmung wird behindert

- Das Nervensystem wird übererregt
- Das Nerven- und Drüsensystem gerät aus dem Gleichgewicht
- In dieser labilen Situation können diverse andere Gesundheitsstörungen leichter als sonst zum Ausbruch kommen.

Das Autofahren ist eine der häufigsten Beschäftigungen des Kulturmenschen. Es ist eine ungesunde Tätigkeit, könnte vom Organismus jedoch ohne Dauerschäden toleriert werden, wenn das Auto seltener und kürzer benutzt würde, bei längeren Fahrten mehr Pausen eingelegt und gezielte Entspannungs-Übungen eingesetzt würden. Das Tiefmuskel-Entspannungs-Training hat auch hier seinen festen Platz.
Um nicht nur das Spannungssymptom zu bekämpfen, sollten Sie das Auto sparsam und zurückhaltend benutzen und öfter auf den Bus oder noch besser auf das Fahrrad oder die eigenen Füße umsteigen. Sie können so einen doppelt positiven Effekt erreichen, indem Sie die in Ihrem Körper gestauten Energiereserven zur

Abb. 2: Beruflicher Alltag

Gesundung Ihres gesamten Organismus einsetzen und außerdem die kostbar gewordenen Rohstoff-Energiereserven schonen.

Im sogenannten modernen Menschen sind tatsächlich viele Energien ungesund gestaut, so daß immer häufiger die Ausdrücke »Ich platze gleich« oder »Ich explodiere fast« hörbar werden. Dieser Energiestau ist keine notwendige Folge der heutigen Zeit. Sehen Sie sich den Tagesablauf eines Büroangestellten an und ergründen Sie die Änderungsmöglichkeiten. Allein aus seinen Verhaltensgewohnheiten, was er tut bzw. nicht tut, können Sie sicher selbst schließen, welche Handlungsweisen die gesünderen sind. (Siehe Abb. 2.)

Unser Beispielsangestellter steht um 7.00 Uhr auf, macht eine flüchtige Morgentoilette, liest beim hastig getrunkenen Kaffee die Zeitungsüberschriften, damit er »informiert ist und keine Zeit verliert«. Um 7.30 Uhr geht er 20 Schritte zur Garage und fährt vom Stadtrand mit dem Auto in die Stadt. Die Fahrt wird täglich zur Belastung, weil die Straßen verstopft sind und fast immer ein städtischer Bus mit übelriechenden Dieselabgasen die freie Sicht versperrt. Um 8.00 Uhr beginnt sein Dienst. Er legt Wert auf Pünktlichkeit, kommt aber oft zu spät, weil die Straßen so voll sind. Er hastet zum Aufzug und wartet mit hochrotem Kopf auf »das Ding, das nie kommt, wenn man es dringend braucht.«

Endlich hat er es geschafft und sinkt in seinen weichen Polsterstuhl. Dieser hat Rollen, damit er für den Aktentransport nicht aufzustehen, zu gehen und zu tragen braucht. Er hat auch rechts und links von seinem modernen Schreibtisch weitere Tische postiert, damit er nicht so weit zu rollen braucht, wenn er etwas benötigt. Alle modernen Hilfsmittel wie Telefon, Rechner, Monitor hat er gut erreichbar aufgestellt. Er verläßt seinen Polstersessel nur, wenn er ein allzu menschliches Bedürfnis verspürt. Andere Bedürfnisse körperlicher oder gar psychischer Art mißachtet er. Der gesunde Ausgleich durch körperliche und psychische Aktivität und Entspannung kommt nicht zustande. Da er im betrieblichen Alltag immer wieder Ärger und Verdruß schluckt und die zur Auflösung des Ärgers bereitgestellten Energien nicht gebraucht werden, kommt es zum Energiestau. Unser Angestellter wird fahrig, konzentrationsschwach, nervös, verspannt, hektisch und fühlt sich am Abend total abgekämpft. »Die Arbeit macht mich einfach kaputt; die heutigen Arbeitsbedingungen sind grausam«, sagt er zu seiner Frau, zieht sich mit dieser Entschuldigung auf einen noch bequemeren Sessel und hinter die Zeitung zurück. Er läßt sich von seinen Kindern abschirmen: »Papa hatte einen anstrengenden Tag und braucht seine Ruhe!« Wenn die Abschirmung nicht mehr funktioniert, wird der Fernsehapparat eingeschaltet und bei Programmschluß wieder ausgeschaltet. Beim Fernsehen sitzen alle still. Manchmal wird ein Satz in den Raum gestellt: »Ist die Sendung doof. Denen fällt auch nichts Gescheites mehr ein.«

Was Sie soeben gelesen haben, ist kein Phantasietagesablauf, sondern wurde mir so und ähnlich von Patienten des öfteren geschildert.

Hinzu kommen emotionale Momente mit negativen psychischen und körperlichen Auswirkungen, die von den Patienten meist weggelassen werden, weil sie von ihnen nicht gesehen und demnach auch nicht geäußert werden können. Dem außenstehenden Leser dürften die Fehlverhaltensweisen, Fehlinterpretationen und die vermeidbaren Spannungsmomente aufgefallen sein. Ich schlage Ihnen vor, den eben beschriebenen Tagesablauf nochmals durchzugehen und die gesundheitsgefährdenden Punkte dieses Tages durchzuzählen.

● Fehlverhaltensweisen: Hektik/Spannung   . . . mal

● Fehlverhaltensweisen: Immobilität/Spannung   . . . mal

● Fehleinstellungen/Fehlinterpretationen: . . . mal

Haben Sie beim Zählen bald kapituliert? Ich auch. Es sind wirklich eine Unzahl von Spannungsmomenten, die hier summiert werden müßten.

Dabei sind die meisten der hier zu Spannungen führenden Situationen nicht naturgegeben oder unumgänglich. Unser Angestellter schafft sich seinen inneren und äußeren Streß weitgehend selbst, indem er sich falsch, d. h. in unserem Zusammenhang ungesund, verhält. Natürlich fühlt er sich abends kaputt und abgekämpft. Es stimmt auch, daß die Arbeit ihn kaputtmacht. Jedoch ist es nicht die Arbeit als äußere Belastung, sondern die Art und Weise, wie er seine Arbeit organisiert, wie er sich im gesamten Tagesablauf fehlverhält und dabei immer mehr innere Spannungen anhäuft.

Erinnern Sie sich an die ungesunde Autofahrerhaltung? Es scheint, als ob der moderne Mensch diese gezwungen-bewegungsarme und angespannte Situation immer mehr auf andere Lebensbereiche überträgt, indem er jeden Tätigkeitsbereich noch bewegungsärmer gestaltet. Warum reagiert er nicht umgekehrt und schafft einen gesunden Ausgleich durch Muskelbetätigung und gezielte Entspannung?

Die Antwort ist leicht: Vordergründige Bequemlichkeit ist im konkreten Einzelfall angenehmer als eigene Aktivität und eigenes Engagement. In der heutigen Zeit werden Aktivität und Engagement vorrangig eingesetzt, um Erfolg zu haben und mehr zu verdienen. Oft wird mit übermäßigem Ehrgeiz zu hoch gesteckten Zielen nachgeeifert. Das Verdienen zielt dabei weitgehend auf Geld und Sachgüter. Ideelle Verdienste, wie Zufriedenheit im Beruf oder Auskommen mit den Kollegen, sind unseren Mitmenschen zwar angenehm, weil sich auch dadurch das Sozialprestige erhöhen läßt, der aktive Einsatz dafür ist jedoch merklich geringer.

Kann ich mir meine Gesundheit verdienen? Diese Frage wird für manchen fremd klingen, der die Ansicht vertritt: Gesundheit hat man oder hat man nicht; wozu soll ich sie mir verdienen?

Unser moderner Mitmensch übersieht, daß er kein natürliches Leben mehr führt. Der Zivilisationsmensch muß sich tatsächlich durch gesundheitserhaltende Handlungen seine Gesundheit verdienen; nur so kann er körperliches und seelisches Wohlbefinden erreichen.

Es ist sicher leichter und auch effektiver, für die Gesundheit vorbeugend aktiv zu werden, als nachsorgend gegen Krankheiten zu kämpfen. Wer nur kurzsichtig auf momentane Bequemlichkeit schaut, sieht diesen übergreifenden Gesichtspunkt nicht. Der kopflastige Geistmensch bzw. Kopfmensch, der bei Günter Graß bereits bis hin zu »Kopfgeburten« hochstilisiert wurde, geht noch weiter und konstruiert einen Gegensatz von Geist und Körper, wobei Geist als hochwertig-gut und Körper als minderwertig-krankmachend angesehen wird. Dem Geist werden die besonders hoch geschätzten Kategorien zugeordnet: Bewußtsein, Denken, Wollen, Fortschritt, Perfektion, Zukunft. Dem Körper werden Kategorien zugeordnet, die weniger positiv getönt sind: Schmerzen, Fühlen, Behinderung von Fortschritt, Defekt, Gegenwart ohne Zukunftsperspektive.

Dem Körper wird also vom Kopf vorgeworfen, er habe keine gleichwertigen Fähigkeiten wie der Kopf, und er wird deswegen verurteilt. Eine ähnliche Situation läge vor, wenn ein Fabrikboß seinen Arbeiter dafür rügte, daß er keine Kalkulation und keine Bedarfsanalyse für das von ihm bearbeitete Teilprodukt erstellt hat. Ein Firmenoberhaupt, das sich so unangemessen verhält, wird bald den Konkurs anmelden müssen und die Gründe für seinen Bankrott auch verstehen. Ein Körperoberhaupt, welches so verfährt, wird seinen Bankrott auch erreichen, die Gründe dafür aber nicht bei sich selbst suchen. Die weiteren Unterschiede sind folgende: Für das Körperoberhaupt läßt der Zusammenbruch länger auf sich warten, weil der Körper eine Zeitlang eigene Regulationsmechanismen einsetzen kann. Der schließliche Zusammenbruch geht an die Existenz: Das Firmenoberhaupt erlebt den Konkurs, das Körperoberhaupt erlebt ihn nicht immer. Je stärker der Körper strapaziert wurde und je weniger die roten Warnlampen (= Zunahme psychovegetativer Symptome) beachtet wurden, um so verheerender sind die psychosomatischen Folgeerscheinungen.

Die Fehlfunktionen, die uns als Warnleuchten dienen können, sind in verschiedenen Ebenen angesiedelt und unterschiedlich gut wahrnehmbar. Die meisten Warnzeichen können leicht erkannt werden, wenn die Aufmerksamkeit gezielt auf diese Fehlfunktionen und Verhärtungen gelenkt wird. Wenn die Symptome in Abb. 5 (Seite 37) und im Spannungsfragebogen (Seite 40) nicht nur kurzzeitig auftreten, sollten sie als Warnleuchten betrachtet werden.

Mit diesem Vorgehen werden keine Hypochonder gezüchtet. Die Erfahrungen mit dem Tiefmuskel-Entspannungs-Training und mit dem Autogenen Training zeigen, daß übertriebenes Beobachten und nachfolgendes negatives Überbewerten von Körperfunktionen in der Praxis kaum vorkommen. Es gibt natürlich den Herrn Heidenreich bzw. Herrn Leidenreich, den KARL VALENTIN so trefflich beschrieben hat. Herr Leidenreich kennt nur den negativen Aspekt der Befindensstörung.

Er kennt nicht den Gewinn an Wohlbefinden und Störungsfreiheit, den er durch ein Entspannungs-Training erreichen kann.

So bleibt ihm nur der Krankheitsgewinn, den er durch seine Befindensstörung erzielt. Der Krankheitsgewinn zeigt sich konkret in gesteigerter Aufmerksamkeit und Hinwendung der Mitmenschen zum eingebildeten Kranken. MOLIÈRE zeigt in seinem Bühnenstück »Der eingebildete Kranke«, welchen despotischen Machteinfluß ein Herr Leidenreich auf seine Mitmenschen ausüben kann.

Die Gründe für Hypochondrie liegen weitgehend in fehlgeleiteter Bedürfnisbefriedigung und sollten von dieser Seite her angegangen werden. Das Entspannungs-Training kann dabei unterstützend eingesetzt werden. Die Hinwendung der Aufmerksamkeit zu Körpervorgängen sollte jedenfalls kein Ausschlußgrund für das Erlernen eines Entspannungs-Trainings sein.

Bei der Hypochondrie wird unbewußt Zuwendung von einem mitmenschlichen Partner gesucht. Bei anderen krankhaften Störungen stellt die Krankheit den zweifelhaften Vorteil dar, seelisches Leid weniger zu spüren, weil das seelische Leid durch die produzierte Krankheit überdeckt wird. ALEXANDER MITSCHERLICH* fügt den Aspekt Freiheit hinzu: »Statt Leid wird in der Krankheit eine Freiheitsbeschränkung ertragen.« Einem durch Bettlägerigkeit Freiheitsbeschränkten wird mehr Zuwendung entgegengebracht als einem psychisch kranken, in seinen Depressionen eingeengten Mitmenschen.

Wer Zweifel an dieser These hat, versetze sich einmal in die übliche Gesprächssituation über einen seelisch belasteten Menschen. Hier fallen Worte wie »Der soll sich nicht so anstellen« oder »Der soll sich mal zusammennehmen«. Der psychisch Belastete sucht Hilfe und Zuwendung und findet vielfach Zurückweisung und Hilflosigkeit.

Welche Auswegmöglichkeiten hat er? Einmal die Flucht bzw. das Abdriften in die Krankheit, zum anderen mitmenschliche bzw. fachliche Hilfe und die Möglichkeit der gezielten Selbsthilfe.

Diese Themen können hier nur kurz angesprochen werden. Sie sind jedoch von Bedeutung, weil Flucht, mangelnde Mitmenschlichkeit und mangelnde Zuwendung vielen Krankheiten und Spannungssyndromen zugrunde liegen.

Ich wünsche mir, daß ich Sie zum Nachdenken und Handeln anregen kann. Eine Möglichkeit der Selbsthilfe wird Ihnen in Form des Tiefmuskel-Entspannungs-Trainings in diesem Buch vermittelt. Denken Sie beim Trainieren nicht nur daran, das Training als mechanische Technik zu benützen. Die zunehmende Entspannung, die sich mit Hilfe des Trainings einstellen wird, sollten Sie

---

* ALEXANDER MITSCHERLICH: Freiheit und Unfreiheit in der Krankheit. Edition Suhrkamp, Frankfurt/M., 1977, S. 75

auch dazu verwenden, sich den Spannungsursachen besser und leichter stellen zu können.

Flucht in die Krankheit, um mehr Zuwendung zu erhalten, ist nur einer von vielen Aspekten, die bei der Ursachenanalyse von Bedeutung sein können.

Ich will Ihnen nun weitere mögliche Problem- und Konfliktbereiche nennen, die Ihnen eventuell als Anhaltspunkte bei Ihrer Ursachenanalyse dienen können. Ich lehne mich dabei an das Schema des Sozialmediziners SCHAEFER* an. Seine Rangordnung der Risiken hat den Vorteil, daß nicht nur ein Konglomerat von medizinischen Riskiofaktoren nebeneinandergestellt wird, sondern eine Bedingungskette entsteht, in der Zusammenhänge deutlich werden (siehe Abb. 3 auf den Seiten 32/33).

Üblicherweise werden für Herzkreislauferkrankungen die folgenden Risikofaktoren genannt und ohne inneren Zusammenhang nebeneinandergestellt: Rauchen, erhöhter Blutfettgehalt, erhöhter Blutdruck, erhöhter Blutzuckergehalt, Übergewicht, Bewegungsmangel; neuerdings wird der Begriff Streß noch hinzugefügt.

Solche Reihen wirken so endgültig, daß man leicht den Fehler macht, lediglich einen isolierten Risikofaktor zu behandeln und das Bedingungsgefüge zu mißachten. Es werden z. B. erhöhte Blutfettwerte (Stufe 7 in Abb. 3) mit blutfettsenkenden Medikamenten behandelt, und man mißachtet die eigentlichen Ursachen, nämlich Fehlverhaltensweisen und die gestörte Adrenalin- sowie Sympathikusaktivität (Stufen 5 und 6), die wiederum mit emotionalem Streß (Stufe 4) zusammenhängen (siehe Abb. 3).

Der emotionale Streß entsteht aufgrund psychischer und sozialer Belastung (Stufen 1–3). Einige Anhaltspunkte für die möglichen Ursachen finden Sie in den oberen drei Reihen des Schemas.

Wenn Sie die Ursache in beruflichen Schwierigkeiten (Stufe 2) sehen, sollten Sie diese Schwierigkeiten zunächst genauer bezeichnen und einen typischen Tagesablauf beschreiben, wie ich das für unseren Beispielangestellten auf den Seiten 25 bis 26 bereits getan habe.

---

* HANS SCHAEFER/M. BLOHMKE: Herzkrank durch psychosozialen Streß, Hüthig, Heidelberg, 1977, S. 176

Wahrscheinlich werden Ihnen dadurch die Gründe und Änderungsansätze für die Schwierigkeiten bereits deutlicher. Sollten Sie Ihre Schwierigkeiten mit den »unmenschlichen Verhältnissen im Arbeitsbereich und in der heutigen Zeit« begründet haben, so wird diese Erklärung mit »Gestörtes Sozialgefüge« (Stufe 1) gleichgesetzt. In einem solchen Fall ist im speziellen Sozialgefüge etwas in Unordnung. Das Sozialgefüge besteht aus dem Beziehungsgefüge zwischen einzelnen Personen; eine Person sind Sie selbst. Es ist zu fragen, wo die Störstellen liegen und durch welche Eingriffe sie zu verändern sind. Ihre persönlichen Anteile an der Störung sollten Sie an erster Stelle sehen, weil Sie diese durch eigenes Tun am ehesten ändern können.

Ihre eigenen gesundheitsschädigenden Risikofaktoren liegen in Verhaltens- und Persönlichkeitsstörungen (Stufe 1) wie z. B. aggressivem oder ängstlichem Auftreten bzw. in einer negativ gefärbten Lebenseinstellung. Die Störungen, die zu beruflichen und familiären Schwierigkeiten (Stufe 2) führen, sind sehr mannigfaltig. Der Übersichtlichkeit willen sollen nur einige Beispiele genannt werden.

Mit »sozialer Umbruch« (Stufe 2) sind gesellschaftliche, standesmäßige, räumliche und persönliche Veränderungen größeren Ausmaßes gemeint. Eine Ehetrennung, ein Berufs- oder Ortswechsel sind für jeden Menschen belastend und damit auch ein potentielles Gesundheitsrisiko. Eine nachfolgende Erkrankung ist jedoch unwahrscheinlich, wenn keine oder nur geringe Verhaltens- und Persönlichkeitsstörungen (Stufe 1) vorliegen. In solchen Fällen ist die Wahrscheinlichkeit geringer, daß Unzufriedenheit, Ärger, Angst, Depression, Aggression, Konflikte oder Sorgen (Stufe 3) auftreten.

Eine der eben genannten Befindensstörungen (Stufe 3) reicht aus, um Fehlverhaltensweisen und emotionalen Streß (Stufe 4) größeren Ausmaßes hervorzurufen. Wer in einer Konfliktsituation zum Alkohol greift, verdrängt das anstehende Problem und schädigt Leber und Kopf. Wer seinen Kummer durch vermehrtes Essen überdecken will, ißt sich Kummerspeck an (Stufe 5) und erhöht seinen Blutdruck, Blutfette und Blutzucker (Stufe 7). Diese Blutwerte werden nicht nur von der Nahrungsaufnahme, sondern auch hormonell und nervlich beeinflußt (Stufe 6). Über die Nebennieren werden nämlich die Streßhormone Adrenalin, Noradrenalin und

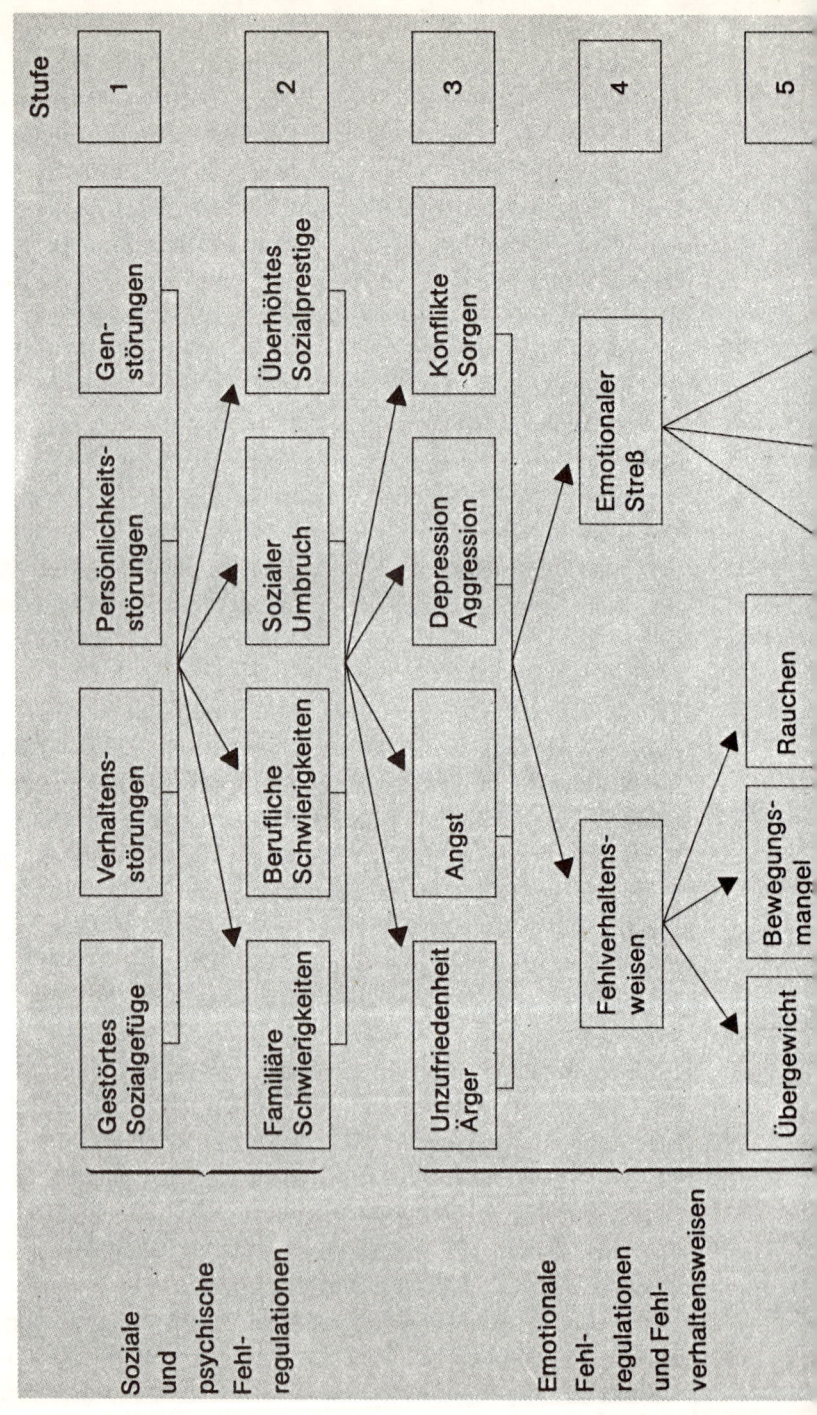

Stufe

1

2

3

4

5

Gestörtes Sozialgefüge

Verhaltens- störungen

Persönlichkeits- störungen

Gen- störungen

Familiäre Schwierigkeiten

Berufliche Schwierigkeiten

Sozialer Umbruch

Überhöhtes Sozialprestige

Unzufriedenheit Ärger

Angst

Depression Aggression

Konflikte Sorgen

Emotionaler Streß

Fehlverhaltens- weisen

Übergewicht

Bewegungs- mangel

Rauchen

Soziale und psychische Fehl- regulationen

Emotionale Fehl- regulationen und Fehl- verhaltensweisen

32

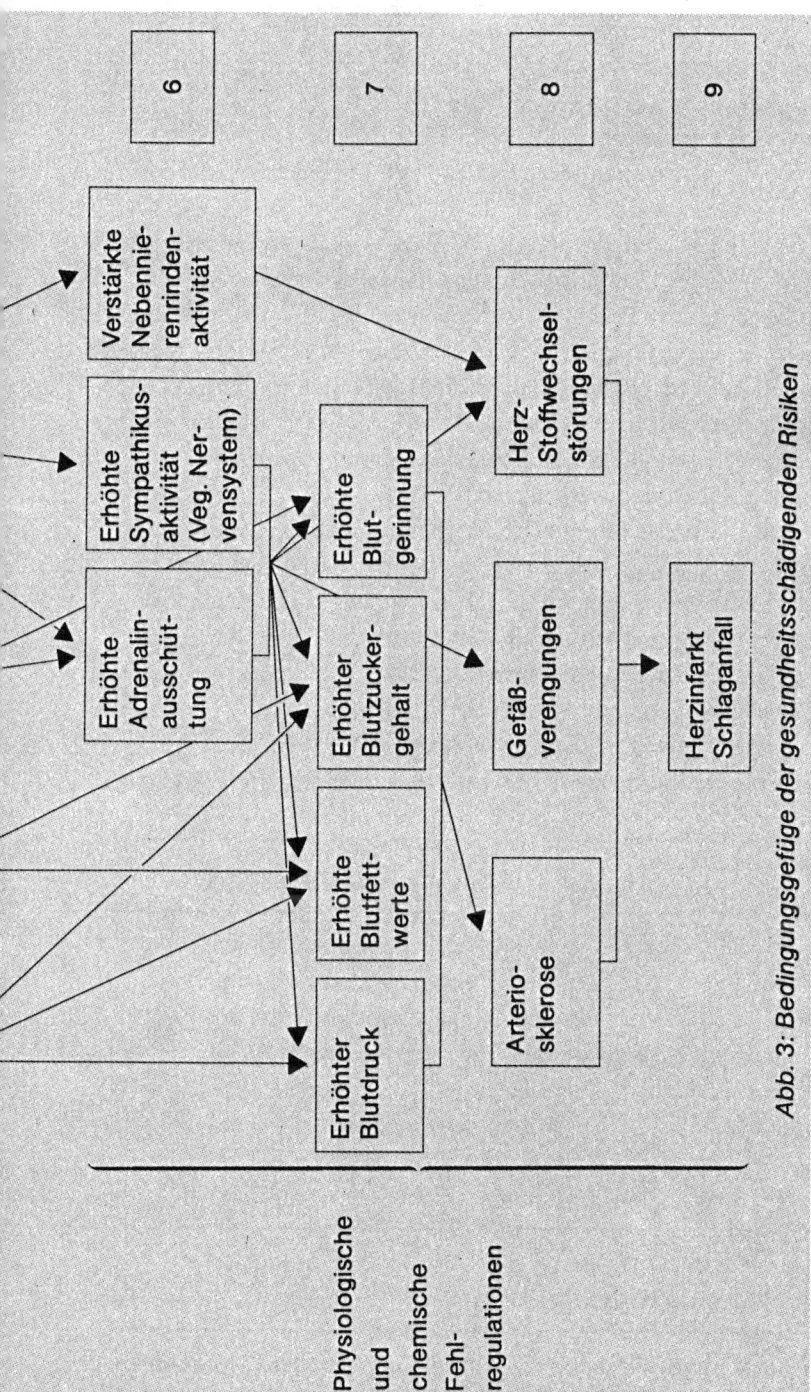

Abb. 3: Bedingungsgefüge der gesundheitsschädigenden Risiken

6

7

8

9

Physiologische
und
chemische
Fehl-
regulationen

Verstärkte Nebennie-renrinden-aktivität

Erhöhte Sympathikus-aktivität (Veg. Nervensystem)

Erhöhte Adrenalin-ausschüt-tung

Erhöhte Blut-gerinnung

Erhöhter Blutzucker-gehalt

Erhöhte Blutfett-werte

Erhöhter Blutdruck

Herz-Stoffwechsel-störungen

Gefäß-verengungen

Arterio-sklerose

Herzinfarkt Schlaganfall

33

Cortisol ausgeschieden und in den Kreislauf geschickt. Die Körpervorgänge, besonders die Stoffwechselvorgänge, werden hormonell aktiviert.

Neben der hormonellen findet noch eine nervliche Aktivierung statt. Dabei wird besonders der Sympathikus-Anteil des Vegetativen Nervensystems aktiv.

Es folgen einige Erläuterungen zum Vegetativen Nervensystem (VNS), weil gerade das VNS neben den anderen Körpersystemen Spannungseinflüssen unterliegt, die mit Hilfe des Tiefmuskel-Entspannungs-Trainings abgebaut werden können. Das VNS ist das unwillkürliche bzw. dem Willen nicht unterworfene Lebensnervensystem. Von hier aus werden die unwillkürlichen Körpervorgänge wie Herztätigkeit, Atmung, Verdauung, Spannung-Entspannung usw. automatisch gesteuert.

Eine sensible automatische Steuerung hat die Eigenart, leicht störanfällig zu sein. So ist es auch beim Vegetativen Nervensystem, weil das Regelsystem von vorrangig aktivierendem oder anspannendem Sympathikus und regenerierendem oder entspannendem Parasympathikus sich stets gegenseitig auspegeln muß, um ein gesundes Gleichgewicht zu erhalten. (Vgl. Abb. 4.)

Die Erklärung, warum gerade die Magen-Darm-Tätigkeit vom Sympathikus gehemmt wird, ist folgende: Die Aktivierung der

	Sympathikus	Parasympathikus
Blutgefäße	Verengung	Erweiterung
Herzfrequenz	Beschleunigung	Verlangsamung
Atmung	Beschleunigung	Verlangsamung
Hormonausschüttung	Anregung	Hemmung
Blutdruck	Erhöhung	Senkung
Blutfette	Erhöhung	Senkung
Blutzucker	Erhöhung	Senkung
Blutgerinnung	Erhöhung	Senkung
Magentätigkeit	Hemmung	Anregung
Verdauung/Harn	Hemmung	Anregung

Abb. 4: Vegetatives Nervensystem mit dem aktivierenden Sympathikus-Anteil und dem regenerierenden Parasympathikus-Anteil

Körperfunktionen durch den Sympathikus hat den Sinn, den Organismus in einen erhöhten Aktivitätszustand zu versetzen, so daß er auch in extremen Belastungen, wie Kampf- oder Fluchtsituationen, angemessen reagieren kann. Die Beschleunigung der Herzfrequenz hat den Sinn, die körperliche Mehrarbeit bewältigen zu können; die Erhöhung der Gerinnungsfähigkeit des Blutes soll bei eventuellen körperlichen Verletzungen das Schließen der Wunden beschleunigen. In einer solchen extremen körperlichen Belastungssituation ist es nicht sinnvoll, daß zusätzliche Energien für die Verdauung bereitgestellt werden. In der Entwicklungsgeschichte hat sich daher der Mechanismus herausgebildet, daß in Alarmsituationen vom Sympathikus besonders die Funktionen angeregt werden, die zur Bewältigung der körperlichen Belastungssituation wichtig sind.

Der Organismus kann aber nicht zwischen körperlichen und seelischen Belastungssituationen unterscheiden. Dies bedeutet, daß auch bei jeder seelischen Alarmsituation die körperliche Aktivierung stattfindet. In jeder Streßsituation werden über Hormone und Sympathikus die in Abb. 4 angegebenen Prozesse in Gang gebracht. In keiner emotionalen Streßsituation ist dies sinnvoll. In der emotionalen Belastungssituation werden nämlich Energien aufgebaut und Stoffwechselvorgänge angeregt, die nicht gebraucht werden und bei länger andauernder Aktivierung den Organismus schädigen.

Das Gleichgewicht im Vegetativen Nervensystem ist eine ständige Forderung. Das ausgependelte Gleichgewicht kann sich jeder neuen Situation sofort anpassen. Die eigentliche Schwierigkeit liegt aber in der andauernden Streßbelastung, der damit zusammenhängenden dauernden Sympathikusüberaktivität und den daraus entstehenden Folgen wie Blutveränderungen, Magengeschwüren, Herzstoffwechselstörungen, Gefäßveränderungen und arteriosklerotischen Ablagerungen (Stufen 7 und 8). Oft muß es bis zum Herzinfarkt, Schlaganfall oder Krebs (Stufe 9) kommen, ehe die Betroffenen innehalten und aufgrund von Beschwerden, Leidensdruck oder Schmerzen erstmals über ihre Situation nachdenken, Ursachen suchen und Änderungswege zur Beseitigung der gesundheitsschädigenden Spannungen, Risikoverhaltensweisen und deren körperlichen Folgen erproben.

Ein früheres Gegensteuern auf Gesundheitskurs ist mit Sicherheit günstiger und gesünder.

Für eine Hinwendung zur Gesundheit und damit zur verbesserten Lebensqualität ist es aber nie zu spät. Selbst oder gerade wenn die verbleibende Lebensspanne kurz bemessen ist, ist es ratsam, auf Leben umzuschalten und nicht den verschiedensten Gütern hinterherzulaufen – und damit am Leben vorbeizulaufen.

Auch der Gesundheit sollten Sie nicht im eigentlichen Sinne des Wortes »hinterherlaufen«. Das tun viele verbissene Jogger, die auf mich mit ihren verzerrten Gesichtern den Eindruck machen, als liefen sie um ihr Leben. Das ist nicht der richtige Weg. Auch Krankheit und sonstige Gesundheitsstörungen sollen im ersten Schritt angenommen und nicht verdrängt oder ignoriert werden. Dann folgt die gründliche und ehrliche Erforschung der eigentlichen Ursachen. Der dritte Schritt ist die Überlegung, wie diese Ursachen anzugehen sind. Im vierten Schritt werden die Ergebnisse der Überlegungen in die Tat umgesetzt. Die Unterstützung durch einen verständnisvollen Partner wäre bei den einzelnen Schritten von Vorteil.

Wenn Sie bei Ihrer Krankheitsanalyse diese 4 Schritte gehen:

1. Schritt: Wahrnehmen und Akzeptieren der Gesundheitsstörung

2. Schritt: Gründliche Erforschung der Ursachen

3. Schritt: Analyse von Lösungsmöglichkeiten

4. Schritt: Ausführung der notwendigen Maßnahmen,

dann werden Sie Streß nicht nur mit Medikamenten und Bewegungsmangel nicht nur mit Laufen behandeln.

Das Entspannungs-Training kann helfen, die Durchführung der notwendigen Schritte zu erleichtern. In der Entspannung befinden sich das Vegetative Nervensystem und der ganze Mensch nämlich in einem ausgewogenen, ausgeglichenen Zustand.

Zusätzlich soll das Bedingungsgefüge der Risiken so weit nach oben verfolgt werden, bis Sie Ihre ursächlichen Risiken finden.

Mit Hilfe des Entspannungs-Trainings finden Sie dann den gewissen Abstand, der es Ihnen erleichtert, sich den Risikosituationen zu stellen, die den ständigen Spannungsnachschub liefern.

Die Spannungsfolgen zeigen sich im seelischen Befinden, im körperlichen Befinden, in seelischen Störungen, in körperlichen Störungen, in seelischen Krankheiten, in körperlichen Krankheiten.

Mit Hilfe des Tiefmuskel-Entspannungs-Trainings kann Spannungsbeseitigung bzw. Störungsentlastung für all diese Bereiche erreicht werden. Der Hauptansatzpunkt liegt beim Muskelsystem, genauer gesagt bei den willkürlichen Muskeln. Durch systematisches Anspannen und Entspannen werden Muskelspannungen gelockert. Durch das Einspüren und das Wahrnehmen von angenehmen Körpergefühlen kommt es auch zu einer seelischen Entspannung. Da alle Funktionen im Organismus miteinander verknüpft sind, breitet sich die Entspannung auch im Nervensystem, im Kreislaufsystem und im biochemischen System aus. Umgekehrt ist es genauso mit der Ausbreitung von Spannungen.

Wie können Sie feststellen, ob Spannungen in Ihrem Körper vorhanden sind?

Bestimmte Muskelspannungen können Ihnen anzeigen, daß sich der gesamte Mensch mehr oder weniger in einem Spannungszustand befindet. (Siehe Abb. 5.)

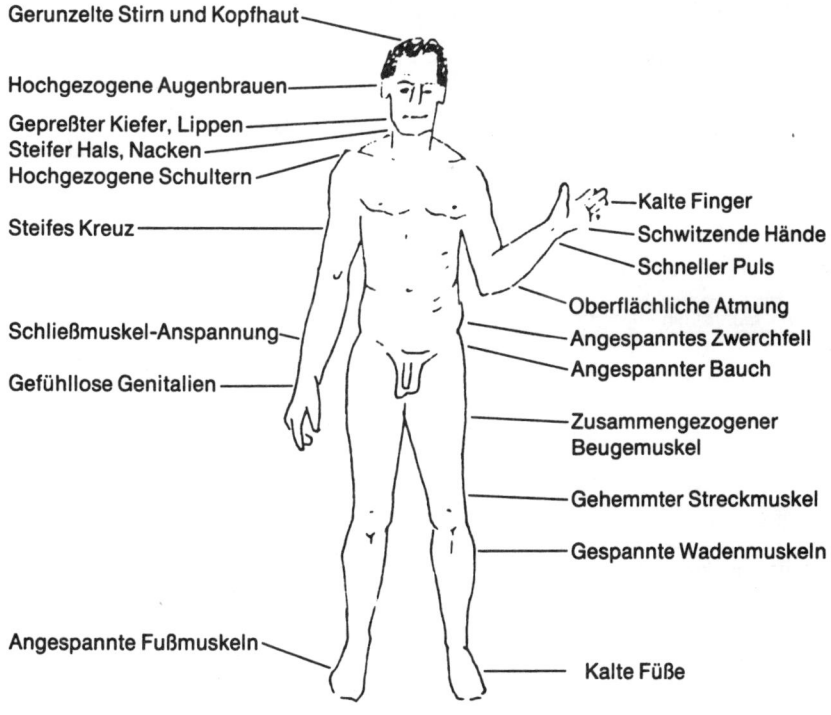

Abb. 5: Körperspannungen als Hinweis auf Gesamtspannung

Der Zusammenhang von schwitzenden Händen mit innerer Anspannung oder schnellem Puls mit innerer Erregung dürfte Ihnen bekannt sein. Weniger bekannt, aber sicher einleuchtend ist der Zusammenhang zwischen gepreßtem Kiefer und verbissener Anstrengung oder hochgezogenen Schultern und Angst bzw. Unsicherheit.

Auf die hier angedeuteten psychosomatischen Zusammenhänge werde ich bei den einzelnen Übungen noch zu sprechen kommen.

Das Ergebnis der umfassenden Spannungslösung stellt sich im Körper folgendermaßen dar (siehe Abb. 6):

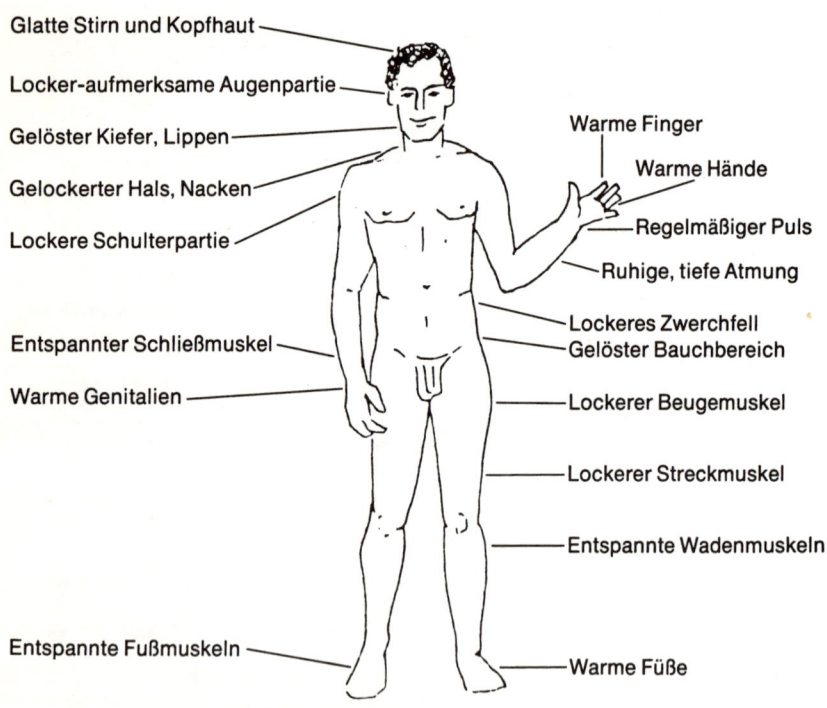

Abb. 6: Körpergefühle beim Tiefmuskel-Entspannungs-Training

Durch die Lösung der Spannungen in den Muskeln kommen die in der Abb. 6 näher beschriebenen Körpergefühle zustande. Muskelentspannung führt zusätzlich zur muskulären Entspannung zu einem umfassenden Gefühl von Entspannung. Dieses Entspannungsgefühl ist immer positiv getönt und hat daher auch positiven Einfluß auf das psychische Gesamtbefinden.

Dagegen sind Spannungsgefühle stets negativ getönt und wirken sich auf das Gesamtbefinden negativ aus. Das Wohlbefinden wird beeinträchtigt und psychische, psychovegetative und psychosomatische Leiden können sich leichter entwickeln. Selbst wenn nur eine Befindensstörung stark oder länger andauernd vorhanden ist, so ist die Wahrscheinlichkeit, daß andere Gesundheitsbeeinträchtigungen nachfolgen, recht groß. Ich erinnere in diesem Zusammenhang noch einmal an die Abb. 3 (Seiten 32/33).

Die psychovegetativen Störungen machen sich in den meisten Fällen zunächst als Muskelverspannungen im Schulterbereich bemerkbar. Später breiten sie sich auf weitere Muskelbereiche aus. Das Tiefmuskel-Entspannungs-Training kann hier gezielt ansetzen und die Muskelverspannungen und Muskelverhärtungen wieder ausgleichen. Wenn der Spannungsausgleich durch ausreichende Entspannung und Erholung nicht stattfindet, wird sich in den meisten Fällen die folgende Kettenreaktion ergeben:

Schulterverspannungen → innere Unruhe → Schlafstörungen → Konzentrationsschwierigkeiten → Reizbarkeit → Überlastungsgefühle → Aggressivität oder Depression oder weitere psychovegetative Störungen bzw. psychosomatische Leiden.

Welchen hohen Stellenwert das Entspannungs-Training für die Gesundheit hat, wird deutlich, wenn man die Ergebnisse neuerer Untersuchungen von Ärzten und Psychologen berücksichtigt, nach denen über 50% unserer Bevölkerung unter psychovegetativen Störungen größeren Ausmaßes leiden.

Spannungsfragebogen

Bevor Sie das Tiefmuskel-Entspannungs-Training einüben, möchten Sie sicherlich abschätzen, ob dieses Verfahren für Sie in Frage kommt und was es Ihnen bringen kann. Der folgende Spannungsfragebogen und sein Auswertungsergebnis können Ihnen bei der Beantwortung dieser Fragen helfen.

Spannungsfragebogen

Im folgenden finden Sie eine Liste von Leiden und Beschwerden. Kreuzen Sie bitte das jeweils für Sie zutreffende Feld an.

	häufig/ stark	selten/ manchmal	nicht/ niemals
1. Innere Unruhe	( ) 2	( ) 1	( ) 0
2. Reizbarkeit/Nervosität	( ) 2	( ) 1	( ) 0
3. Einschlafschwierigkeiten	( ) 2	( ) 1	( ) 0
4. Durchschlafprobleme	( ) 2	( ) 0	( ) 0
5. Starkes Schlafbedürfnis	( ) 2	( ) 1	( ) 0
6. Mattigkeit/Schwächegefühl	( ) 2	( ) 1	( ) 0
7. Abgespanntheit	( ) 2	( ) 0	( ) 0
8. Muskelverspannungen	( ) 2	( ) 1	( ) 0
9. Kreuz-/Rückenschmerzen	( ) 2	( ) 1	( ) 0
10. Zittrigkeit	( ) 2	( ) 1	( ) 0
11. Konzentrationsschwierigkeiten	( ) 2	( ) 0	( ) 0
12. Aufsteigende Hitze	( ) 2	( ) 1	( ) 0
13. Schweißausbrüche	( ) 2	( ) 0	( ) 0
14. Schwindelgefühle	( ) 2	( ) 1	( ) 0
15. Kopfschmerzen	( ) 2	( ) 1	( ) 1
16. Echte Migräne	( ) 2	( ) 1	( ) 0
17. Berufliche Sorgen	( ) 2	( ) 1	( ) 0
18. Private Sorgen	( ) 2	( ) 1	( ) 0
19. Seelische Konflikte	( ) 2	( ) 1	( ) 0
20. Angstgefühle	( ) 2	( ) 2	( ) 0
21. Schwere Träume	( ) 2	( ) 1	( ) 0
22. Krampfhaftes Weinen	( ) 2	( ) 2	( ) 0
23. Beklemmungsgefühle	( ) 2	( ) 2	( ) 0
24. Kloß-/Würgegefühl im Hals	( ) 2	( ) 2	( ) 0
25. Übelkeit	( ) 2	( ) 1	( ) 0
26. Herzschmerzen	( ) 2	( ) 1	( ) 0
27. Herzjagen/Herzstolpern	( ) 2	( ) 2	( ) 0
28. Kreislaufbeschwerden	( ) 2	( ) 1	( ) 0
29. Kalte Hände/Füße	( ) 2	( ) 1	( ) 0
30. Magenbeschwerden	( ) 2	( ) 2	( ) 0
31. Verdauungsbeschwerden	( ) 2	( ) 1	( ) 0
32. Atembeschwerden	( ) 2	( ) 1	( ) 0
33. Grübeln über die Krankheit	( ) 2	( ) 1	( ) 0

34. Wie verhalten Sie sich in Konfliktsituationen/bei Auseinandersetzungen?
   – im Betrieb: . . . .
   – zu Hause: . . . .
35. Welche Probleme belasteten Sie in letzter Zeit?
   . . . .

Auswertung

1. Addieren Sie die hinter Ihren Kreuzen stehenden
   Zahlen   . . . Punkte

2. Bewerten Sie das Verhalten in Konfliktsituationen
   /bei Auseinandersetzungen nach folgendem
   Schema:
   a) Besonnene/überlegte Reaktion   je 0 Punkte
   b) Erregte/hektische Reaktion   je 2 Punkte
   c) Sich zurückziehende/aufstauende
   Reaktion   je 4 Punkte. . . Punkte

3. Bewerten Sie jedes Problem je
   nach Belastungsstärke mit 1−3
   Punkten
   a) etwas belastend   je 1 Punkt
   b) belastend   je 2 Punkte
   c) stark belastend   je 3 Punkte   . . . Punkte

---

                                         gesamt: . . . Punkte

Bewertung

0−14 Punkte:

Sie können sich über Ihre relativ gute psychovegetative Stabilität freuen. Das Tiefmuskel-Entspannungs-Training wird bei Ihnen vor allem vorbeugende Wirkung haben. Sie können damit rechnen, daß sich die von Ihnen angegebenen Beschwerden bessern oder beseitigen lassen. Konsequente Einübung des Entspannungs-Trainings ist natürlich Voraussetzung.

15−29 Punkte:

Die Kettenreaktionen der psychovegetativen bzw. psychosomatischen Störungen finden bei Ihnen bereits statt. Sie sollten möglichst bald mit dem Tiefmuskel-Entspannungs-Training beginnen. Nach etwa 4−6 Wochen konsequenten Trainierens, verbunden mit gezielter Problembearbeitung, können Sie eine wesentliche Besserung bzw. die Beseitigung der Beschwerden erreichen.

30 und mehr Punkte:

Sie stecken bereits tief im Kreisprozeß der Verspannungen und emotionalen Belastungen. Sie sollten besonders aufmerksam die Ausführungen zu den psychosomatischen Wechselwirkungen lesen, die notwendigen Konsequenzen für die Problem- und Konfliktbearbeitung ziehen und in die Tat umsetzen. Daneben sollten Sie konsequent die Entspannungs-Übungen durchführen. Auch Sie können eine Linderung bzw. die Beseitigung mancher Beschwerden erreichen, nur wird dies länger dauern als bei den anderen Gruppen.

Ziele der Entspannung

Die Entspannungs-Ziele sind je nach Standpunkt und Sichtweise unterschiedlich. Die meisten Übenden sehen zunächst den Aspekt der **körperlich-muskulären Entspannung.** Diese Sichtweise wird durch den Namen des Verfahrens unterstützt. Tiefmuskel-Entspannungs-Training heißt tiefe muskuläre Entspannung. Tiefe Muskelentspannung wird meistens als Schwereerlebnis wahrgenommen. Bei Fortgeschrittenen kehrt sich dieses Gefühl in das paradoxe Gegenteil, das Schwerelosigkeits- bzw. Leichtigkeitserlebnis, um. Das Schweregefühl zeigt, daß das Ziel, die muskuläre Entspannung bestimmter Muskelbereiche, voll erreicht ist. Das Leichtigkeitsgefühl zeigt, daß die Muskelentspannung sich auf den ganzen Körper ausgebreitet hat.

Die Muskelentspannung ist allerdings nicht das einzige Ziel. Wichtige Ziele bei der körperlichen Entspannung sind die **Nerven- und Kreislaufentspannungen.** Bei der Kreislaufentspannung helfen die Lösungen der willkürlichen und unwillkürlichen Muskel- und Nervenanspannungen. Die Blutgefäße werden nicht mehr verengt, der Durchmesser der Adern vergrößert sich, das Blut kann freier fließen, und ein angenehmes Gefühl von Wärme tritt auf.

In der Entspannung wird die Durchblutung gefördert, kalte Hände oder kalte Füße werden warm, die eventuell behinderte Durchblutung in den Herzkranzgefäßen wird erleichtert.

Die muskuläre Entspannung hat auch lösenden und entkrampfenden Einfluß auf andere Körpersysteme und kann daher mit dem Ziel der **umfassenden, ganzheitlichen Entspannung** eingeübt werden. Mit ganzheitlicher Entspannung ist nicht nur die Entspannung des ganzen Körpers gemeint, sondern vielmehr die Entspannung des ganzen Menschen.

Diese ganzheitliche Entspannung wird in den asiatischen Kulturen seit Jahrtausenden durchgeführt. Für die meist meditativen Techniken spielt das Körperzentrum, Hara genannt, eine wichtige Rolle. Hara ist der natürliche Schwerpunkt, der Balancepunkt im Körper, der etwa zwischen den Hüften, etwas nach oben verschoben, in der Mitte des Körpers liegt. In der Vorstellung der Asiaten geht von hier die Lebensenergie aus, die in Indien »Prana«, in China »Ch'i« und in Japan »Ki« genannt wird. Diese ganzheitliche Kraft hat WILHELM REICH »Orgon-Energie« genannt. Er hat auch ein Instrument gebaut, welches diese energetischen Ströme aktivieren soll. Seine Gedanken und Vorschläge konnten sich allerdings nicht durchsetzen. Dem kopflastigen Europäer ist der Gedanke, daß Lebensenergien vom Bauch ausgehen sollen, schwer vorstellbar, sogar unangenehm. Vor allem die Nordeuropäer haben den Geist und den Körper strikt auseinanderdividiert, voneinander getrennt und den Geist als die eigentliche menschliche Qualität hochstilisiert. Der Unterleib wird durch zivilisatorische Zwänge verkleinert, der Geist-Kopf vergrößert. Überspitzt ausgedrückt, könnte nach 1984 ein Forschungsauftrag über Kopfgeburten vergeben werden.

Es ist uns zu wünschen, daß wenigstens die letzte Vorstellung Utopie bleibt und der Mensch sich wieder mehr zur ganzheitlichen Betrachtung des Organismus hinwendet. Das Entspannungs-Training hilft, diese geistig-körperliche Verbindung zu stärken und die psycho-somatische Ganzheit mit Leben zu füllen. Hierin sehe ich ein wesentliches Ziel des Entspannungs-Trainings.

Es ist eine Illusion, daß ein Auseinanderdividieren von Seele, Geist und Körper konkret möglich wäre. Vielmehr ist es so, daß um so mehr negative Körperempfindungen auftreten, je mehr ich die Ganzheit auflösen möchte. Negative Erlebnisse wie Ärger oder Aufregung werden dann in Spannungen und Muskelverhärtungen verkörpert. Wut führt dann zu Zornesfalten und Magen-Darm-Störungen. Konflikte führen zu verbissenem Kiefer- und Kopfdruck. Die Beispiele kann jeder für sich selbst fortsetzen.
Angst führt zu Beklemmungsgefühlen und Schulterverspannungen. Die Beklemmungsgefühle und die Schulterverspannungen sind Angst auf Körperebene. Ein ausgeglichener Mensch läßt eine solche negative Verschiebung auf den Körper nicht zu, weil eine solche Verschiebung negative Folgen für das ganze Individuum hat. Die negativen Folgen können sich als Unzufriedenheit, Schmerzen

und Verstärkung der Angst zeigen. Ein wirklich souveräner Mensch wird die Angst analysieren, eine emotionale Verarbeitung in Gang setzen und der Angst das Gegenteil von Angst, nämlich Freiheit, Vertrauen, Geborgenheit und Liebe entgegensetzen (vgl. Abb. 7).

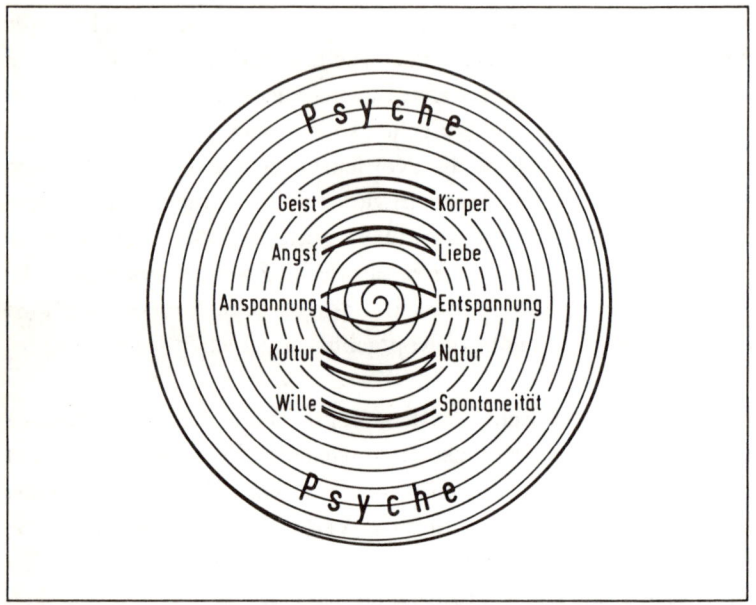

Abb. 7: Polarisierung der menschlichen Qualitäten im Regelkreis

Diese Darstellung ist sicher zu stark vereinfachend. Sie kann jedoch deutlich machen, daß bei vorwiegend rationaler Steuerung die körperlichen Grundbedürfnisse zu kurz kommen, der gesunde Ausgleich im Körper nicht stattfindet und nur die negativen Wahrnehmungen des Geistes in den körperlichen Bereich geschoben werden. Da sich jedoch alles im Regelkreis abspielt, kommt es mittelfristig zu Systemstörungen, also zu Krankheiten.

Gesundheit ist der Zustand der Balance zwischen den Ansprüchen des Geistes und des Körpers.

Gesundheit ereignet sich bei Ausgleich der Polaritäten, Krankheit ereignet sich bei Übergewicht einer Polarität. Krankheit ist die

Folge der Unausgewogenheit zwischen den Ansprüchen und Möglichkeiten des Geistes und des Körpers.

Das vereinheitlichende Bindeglied zwischen den Polen ist die Seele. Die stärkste Ausdruckskraft findet die Seele in den Gefühlen.

Bei unserem Entspannungs-Training werden wir oft von Gefühlen sprechen, weil wir durch Aktivierung des Gefühlsbereichs die innere Balance und damit die ganzheitliche Gesundheit fördern können.

Bisher haben wir Körpergefühle weitgehend als negativ erlebt, weil wir diese nur im Zusammenhang mit Gesundheitsstörungen beachtet haben. Beim Entspannungs-Training werden wir lernen, **positive Körpergefühle** stärker zu beachten und durch die positiven Effekte **Gefühle mehr zu akzeptieren.** Dies ist wichtig, weil negative Gefühle bzw. Spannungen die **Wahrnehmungsfähigkeit** im allgemeinen und die **Problemsicht** im besonderen beengen. Das Entspannungs-Training **erweitert den Horizont,** weil wir uns in der **angstfreien Entspannung** den Themen des Alltags leichter stellen können.

Entspannung wirkt auch entängstigend; der Hauptteil der Spannung ist nämlich körperlich verfestigte Angst. Unaufgelöste Angst führt zu Verspannungen, Verkrampfungen und schließlich zum Muskelpanzer. Der Muskelpanzer zeigt sich in verhärteten Muskeln, abgedrängten Gefühlen und verhärteten Lebenseinstellungen. Die Panzerung soll vor unangenehmen Gefühlen, hauptsächlich vor Angstgefühlen, schützen. Dieses Ziel wird durch die Abschottung auch teilweise erreicht. Der erzielte Sieg ist allerdings ein Pyrrhussieg, weil die Angst nicht beseitigt, sondern lediglich verschoben wird. Da der gesamte emotionale Bereich durch die Gefühlsmanipulation betroffen wird, können auch positive Gefühle immer weniger wahrgenommen werden, und es kommt im Laufe der Zeit zu einer emotionalen Verarmung.

Die eben gemachten Ausführungen sind für Sie von besonderer Bedeutung, wenn die Entspannungs-Übungen zunächst nicht den gewünschten Entspannungs-Effekt bringen, sondern Unruhe, Ängstlichkeit, Weinen oder Ungeduld auftreten sollten. Entspannung durchbricht den Muskelpanzer. Das hat zur Folge, daß die unangenehmen Gefühle, die vorher körperlich verfestigt waren, im Gefühlsbereich wieder spürbar werden. Falls solche Gefühle wahrgenommen werden, sollte dies für Sie kein Grund sein, mit dem

Training aufzuhören. Diese Gefühle können Ihnen vielmehr zeigen, daß wichtige Probleme bzw. Ängste noch nicht genügend verarbeitet sind.

Wenn Sie meinen, das sich aufdrängende Problem oder die Einstellung dazu nicht alleine lösen oder ändern zu können, sollten Sie dies mit psychotherapeutischer Unterstützung tun.

Das erste Ziel des Entspannungs-Trainings ist in diesem Fall die schrittweise **Auflösung der Gefühls- und Muskelpanzerung.** Zur Auflösung von objekt- oder situationsgebundenen Ängsten, wie Tier- oder Raumängsten, kann Ihnen das im letzten Teil des Buches beschriebene Programm zum systematischen Angstabbau Anregungen und Hilfestellungen geben. Das Entspannungs-Training muß allerdings eingeübt sein, bevor eine systematische Entängstigung durchgeführt werden kann.

Wenn Sie den Text bis hierhin aufmerksam gelesen haben, ist Ihnen bereits klargeworden, daß als Ziel von Entspannungs-Übungen nicht nur die körperliche Entspannung von Muskeln, Nerven und Kreislauf, sondern eine **Entspannung des ganzen Menschen** angestrebt wird. Da der Mensch nicht nur aus Körper, sondern auch aus Geist und Seele besteht, soll das Ziel der ganzheitlichen Entspannung stets vor Augen sein. Gesundheit ist das harmonische Miteinanderwirken aller Bereiche. Das Entspannungs-Training hat die Aufgabe, zur ausbalancierten Harmonie beizutragen.

Vergegenwärtigen Sie sich jetzt noch einmal, wodurch die Harmonie und damit die Gesundheit gestört und zerstört wird. Im Spannungsfragebogen (Seite 40) wurden die psychischen, vegetativen und körperlichen Störungen abgefragt, die die Harmonie stören oder bereits als Krankheiten zu bewerten sind. Mit dem Erkennen der manifesten Gesundheitsstörungen allein ist es nicht getan. Fragen Sie sich weiter, welche aktuellen Erlebnisse zu diesen Störungen führen und aufgrund welcher individuellen Lern- und Entwicklungsgeschichte diese Störungen zustande kommen konnten. Im Zusammenhang mit dem Bedingungsgefüge der gesundheitsschädigenden Risiken (Abb. 3, Seite 32/33) wurde diese Thematik schon einmal angesprochen.

Der nachfolgende Streßfragebogen mag Ihnen helfen, Ihre persönliche Situation weiter zu analysieren und das Bedingungsgefüge der gesundheitsschädigenden Risiken (Abb. 3) noch einmal neu auf Ihre Person zu beziehen.

Streßfragebogen

Kreuzen Sie bitte das für
Sie zutreffende Feld an:

	häufig	manchmal	nie
1. Ich bin schnell ungeduldig	( ) 2	( ) 1	( ) 0
2. Kollegen bezeichnen mich als ehrgeizig	( ) 2	( ) 2	( ) 0
3. Ich versuche mehrere Dinge zur gleichen Zeit zu tun	( ) 2	( ) 2	( ) 0
4. Ich muß mein Können anderen beweisen	( ) 2	( ) 0	( ) 0
5. Ich bin leicht erregbar	( ) 2	( ) 1	( ) 0
6. Ich fühle mich leicht in die Enge getrieben	( ) 2	( ) 1	( ) 0
7. Ich kann schwer »nein« sagen	( ) 2	( ) 1	( ) 0
8. Am Feierabend kann ich keine Ruhe finden	( ) 2	( ) 1	( ) 0
9. Freunde sagen mir, daß ich zuviel arbeite	( ) 2	( ) 1	( ) 0
10. Mein Lebensstandard ist mir wichtig	( ) 2	( ) 1	( ) 0
11. Es ist mir wichtig, was andere von mir denken	( ) 2	( ) 1	( ) 0
12. Vorwürfe verkrafte ich schwer	( ) 2	( ) 1	( ) 0
13. In Gegenwart eines Vorgesetzten bin ich unsicher	( ) 2	( ) 1	( ) 0
14. Ich habe Angst, Fehler zu machen	( ) 2	( ) 1	( ) 0
15. Ich arbeite in Wechselschicht	( ) 2	( ) 2	( ) 0
16. Ich bin geräuschempfindlich	( ) 2	( ) 1	( ) 0
17. Mein Tatendrang ist schwer zu bremsen	( ) 2	( ) 1	( ) 0
18. Ich fühle mich überlastet	( ) 2	( ) 2	( ) 0
19. Ich fühle mich wie ausgelaugt	( ) 2	( ) 1	( ) 0
20. Mein Lebensrhythmus ist gestört	( ) 2	( ) 1	( ) 0
21. Über meine Gesundheit mache ich mir Sorgen	( ) 2	( ) 1	( ) 0
22. Es fällt mir schwer, Ruhe zu genießen	( ) 2	( ) 1	( ) 0
23. Familiäre Schwierigkeiten belasten mich	( ) 2	( ) 1	( ) 0

Kreuzen Sie bitte das für Sie zutreffende Feld an:	häufig	manchmal	nie
24. Trennungserlebnisse belasten mich	( ) 2	( ) 1	( ) 0
25. Folgende weitere Streßsituationen belasten mich:			
....			
....	( ) 2	( ) 1	( ) 0

Auszählung

Addieren Sie die hinter Ihren Kreuzen stehenden Zahlen.

Bewertung

0–9 Punkte:
Mit Streßsituationen, die relativ selten bei Ihnen vorkommen, können Sie gut umgehen. Mit Ihren Mitmenschen und mit sich selbst haben Sie für sich zufriedenstellende Arrangements getroffen. Sie sind flexibel, können sich auf Ihre Mitmenschen und die Anforderungen des Alltags gut einstellen.

10–19 Punkte:
Sie sind streßgefährdet. Sie stehen zwar nicht unter Dauerstreß, haben aber immer wieder Streßmomente, wodurch die notwendigen Entlastungs- und Entspannungs-Zeiten zu kurz kommen. Sie sind genügend flexibel, um Arrangements mit sich und den Mitmenschen zu treffen und der Entspannung etwas mehr Raum in Ihrem Leben zu geben.

20–29 Punkte:
Ihre Streßmomente in den verschiedenen Lebensbereichen sind bereits so ausgeprägt, daß Gesundheitsstörungen psychovegetativer oder körperlicher Art aufgetreten sind. Das Entspannungs-Training kann Ihnen helfen, einen Teil des verkörperlichten Stresses wieder abzubauen. Davon abgesehen sollten Sie den Ursachen Ihres Stresses nachgehen, Änderungsansätze überlegen und in die Tat umsetzen. Auch hierbei kann Ihnen das Entspannungs-Training nützlich sein, weil in relativer Gelassenheit die in den Aussagen des Streßfragebogens angesprochenen Themen leichter angegangen werden können.

30 und mehr Punkte:

Sie leben in dauerndem Streß, Ihr Organismus befindet sich in einer ständigen Alarmsituation, chronische oder akute Gesundheitsstörungen machen Ihnen zu schaffen. Zu viele Lebensbereiche sind mit emotionalen Belastungen verbunden, so daß zumindest emotionale Entlastung dringend geboten ist. Sie sind wahrscheinlich schon so tief im sich selbstverstärkenden Spiralprozeß des Streß', daß psychotherapeutische Hilfe zur Auflösung des Streßstrudels anzuraten ist. Das Entspannungs-Training kann Ihnen eine gewisse Linderung und wichtige Hilfe bei der Aufarbeitung der problematischen Themen bringen.

Die wichtigsten Entspannungsziele:

Das unmittelbare körperliche Ziel des Tiefmuskel-Entspannungs-Trainings ist die Muskelentspannung. Überall dort, wo sich muskuläre Spannungen bemerkbar machen, kann muskuläre Entspannung hervorgerufen werden. Eine gut entspannte Muskelpartie wird als schwer wahrgenommen. Empfinden Sie ein Schweregefühl, haben Sie die tiefe Muskelentspannung erreicht. Häufiger und früher als die Schwerewahrnehmung wird eine verstärkte Wärmeempfindung bzw. Prickeln oder Kribbeln beschrieben. Diese Empfindungen zeigen, daß die Durchblutung in den entsprechenden Blutgefäßen gefördert wurde und die Entspannung der Blutadern stattfindet bzw. erreicht ist. In der Entspannung nimmt auch das Gefühl von innerer Ruhe und Gelassenheit zu. Diese Gefühle zeigen Ihnen, daß sich die Entspannung auch im vegetativ-nervlichen und hormonellen Bereich auswirkt.

Wenn alle genannten Körperbereiche entspannt sind, wird sich ein wohliges Ruhegefühl und zunehmende Müdigkeit bemerkbar machen. Auch diese Gefühle zeigen Ihnen, daß Sie tiefe Entspannung erreicht haben.

Ihr Ziel muß jedoch nicht immer die tiefe Entspannung sein. Oft reicht es aus, wenn die vorhandene Hochspannung auf ein mittleres Spannungsmaß zurückreguliert wird. Die Veränderung des Spannungsniveaus ist für einen Entspannungs-Trainierten später in jeder Situation möglich.

Tiefe Entspannung ist natürlich nur bei guten Ausgangsbedingungen erreichbar. Wenn Sie Entspannungs-Übungen durchführen, sollten Sie sich über den realistischerweise erreichbaren Entspannungsgrad im klaren sein.

Wenn Sie ein gemütliches Wochenende verbringen, können Sie in tiefe Entspannungsgefühle hineinkommen. Sind Sie in einem Streitgespräch, und Sie möchten die Situation nicht verlassen, können Sie durch sekundenweise Einstellung auf bestimmte Entspannungs-Übungen das jeweilige Spannungsniveau etwas senken. Das Spannungsniveau können Sie von vornherein geringer halten, wenn Sie vor dem Streitgespräch einige Entspannungs-Übungen durchführen. Das jeweilige Spannungsniveau senkt sich schneller ab, wenn Sie nachher einige Entspannungs-Übungen durchführen. Entspannungs-Übungen können also verschiedene Funktionen haben, und zwar die der

1. **Vorbeugung**, um entspannter schwierige Situationen bewältigen zu können

2. Spannungsreduktion **in** einer Belastungssituation und

3. Entspannung **nach** einer Anspannungssituation.

Unser Ziel soll sein, in jeder Situation Entspannungs-Übungen durchführen zu können. Die erreichbare Tiefe der Entspannung hängt von den Ausgangsbedingungen ab. Je nach Ausgangssituation sollten Sie sich erreichbare Entspannungs-Ziele setzen.

Neben der kurzfristigen Entspannung werden Sie langfristig feststellen, daß der hohe Spannungsgrad, den Sie von früher her kennen, nicht mehr zustande kommt. Selbst wenn Sie sich auf eine erwartete Spannungssituation nicht entspannend vorbereitet haben, wird das Spannungsniveau bei einem Trainierten niedriger als bei einem Untrainierten sein.

Selbstgesteuerte Entspannung

Zur echten und tiefgreifenden Entspannung gehört die gezielte Selbststeuerung. Lediglich mechanisch durchgeführte Entspannungs-Übungen führen zu einem oberflächlichen Entspannungs-Zustand. Nur zu Beginn des Entspannungs-Trainings kann es wegen der gestörten Konzentrationsfähigkeit von Vorteil sein, das Entspannungs-Training mechanisch durchzuführen. Dabei soll es aber nicht bleiben. Selbstgesteuerte Entspannung heißt, die Entspannungs-Übungen dem individuellen Eigenrhythmus entsprechend frei einsetzen zu können. Ihr Eigenrhythmus wird sich im Laufe der Zeit von selbst herausbilden, wenn Sie sich nicht zwanghaft an den Text, die Zeithinweise oder die von mir besprochene Toncassette zum Tiefmuskel-Entspannungs-Training anklammern. Diese Hilfsmittel können Ihnen in der Anfangszeit Ihres Trainings die Entspannung erleichtern. Auf Dauer gesehen sollten Sie jedoch unabhängig von Fremdsteuerung werden.

Selbststeuerung hat eine vertiefende Wirkung für das Entspannungs-Training und eine gesunderhaltende Wirkung für den ganzen Menschen. Ich erinnere an die Nachuntersuchung bei Herzinfarktpatienten: Von denjenigen, die keine gesundheitsbezogene Eigenaktivität und Selbststeuerung nach ihrem Herzinfarkt durchführten, erlitten 18% innerhalb von 3 Jahren einen 2. Infarkt; von der anderen Gruppe waren es 2%. Letztere Gruppe hatte neben dem Entspannungs-Training auch den selbstverantwortlichen Umgang mit Konflikten und Problemen gelernt. Diese Klienten konnten nach selbständig vollzogenen Verhaltens- und Einstellungsänderungen die mit den Konflikten zusammenhängenden Spannungen stark verringern bzw. abbauen. Sie konnten in der Entspannung mehr inneren Abstand und mehr Souveränität gewinnen und sich damit den anstehenden Problemen leichter stellen.

Haben Sie schon einmal darüber nachgedacht, inwieweit Sie eigene Initiativen entwickeln, Ihr Leben und Ihre Gesundheit selbst in die Hand zu nehmen, oder ob Sie sich eher von äußeren Gegebenheiten beeinflussen lassen, sich Ihrem »Schicksal« hingeben? Der nachfolgende Fragebogen zur Eigenaktivität und Selbststeuerung kann Ihnen helfen, Ihre Selbststeuerungsfertigkeiten zu überprüfen. Die einzelnen Aussagen im Fragebogen können Ihnen Hinweise auf eventuell notwendige oder sinnvolle Konsequenzen geben.

Fragebogen zur Eigenaktivität und Selbststeuerung

Kreuzen Sie bitte das für Sie zutreffende Feld an:	häufig	manchmal	nie
1. Ich tue selbst etwas für meine Gesundheit	( ) 2	( ) 1	( ) 0
2. Ich äußere in Gesprächen auch meine Gefühle	( ) 2	( ) 1	( ) 0
3. Ich beschäftige mich mit einem Hobby	( ) 2	( ) 1	( ) 0
4. In meiner Freizeit gehe ich aus	( ) 1	( ) 1	( ) 0
5. Ich bin entschlußfreudig	( ) 2	( ) 1	( ) 0
6. Ich übe eine Sportart aus	( ) 2	( ) 1	( ) 0
7. Ich mache Entspannungsübungen	( ) 2	( ) 1	( ) 0
8. Eingefahrene Verhaltensgewohnheiten ändere ich bei Bedarf	( ) 2	( ) 1	( ) 0
9. Ich hebe die positiven Seiten des Lebens hervor	( ) 2	( ) 1	( ) 0
10. Wenn ich kritisiert werde, vertrete ich meinen Standpunkt	( ) 1	( ) 1	( ) 0
11. Wenn ich zu knappe Termine bekomme, sage ich, daß die Zeit nicht ausreicht	( ) 2	( ) 1	( ) 0
12. Ich informiere mich über wichtige Lebensfragen	( ) 1	( ) 1	( ) 0
13. Der Gedanke an den Tod ängstigt mich	( ) 0	( ) 1	( ) 2
14. Einmal gefaßte Meinungen kann ich schlecht wieder ändern	( ) 0	( ) 1	( ) 2
15. Ich leide unter Zeitdruck	( ) 0	( ) 1	( ) 2
16. Ich greife schnell zu Genußmitteln	( ) 0	( ) 1	( ) 2
17. Ich leide unter Eifersucht	( ) 0	( ) 1	( ) 2
18. Abends sitze ich länger als 1½ Std. vor dem Fernseher	( ) 0	( ) 1	( ) 2
19. Ich habe Angst, im Alter allein zu sein	( ) 0	( ) 0	( ) 2
20. Ich spreche über Probleme mit nahestehenden Personen	( ) 2	( ) 1	( ) 0

Auszählung
Addieren Sie die hinter Ihren Kreuzen stehenden Zahlen

Bewertung

0–12 Punkte:
Sie lassen sich stark von außen steuern und entwickeln wenig eigene Initiative. Sie könnten sich fragen, welche Persönlichkeitszüge und welche Fehlverhaltensweisen bzw. Fehleinstellungen Sie in Ihrer Selbststeuerung einschränken. Ziehen Sie daraus die notwendigen Schlüsse und treten Sie mehr in Kontakt mit Ihren Mitmenschen. Ihre hochgradige innere Spannung kann durch das Entspannungs-Training und durch körperliche Aktivität verringert werden.

13–19 Punkte:
Selbststeuerung und Eigenverantwortung sind Ihnen nicht grundsätzlich fremd. Sie entwickeln Eigeninitiativen und übernehmen Selbstverantwortung, können diese Fertigkeiten jedoch noch beträchtlich erweitern. Emotionaler Druck, Fehlverhaltensweisen und Fehleinstellungen sollten abgebaut werden. Ein geeigneter Weg hierzu ist das Äußern von Gefühlen und das Besprechen von Problemen. Das Entspannungs-Training kann unterstützend eingesetzt werden.

20–27 Punkte:
Sie haben aktive Selbstverantwortung und Selbststeuerung in den meisten Lebensbereichen übernommen. Sie gestalten Ihre Arbeitszeit und erleben Ihre Freizeit sinnvoll. Die Themen Alter und Tod sind für Sie nicht bedrängend. Sie könnten sich noch fragen, ob diese beiden letzten Themen durch innere Beschäftigung damit erledigt oder ob sie nur verdrängt wurden. Sollte es Hinweise für eine evtl. Verdrängung geben, lesen Sie bitte den vorherigen Absatz.

28 und mehr Punkte:
Ihre Selbststeuerung ist ausgezeichnet. Sie können flexibel auf Belastungen reagieren. Eventuellen Problemen stellen Sie sich und äußern auch Mitmenschen gegenüber Ihre Gefühle. Sie haben ein gutes Realitätsgefühl, Selbstbewußtsein, Selbstvertrauen und Gemeinschaftsgefühl. (Beachten Sie bitte den Hinweis zu einer evtl. Verdrängung im vorherigen Absatz.)

Sie haben Ihre Punkte addiert, das Ergebnis mit der Bewertung verglichen und vielleicht schon die notwendigen Schlüsse gezogen. Sie sollten die Aussagen, bei denen Sie 0 Punkte erhalten haben, intensiv überdenken, selbstgesteuerte Alternativen überlegen und eigenaktiv in die Tat umsetzen. Auch bei den übrigen Aussagen können Sie überlegen, ob Sie der eigenverantwortlichen, gesundheitsfördernden Selbststeuerung mehr Raum geben wollen. Vielleicht fallen Ihnen auch noch andere Bereiche ein, in denen Eigenaktivität und Selbststeuerung erhöht werden können.

Zu Ihrer Unterstützung bei der Beschäftigung, Vertiefung, Verarbeitung und Lösung der hier angesprochenen Themenkreise gebe ich Ihnen einige Literaturhinweise. Wie Sie wissen, gibt es viele Ratgeber, von denen nicht allzu viele empfehlenswert sind. Bereits im Jahre 1709 war folgender Titel erschienen: »Von der Fürtrefflichkeit, Unterschied, Nutzen und Wirkungen des Rhein-Weins nebst einer Methode wie selbiger in allen Krankheiten zum kräftigsten Praeservativ, anstatt warmer Bäder und Sauerbrunnen zu gebrauchen sey.« Da bei diesem Titel wenigstens heutzutage die enthaltene Ironie spürbar ist, wird das Buch keine allzu negativen Auswirkungen haben.

Die Bücher der folgenden Autoren, die ich im großen und ganzen für empfehlenswert halte, sollten aufmerksam und kritisch gelesen und nicht passiv konsumiert werden.

Diese Schriften haben unterschiedliche Schwerpunkte. An den mündigen Patienten wenden sich die Taschenbücher von HELMUT BRENNER, WAYNE DYER, DIETMAR JULI und GABRIELE WEYEL. (Buchtitel usw. sind im Anhang auf Seiten 301–304 angegeben.) Der mündige Bürger und Mitmensch wird in den Taschenbüchern von ROBERT JUNGK, PETER KOCH, HORST-EBERHARD RICHTER und ANTOINE DE SAINT-EXUPÉRY angesprochen. Einen Einblick in psychotherapeutische Methoden geben die Taschenbücher von DANIEL CASRIEL, PETRA HALDER, THOMAS HARRIS, GERD HENNENHOFER und WILHELM REICH. Spezialthemen zur Gesundheitsvorsorge und -nachsorge behandeln die Taschenbücher von FRÉDÉRIC FLACH, THOMAS GORDON, ARNOLD LAZARUS, GER-

HARD LEIBOLD, RUDOLF SCHWARZ, FRÉDÉRIC VESTER und WERNER THUMSHIRN. Existentielle Themen und Sinnfragen des Lebens werden in den Schriften von CHARLOTTE BÜHLER, IVAN ILLICH, DON MILLER, RAYMOND MOODY, ELISABETH KÜBLER-ROSS und VIRGINIA SATIR behandelt.

Ich möchte die Hinweise auf weiterführende Literatur mit zwei Zitaten von ANNE MORROW LINDBERGH* beschließen: »Ich stelle fest, daß ich die Heuchelei in meinen menschlichen Beziehungen ablege. Wie ausruhend das sein wird! Ich habe entdeckt, daß das Anstrengendste im Leben die Unaufrichtigkeit ist. Ihretwegen strengt uns das gesellschaftliche Leben so an; man trägt eine Maske. Ich habe meine Maske abgelegt.«

»Vielen Menschen gelingt es nie, über die Hochebene der vierziger Jahre hinauszugelangen. Die Wachstumsschmerzen, die meiner Ansicht nach jenen der früheren Jugend so ähnlich sind – Unzufriedenheit, Ruhelosigkeit, Zweifel, Verzweiflung, Sehnsucht – werden fälschlich als Zeichen des Verfalls gedeutet. In der Jugend mißdeutet man diese Anzeichen nicht so häufig; man nimmt sie ganz richtig als Wachstumsschmerzen in Kauf. Man nimmt sie ernst, beobachtet sie und richtet sich nach ihnen. Man hat Angst. Natürlich. Wer fürchtet sich nicht vor dem absoluten Raum – dieser atemberaubenden Leere hinter einer offenen Tür? Aber trotz aller Furcht geht man in das anstoßende Zimmer. – Aber im beginnenden Alter deutet man aus der falschen Annahme, daß nun ein Verfall einsetzen muß, diese Lebenszeichen paradoxerweise als Anzeichen des nahenden Todes. Statt sich ihnen zu stellen, flieht man sie und flüchtet sich in Depressionen, Nervenzusammenbrüche, Trunk, Liebeleien oder sinn- und gedankenlose Überarbeitung. Nur nicht sich ihnen stellen und von ihnen lernen! Man versucht, die Wachstumsschmerzen zu heilen, sie auszutreiben, als seien sie Teufel, wo sie eigentlich Engel der Verkündigung sein könnten.«

Die angesprochenen ganzheitlichen Gesichtspunkte sind bei der Einübung und Anwendung des Entspannungs-Trainings mit zu beachten.

---

* ANNE MORROW LINDBERGH: Muscheln in meiner Hand, dtv, München, 1980, S. 29 und 94

Hinweise zum Entspannungs-Training

Tiefmuskel-Entspannungs-Training ist ein Verfahren, bei dem wir bei den willkürlichen Muskeln ansetzen und mit Hilfe dieser Muskeln Entspannung für den ganzen Körper und den ganzen Menschen lernen.

Das Tiefmuskel-Entspannungs-Training basiert auf der Progressiven Relaxation, einem systematischen Muskel-Entspannungs-Training. EDMUND JACOBSON* entwickelte die »vorwärtsführende Entspannung« zu Beginn unseres Jahrhunderts an der Harvard-Universität. In weiterentwickelter Form wurde dieses Entspannungs-Training zu einer wichtigen Technik im Rahmen der Verhaltenstherapie. Als eigenständige Methode wird es auch im deutschsprachigen Raum immer bekannter und dürfte in absehbarer Zeit einen ähnlichen Bekanntheitsgrad haben wie das Autogene Training oder der Yoga.

Das Tiefmuskel-Entspannungs-Training soll keine Konkurrenzmethode für das Autogene Training oder Yoga sein. Es läßt sich gut mit anderen Entspannungs-Methoden verbinden und kann das Erlernen dieser Methoden erleichtern.

Als eigenständiges Verfahren ist es aller Erfahrung nach leichter zu erlernen als das Autogene Training oder Yoga, weil die willkürlichen Muskeln als Ausgangspunkt für die Gesamtentspannung gewählt werden. Hierbei handelt es sich um die Muskeln im Körper, die willkürlich, d. h. willentlich, bewußt, aktiv angespannt und entspannt werden können.

Ansatzpunkt ist also das Muskelsystem. Über An- und Entspannung dieses Systems erreichen wir neben der intensiven Muskelentspannung auch Kreislauf- und nervliche Entspannung.

Bei diesem Entspannungs-Training werden die Wahrnehmungsveränderungen bei körperlichen Zustandsveränderungen genutzt: die Spannungszustände werden zunächst willkürlich verstärkt und dann gezielt gelöst; wegen des starken Kontrastes von Anspannung und Entspannung kommen große Spannungsunterschiede und

---

* EDMUND JACOBSON: Progressive Relaxation, The University of Chicago Press, Chicago, 1929

damit deutliche Wahrnehmungsveränderungen in Form von Wärme- und Schwereempfindungen zustande. Sollten Sie diese Veränderungen, z. B. bei der Anspannung der Hand zur Faust und bei der nachfolgenden Entspannung nicht oder kaum spüren, dann haben Sie entweder die Faust nicht fest genug zugedrückt bzw. nicht genügend gelockert, oder Sie haben die Wahrnehmungsfähigkeit für positive Körperempfindungen verlernt. Im letzten Fall empfiehlt es sich, bei den einzelnen Übungen ganz besonders und vorrangig auf die Empfindungen zu achten, die sich im Wechsel von Spannung und Entspannung einstellen. Je größer der Kontrast zwischen Anspannung und Entspannung ist, um so intensiver sind die Empfindungen. Je kräftiger Sie also anspannen, um so deutlicher wird die Entspannungsempfindung sein.

Die Stärke der Anspannung sollte jedoch nicht so weit gehen, daß Schmerzempfindungen auftreten. Besonders im Schulterbereich, der bei vielen Menschen verspannt und verhärtet ist, ist zu Beginn des Trainings Vorsicht geboten. Haben Sie die Übungen einige Tage lang durchgeführt, werden Sie mit Freude die zunehmende Elastizität der Muskeln wahrnehmen. Dann kann auch die Spannungsintensität erhöht werden, ohne daß Schmerzen auftreten.

Abgesehen von der körperlichen Entspannung werden durch diese Übungen das seelische Wohlbefinden und die Leistungsfähigkeit erhöht. Allerdings sollten die Leistungsgesichtspunkte möglichst in den Hintergrund gestellt werden. Wenn nämlich versucht wird, mit Leistungsbewußtsein und Leistungsehrgeiz Entspannung herbeizuführen, wird eher das Gegenteil, nämlich Spannung, erreicht.

Wir wollen die Übungen aus einer möglichst **entspannten Grundhaltung** heraus beginnen. Mit den Körperhaltungen, die diese Grundhaltung fördern, wollen wir uns nun beschäftigen.

Auf der Abbildung 8 sehen Sie eine Gruppe von Personen in entspannter Haltung. Sie sehen, daß diese Haltung keine strengeinheitliche zu sein braucht, vielmehr soll sie von der Ausgangshaltung her eine optimale Muskelentspannung bringen. Und da gibt es natürlich individuelle Unterschiede: Der eine wird die Droschkenkutscherhaltung als optimal erleben, der andere findet es am günstigsten, wenn er den Kopf locker nach hinten anlegen kann. Probieren Sie aus, in welcher Haltung möglichst wenig Muskeln in Anspannung gehalten zu werden brauchen.

Am allerbequemsten ist in dieser Hinsicht sicherlich die *Liegehaltung:* dabei liegen Sie am besten flach auf dem Rücken, die Arme liegen locker neben dem Körper. Diese Haltung ist die entspannteste, weil in lockerer Liegehaltung keine muskuläre Stabilisierung des Körpers nötig ist.

Auch in *halbliegender Haltung* oder *ausbalancierter Sitzhaltung* sind kaum Muskelspannungen nötig, so daß diese Positionen zu den besonders entspannten Ausgangshaltungen gehören. Als Sitzmöbel empfehlen sich bequeme Schalen-, Polster- oder Ohrensessel. Die nachfolgenden Graphiken zur Demonstration der einzelnen Übungen sind aus der bequemen Ausgangshaltung in einem Polstersessel heraus entstanden.

Die Übungen können und sollten auch immer wieder in *unbequemeren Haltungen* durchgeführt werden, weil dies vermutlich die häufigsten Positionen sind, in denen Sie später das Gelernte konkret einsetzen möchten: Es ist zu erwarten, daß Sie in einer späteren Angst- oder Ärgersituation zunächst stehen oder gar gehen und sich höchstens zwischendurch auf einen harten Stuhl oder einen zu weichen Sessel setzen können. Entspannung wird später gerade in solchen Situationen sofort erforderlich sein; Sie können aber nur dann mit Entspannungs-Effekten rechnen, wenn Sie die Übungen

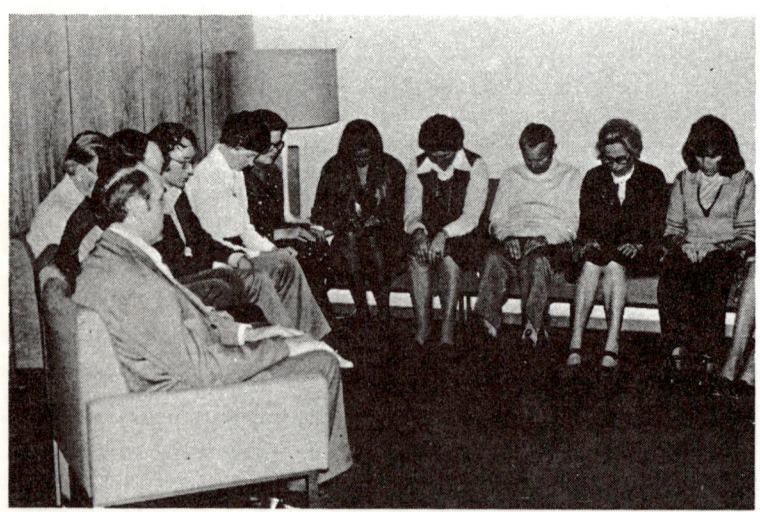

Abb. 8: Entspannte Haltung während der Übungen

vorher in unbequemeren Haltungen eintrainiert und bereits bei kleineren Ärgeranlässen eingesetzt haben. Wenn Sie das Training nur im Liegen erlernen, werden Sie es später auch nur im Liegen anwenden können. Aus diesen Gründen sollten Sie sich als häufigste Haltung eine bequeme Sitzhaltung auf dem von Ihnen am meisten benutzten Sitzmöbel aussuchen.

In einem Polstersessel oder auf einem Stuhl sollten Sie sich mit dem Gesäß möglichst weit nach hinten setzen: dann steht die Wirbelsäule weitgehend gerade und ist von ansonsten auftretenden Spannungen entlastet. Nehmen Sie dann eine aufrechte Oberkörperhaltung ein, so daß der Rücken Kontakt mit der Rückenlehne hat. Die Beine stehen senkrecht nebeneinander oder sind leicht ausgestreckt. Lassen Sie die Arme locker auf oder neben die Oberschenkel fallen. Lösen Sie jetzt die Muskelspannung in Ihrer Halsmuskulatur; dadurch sinkt der Kopf etwas nach vorn. Lassen Sie den Kopf so weit sinken, bis Sie keine Muskelspannungen mehr zum Hochhalten des Kopfes benötigen. (Vgl. Abb. 8 u. Abb. 10.)
Diese Haltung läßt sich durch Anlehnen des Kopfes an eine Kopfstütze abwandeln. Besonders günstig ist hierzu ein Ohrensessel mit möglichst gerader Rückenlehne. Auch auf einem beliebigen Stuhl läßt sich diese Haltung einnehmen. Setzen Sie sich dazu mit dem Stuhl nahe an eine Wand, legen Sie sich eine Nackenrolle, ein Kissen oder etwas Ähnliches in den Nacken und lehnen Sie den Kopf an.

Wer Wirbelsäulenbeschwerden hat, sollte eine der bisher erklärten Übungshaltungen einnehmen.

Bei der jetzt beschriebenen Sitzhaltung setzen Sie sich in die Mitte oder auf das vordere Drittel Ihres Stuhles oder Schemels und nehmen zunächst eine aufrechte Oberkörperhaltung ein. Die Beine stehen rechtwinklig oder sind ausgestreckt. Heben Sie dann die Rückenspannung auf. Sie sacken dabei in sich zusammen, Schultern und Kopf fallen nach vorn, die Arme bleiben auf den Oberschenkeln liegen oder hängen locker herunter.
Wenn Sie nach den Übungen wieder frisch und munter sein wollen, sollten Sie zum Abschluß der Übungen eine kräftige muskuläre Aktivierung durchführen. Ballen Sie dazu die Hände zu Fäusten und ziehen Sie die Arme ruckartig zum Körper hin. Schlagen Sie dann die Arme einmal oder mehrmals ruckartig vom Körper weg.

Öffnen Sie die Augen und atmen Sie einmal tief durch. (Siehe Abb. 9). Diese Muskelaktivierung hat auch einen erfrischenden Effekt.

Neben der Körperhaltung erleichtert auch eine entspannte innere Haltung und Einstellung die Trainingsfortschritte. Die gelassene innere Haltung kann nicht vorausgesetzt werden, sondern muß im Training erst erworben werden. Sie können jedoch die äußeren Gegebenheiten so gestalten, daß sie zu Ihrer inneren Ruhe beitragen. Sie können zu Übungszwecken einen Raum aufsuchen, in dem Sie nicht gestört werden. Wer keine andere Möglichkeit findet, weicht notfalls auf die Toilette aus. Sie können beengende Kleidungsstücke lockern oder bequemere anziehen bzw. die Schuhe ausziehen.

Sie haben sich sicher schon gefragt, welche **Übungshäufigkeit** beim Tiefmuskel-Entspannungs-Training zu veranschlagen ist. Diese Frage muß für die Trainingsphase und die Anwendungsphase unterschiedlich beantwortet werden. In der Trainingsphase, die bei täglichem Üben etwa 6 Wochen in Anspruch nimmt, sollte mehrmals am Tag geübt werden. In der Anwendungsphase reicht es aus,

Abb. 9: Muskuläre Aktivierung zum Abschluß der Übung

wenn Sie das Trainingsprogramm 1 mal pro Woche durchführen und, davon abgesehen, das Gelernte dann gezielt einsetzen, wenn Sie es brauchen. In der Trainingsphase sollten Sie täglich 1–2 der insgesamt 8 Übungsteile in einer möglichst ruhigen Atmosphäre durchführen und zusätzlich Kurzübungen bei weniger ruhigen Umgebungsbedingungen machen. Eine Wartesituation, wie z. B. beim Arzt oder an der Kasse, eignet sich ausgezeichnet, um sich je nach zur Verfügung stehender Zeit ½ Minute, 1 Minute oder 2 Minuten auf ausgewählte Muskelpartien anspannend und entspannend einzustellen.

In der Trainingsphase kommt es dabei nicht darauf an, ob Sie Entspannungsempfindungen haben, sondern daß Sie sich in schwierigeren Situationen mit der Thematik beschäftigen. Wenn Sie nur in Ruhesituationen üben, wird Ihnen die spätere Übertragung auf angespannte Realsituationen zu schwer fallen.

Nach rund 3 Wochen regelmäßigem Üben können Sie so weit sein, daß Sie das Gelernte bereits mit Erfolg einzusetzen vermögen. Zu diesem Zeitpunkt können Sie Ihr Übungsprogramm mit dem Entspannungs-Training für Fortgeschrittene ergänzen. Bei intensivem weiterem Üben werden Sie wiederum rund 3 Wochen benötigen, bis Sie diese differenzierte Technik einigermaßen beherrschen. Welche Wahrnehmungen Ihnen anzeigen, ob Sie das angestrebte Entspannungsziel erreicht haben, wird im Anschluß an das Trainingsprogramm beschrieben.

Wenn Sie die Übungen mit Hilfe des Übungstextes durchführen, werden Sie für jeden Programmteil rund 6 Minuten benötigen. Sie können sich den Text auch auf Tonband sprechen und nach jedem Übungsteil ein ruhegetöntes Musikstück von rund 5 Minuten Dauer einspielen. Der Autor hat eine entsprechende Toncassette besprochen und zwischen den einzelnen Übungen geeignete Musikstücke eingespielt. Wer sich die Mühe der Eigenproduktion ersparen will oder Anregungen für die eigene Handhabung erhalten möchte, der kann die Toncassette TE 1 mit dem Tiefmuskel-Entspannungs-Training für Anfänger durch Überweisung von DM 18,–* an Helmut Brenner, 4902 Bad Salzuflen, Kontonummer 320668-304 beim Postgiroamt Hannover, Bankleitzahl

---

* Preis gültig bis Ende 1992

2501 0030, bestellen. Eine weitere Cassette TE 2 mit dem Entspannungs-Training für Fortgeschrittene kann zu gleichen Bedingungen bezogen werden.

Wenn Sie die Übungen unter Zuhilfenahme der gesprochenen Anleitung durchführen, dauert das Grundprogramm mit seinen 4 Teilen einschließlich Musik rund 40 Minuten und das Fortgeschrittenenprogramm rund 35 Minuten.

Auf die musikalische Unterstützung komme ich später noch zurück. Jetzt nur so viel: Während Sie die eingespielte Musik hören, können Sie entweder die Musik mitverfolgen bzw. sich von ihr tragen lassen oder die kurz zuvor durchgeführten Übungen nochmals durchgehen.

Eine Tonanleitung ist zum Erlernen des hier besprochenen und vorgestellten Entspannungs-Programms keine Bedingung. Das Entspannungs-Training können Sie auch allein mit Hilfe dieses Buches erlernen. Falls Sie zur Erleichterung des Trainings eine Tonanleitung benutzen, achten Sie darauf, daß Sie sich nicht davon abhängig machen, indem Sie nur mit der Tonanleitung üben. Sie können dem vorbeugen, wenn Sie die Übungen in wenigstens der Hälfte der Fälle ohne Tonanleitung durchführen.

In der späteren Anwendungsphase können Sie das Gelernte frei einsetzen. Je öfter Sie das Programm zu Übungszwecken durchführen, desto rascher prägen Sie sich die Übungen ein und desto rascher können Sie das Gelernte in Alltagssituationen anwenden.

Entspannungs-Training für Anfänger

Heute sollte eigentlich jeder ein Entspannungs-Verfahren beherrschen und regelmäßig praktizieren. Es gibt eine ganze Reihe empfehlenswerter Verfahren: Autogenes Training, Yoga, Funktionelle Entspannung, Musiktherapie, Tiefmuskel-Entspannungs-Training . . . Einige dieser Entspannungs-Verfahren werden durch die Volkshochschulen oder sonstige Bildungseinrichtungen vermittelt, so daß jeder die Möglichkeit hat, sie zu erlernen. Auch mit Hilfe dieses Buches haben Sie die Möglichkeit, das Tiefmuskel-Entspannungs-Training zu erlernen. Zusätzlich zum Lesen und eigenen Üben ist es sicherlich sinnvoll, einen Kursus zu besuchen. Häufig werden auch Kurse zum Autogenen Training mit dem Tiefmuskel-Entspannungs-Training verbunden. Sie können den Übungsleiter Fragen stellen oder mit ihm auftauchende Schwierigkeiten besprechen. Das Do-it-yourself-Verfahren ersetzt nicht das angenehme Gefühl, mit anderen, gleichgesinnten Menschen zusammen zu sein und sich um ein gemeinsames Ziel zu bemühen. Wenn Sie diese Möglichkeit nicht haben, können Sie auch durch Selbsthilfe das angestrebte Entspannungsziel erreichen.

Das Erlernen eines Entspannungs-Verfahrens ist wichtig, ersetzt allerdings nicht den Erwerb konstruktiven Konfliktlösungsverhaltens. Hierzu wurden im ersten Teil dieses Buches einige Ausführungen gemacht und Hinweise gegeben.

Durch konsequentes Training und möglicherweise zusätzliche Konfliktbearbeitung sind Leiden und Beschwerden zu lindern oder abzubauen, die mit Fehlregulationen im Muskel-, Kreislauf- oder Nervensystem zusammenhängen. Als Beispiele seien genannt: Kopfschmerzen, Durchblutungsstörungen, Muskelverspannungen, innere Unruhe, Schlafstörungen, Magenbeschwerden und Atemstörungen (vgl. Spannungsfragebogen S. 40).

Das Tiefmuskel-Entspannungs-Training ist ein Verfahren, bei dem die willkürlichen Muskeln als Ausgangspunkt für die Entspannung gewählt werden. Durch willkürliche Anspannung und nachfolgende Lockerung von bestimmten Muskelpartien kommt es wegen des provozierten Kontrastes zu sofortigen und intensiven Entspannungs-Empfindungen. Die Entspannung wird als Schwere-, Wärme-, Prickel-, Ruhe- oder Schläfrigkeitsgefühl wahrgenommen. Diese Empfindungen zeigen, daß sich nicht nur die Muskeln, sondern auch Blutgefäße und Nerven entspannen.

Eine Schwereempfindung wird spürbar, wenn eine intensive Muskelentspannung zustande kommt. Wärme und Prickeln werden spürbar, wenn Blutgefäße durch die Entspannung geweitet werden und die Durchblutung gefördert wird. Die innere Ruhe und Gelassenheit nimmt zu, wenn sich die Entspannung im Nervensystem ausbreitet. Schläfrigkeitsgefühl tritt auf, wenn die Gesamtentspannung tiefer wird.

Die hier genannten Empfindungen sind in allen Entspannungs-Techniken angestrebte Empfindungen, die in der Tiefmuskel-Entspannung wegen des Kontrastvorgehens von muskulärer An- und Entspannung sofort oder nach wenigen Minuten auftreten. Bei allen anderen Entspannungs-Verfahren dauert dies wesentlich länger, weil dort die Entspannung auf autosuggestivem, konzentrativem oder meditativem Wege erlernt wird.

Das hier vorgestellte Entspannungs-Verfahren bietet einige weitere Vorteile. Es ist leicht vermittelbar und weitgehend durch Selbstanleitung erlernbar. Außerdem kann dieses Entspannungs-Training fast jederzeit unter fast allen Bedingungen durchgeführt werden: Wenn Sie z. B. ein Gespräch führen, können Sie sich zwischendurch einmal kurz vergegenwärtigen, ob Sie (muskulär) angespannt sind, und können diese Verkrampfungen dann lösen. Nach einigen Wochen regelmäßigen Übens können Sie durch kurze Selbstbeobachtung feststellen, ob Sie verspannt sind. Sie können sich dann sofort in die Anspannung einspüren, sie kurzfristig – etwa eine Sekunde lang – verstärken und dann die Anspannung von sich abfallen lassen. Bei diesem Vorgehen bekommen Sie Spannung im wahrsten Sinne des Wortes in den Griff und können sie anschließend leichter loslassen.

Das soeben Gesagte ist für Sie momentan noch Zukunftsmusik. Es geht zunächst noch um das Grundtraining; auf differenzierte

Anwendungsgesichtspunkte kommen wir später noch zu sprechen. Für Ihre ersten Übungen wählen Sie eine möglichst bequeme Ausgangshaltung. (Vgl. Abb. 10.)

In dieser Haltung führen Sie jeweils 1–2 der insgesamt 4 Übungsteile des Entspannungs-Trainings für Anfänger durch. Später kön-

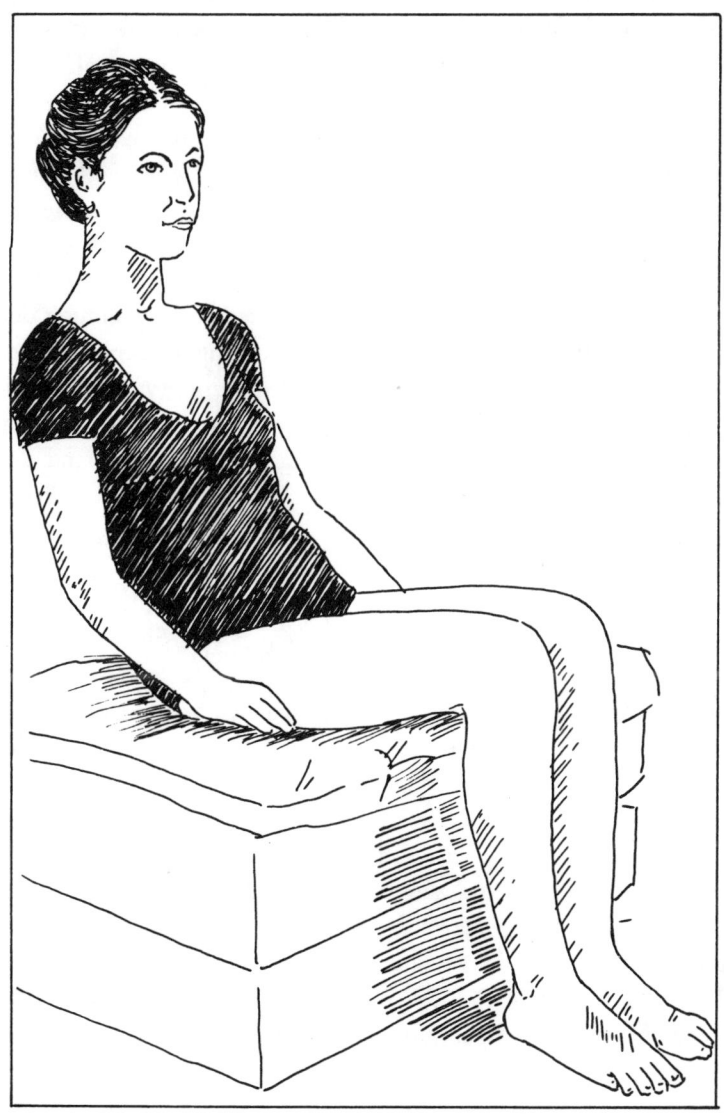

Abb. 10: Bequeme Ausgangshaltung

nen und sollten die Übungen auch ohne Anleitungen, d. h. aus dem Gedächtnis mehrmals täglich wiederholt werden. Sie können dabei einzelne Übungen herausgreifen, die Sie 1—2 Minuten lang durchführen. Spannen Sie jeweils nur so stark an, daß keine unangenehmen Empfindungen auftreten.

Falls das gezielte Anspannen von Muskelgruppen zu Schmerzempfindungen führt, sollten Sie weniger intensiv anspannen. Falls nach Beendigung der Übungen unangenehme Empfindungen auftreten sollten, haben Sie entweder die muskuläre Aktivierung (vgl. Abb. 9, Seite 60) vernachlässigt, oder Sie haben zu schnell die Körperhaltung verändert. Falls Sie weiter ruhen möchten, braucht die Aktivierung natürlich nicht durchgeführt zu werden. Wenn evtl. auftretende Mißempfindungen nicht auszuräumen sind, wenden Sie sich bitte an einen Fachmann, der Entspannungs-Verfahren lehrt.

Das Programm beginnt im ersten Teil mit der Entspannung der Hände, es folgen die Arme. Im zweiten Übungsabschnitt geht es weiter mit den Gesichtsmuskeln und den Schultern. Im dritten Übungsabschnitt geht es um die Entspannung des Leibes. Der vierte Übungsteil wendet sich den Beinen und abschließend der Gesamtperson zu. Danach beginnen Sie wieder mit der ersten Übung.

Bei der ersten Übung geht es um die Anspannung der rechten Hand zur Faust und die nachfolgende Entspannung. Ich bitte Sie, diese Übung jetzt einmal durchzuführen: Ballen Sie Ihre rechte Hand jetzt zur Faust (siehe Abb. 11).

Drücken Sie möglichst kräftig zu und schauen Sie sich Ihre Faust und Ihre Finger an. Sehen Sie die muskuläre Spannung und die farblichen Veränderungen der Faust und der Finger? An einigen Stellen wird es weiß – dort wird das Blut aus den Adern herausgedrückt; an anderen Stellen wird es rot – dort staut sich das Blut. Spüren Sie sich jetzt zusätzlich in Ihre Hand hinein: Spüren Sie die Anspannung und die Härte der Faust. – Tasten Sie nun mit der anderen Hand, wie die geballte Faust sich anfühlt: Spüren Sie die Härte der Muskeln und die relative Gefühllosigkeit der Faust. Lösen Sie nun die Anspannung, lassen Sie die Hand locker auf den Oberschenkel fallen und erleben Sie nun den Kontrast zur Spannung, spüren Sie die Entspannung, die wohlige Lockerung der Muskeln und das angenehme Strömen oder Kribbeln oder das leichte Wärmegefühl in der Hand. Tasten Sie nochmals mit der anderen Hand: Fühlen Sie die Weichheit und Geschmeidigkeit der Muskeln? Wenn ja, können Sie sich schon gut in positive Körperempfindungen hineinversetzen und den Anspannungs- und Entspannungs-Unterschied gut wahrnehmen.

Zusätzlich zum provozierten Spannungsunterschied wird die Entspannung durch das Kontrastvorgehen insgesamt gefördert und weiter vertieft. Eine Hand, die vor dem Training kalt war, wird im Training warm werden und auch anschließend so lange warm bleiben, bis ein erneuter, länger andauernder Spannungsreiz wieder zur Verengung der Blutgefäße führt.

Sie können jetzt mit dem ersten Übungsteil beginnen. Wählen Sie zu Anfang einen möglichst ruhigen Raum und eine ruhige Umgebung. Machen Sie sich mit den Geräuschen vertraut, die Sie jetzt in näherer oder weiterer Entfernung hören: diese Geräusche gehören im Moment mit zur Übungssituation; versuchen Sie nicht, die Geräusche wegzudrängen, sondern akzeptieren Sie sie als natürliche, zum alltäglichen Leben gehörende Geräusche.

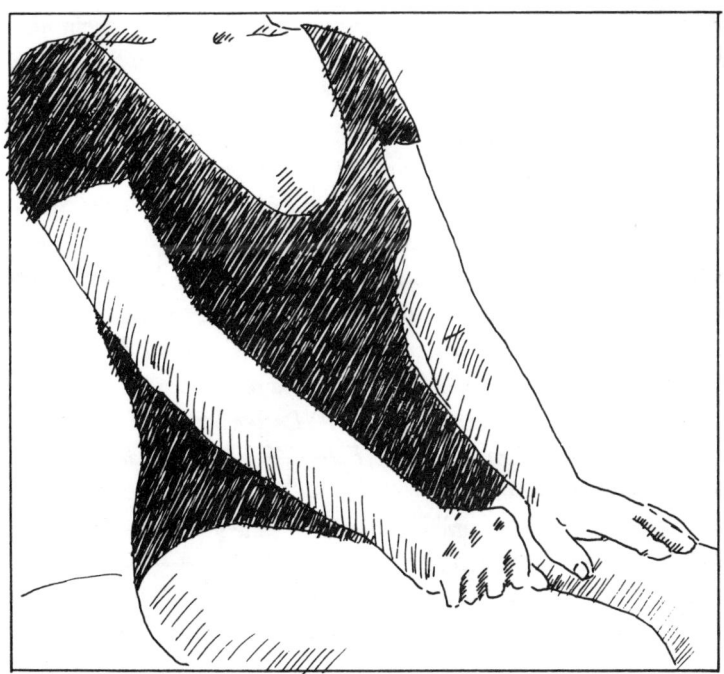

Abb. 11: Rechte Hand zur Faust ballen

Sagen Sie sich zu Anfang den Satz: *Ich beginne jetzt mit meinem Entspannungs-Training*, und stellen Sie sich auf Ihren Körper, speziell auf Ihre rechte Hand, ein und spüren Sie Ihren Körper und Ihre Hand. Sie können auch mit der Einstellung auf das kurze Entspannungssignal *ruhig* bzw. *entspannt*, nicht zuletzt mit der Einstellung auf ein ruhegetöntes Bild beginnen.

Die jetzt folgenden Übungsanleitungen, die Sie in der ersten Zeit lesen bzw. hören und dann in die Tat umsetzen sollen, sind der besseren Identifizierbarkeit willen *kursiv* gedruckt. Drei Punkte im Text bezeichnen die Anspannungs- bzw. Entspannungs-Phasen, die jeweils 5–10 Sekunden dauern sollen.

1. Übungsteil: Entspannung der Arme

Tiefmuskel-Entspannungs-Training – Entspannung der Arme*

Nehmen Sie jetzt ein möglichst bequeme Haltung ein – lockern Sie die Muskelspannungen in Armen und Beinen. Entspannen Sie sich, so gut es Ihnen möglich ist. . . .

Ballen Sie jetzt Ihre rechte Hand zu einer Faust. (Siehe Abb. 11.) Verstärken Sie langsam, aber stetig den Druck. Die Faust wird immer härter. Fühlen Sie die Spannung in Ihrer rechten Hand, in Ihrem Unterarm . . . Und nun entspannen Sie. Lassen Sie die Finger Ihrer rechten Hand locker und erleben Sie das angenehme Gefühl. Lassen Sie alle Spannung los und spüren Sie, wie die Entspannung sich in Ihrem Arm und im übrigen Körper ausbreitet. . . . Nun machen Sie das gleiche mit Ihrer linken Hand. Ballen Sie die linke Hand zu einer Faust, während der restliche Körper entspannt bleibt. Ballen Sie die Faust fester und fühlen Sie den Druck. . . . Und nun entspannen Sie. Spüren und genießen Sie den Unterschied. . . . Nun ballen Sie beide Hände zu Fäusten. Verstärken Sie den Druck – die Finger werden hart, die Unterarme sind fest gespannt. Spüren Sie den Druck. . . . Und nun entspannen Sie. Lassen Sie Ihre Finger locker und fühlen Sie die Entspannung. Fahren Sie fort mit der Entspannung Ihrer Hände und Arme. . . .

Nun heben Sie Ihre Unterarme und ziehen Sie die Arme näher zum Körper hin. (Siehe Abb. 12.)

Spannen Sie die Muskeln in den Armen, verstärken Sie den Druck und achten Sie auf die Spannungsgefühle. . . . Nun lassen Sie Ihre

---

* Die bewußte Wiederholung der Überschrift auf dieser und auf weiteren Seiten soll der Einstimmung dienen.

Arme wieder locker, entspannen Sie und erleben Sie den Unterschied. Lassen Sie die Entspannung sich weiter ausbreiten. ... Noch einmal: Heben Sie Ihre Unterarme, ziehen Sie die Arme zum Körper und spannen Sie die Muskeln; halten Sie die Spannung fest und erleben Sie den Druck. ... Lösen Sie die Anspannung, indem Sie die Arme locker fallen lassen. Entspannen Sie. ...

Systematische Entspannung ist aktive Gesundheitsvorsorge. Achten Sie jedesmal auf Ihre Empfindungen, wenn Sie anspannen oder entspannen. ...

Nun drehen Sie Ihre Hände herum, so daß die Handinnenflächen nach oben zeigen, und drücken Ihre Hände und Arme nach unten gegen die Unterlage (siehe Abb. 13), möglichst fest, so daß Sie die Spannung in den Muskeln spüren. ... Und nun entspannen Sie. Ihre Arme sind wieder in einer angenehmen Lage. Erlauben Sie Ihren Armen, sich weiter zu entspannen. ...

Drehen Sie die Hände noch einmal herum, drücken Sie Hände und Arme fest gegen die Unterlage, so daß Sie die Spannung in den Muskeln fühlen. Nehmen Sie diese Spannung wahr. ... Und nun entspannen Sie wieder. ...

Abb. 12: Unterarme zum Körper ziehen, Bizeps spannen

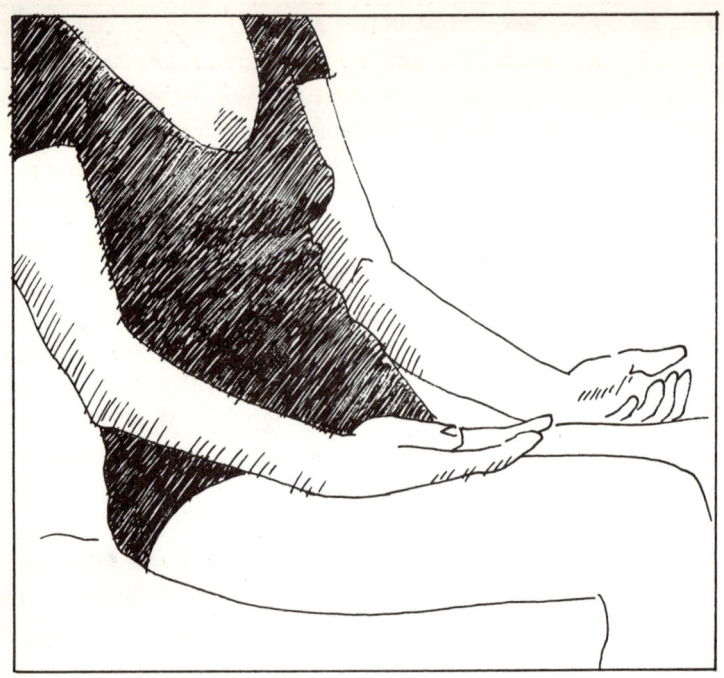

Abb. 13: Hände und Arme nach unten drücken

Stellen Sie sich jetzt auf wohltuende Entspannung in den Armen ein, auf Ruhe ohne jegliche Spannung. ... Selbst wenn Sie glauben, Ihre Arme seien nun völlig entspannt, versuchen Sie, noch ein wenig weiter zu lockern. Die Arme werden schwerer und wärmer. Sie entspannen sich weiter und weiter. ...
Wenn Sie die Übung beenden möchten, nehmen Sie das Schweregefühl zurück, indem Sie die Arme ruckartig anziehen und wegstrecken.

Beim Anziehen werden die Arme in den Ellenbogen ruckartig angewinkelt und die Fäuste geballt. Es folgt das ruckartige Ausstrecken der Arme (vgl. Abb. 9, Seite 60). Diese Aktivierung bringt ein angenehmes Erfrischungsgefühl und neue Spannkraft für die Muskeln; Nerven und Kreislauf bleiben weitgehend entspannt.
Es empfiehlt sich, in der ersten Trainingszeit die Übungen nochmals, evtl. durch ruhige Musik unterstützt, nachempfindend durchzugehen und dann ein stichwortartiges Protokoll anzufertigen, in das Übungsdauer und Empfindungen eingetragen werden.
Ein solches Protokoll könnte folgendermaßen aussehen (Abb. 14):

		Übungs-minuten	Empfindungen
Montag	morgens	2	müde, habe keine rechte Lust. Aktivierung tut gut
	mittags	5	stark abgelenkt durch Geräusche, Gedanken, Bilder
	abends	20	zunächst Augenflimmern, dann Beruhigung
Dienstag	morgens	1	innere Unruhe, Gedanke an bevorstehende Unterredung
	mittags	5	Verkrampfung löst sich etwas
	abends	5; 10; 3	zuerst unkonzentriert, dann gelöst; Wärmegefühl
Mittwoch	morgens	2	mein Gefühl und mein Körper werden freier
	mittags	5	wohliges Lebensgefühl, erfrischt
	abends	10; 10	intensives Ruhegefühl, Leichtigkeit
Donnerstag	morgens		
	mittags		
	abends		
Freitag	morgens		
	mittags		
	abends		
Samstag	morgens		
	mittags		
	abends		
Sonntag	morgens		
	mittags		
	abends		

Abb. 14: Übungsprotokoll

Ein *Formblatt* für Ihre eigenen Protokolle finden Sie auf Seite 110. Sollte Ihnen das Ausfüllen eines solchen Protokollschemas unangenehm sein, können Sie auch ein freies Erlebnisprotokoll schreiben. Dies hat den Vorteil, daß Sie Erlebnisverläufe ausführlicher und individueller schildern können. Hierzu ein Beispiel, das eine Woche nach Übungsbeginn geschrieben wurde:

»Bevor ich mit den Übungen begann, mußte ich mir einen Ruck geben. Ich war ziemlich erregt und unruhig und war nicht in der richtigen Stimmung, mit den Übungen zu beginnen. Ich redete mir ein, es sei ja doch sinnlos. – Bei den ersten Übungen war ich auch stark abgelenkt; alles Mögliche und Unmögliche ging mir durch den Kopf. – Ich machte jedoch weiter. Nach einigen Minuten stellte ich fest, daß ich nicht mehr so stark abschweifte. Ich achtete jetzt mehr auf die Kontraste zwischen Anspannung und Entspannung und spürte das Tiefergehen der Entspannung. Als die Musik begann, spürte ich meinen Körper, wie er ruhig pulsierte und angenehme Wärme sich ausgebreitet hatte. Ich fühlte mich sehr wohl. Auch nach dem Wiederanspannen der Muskeln fühlte ich mich noch sehr wohlig ruhig und bedeutend entspannter als vor Übungsbeginn.« (Frau N. aus Köln.)

Es ist auch sinnvoll, die Körpergefühle, die während der Übungen spürbar werden, zu notieren. Beispiele für solche Körperwahrnehmungen:
Anspannung im Kopf läßt nach. Herzklopfen wird bewußter und deutlicher. Die chronische Schulterverspannung spüre ich genau. Hände werden warm und prickeln. Schweregefühl. Gefühl von Schwerelosigkeit und Schweben. Ziehen in den Armen. Gelegentliches Muskelzucken in den Armen. Bedürfnis, durchzuatmen. Ruhige und gleichmäßige Atmung.
Die hier genannten Körperempfindungen sind alle als positiv zu bewerten. Die Bedeutung der einzelnen Empfindungen wird im Kapitel »Entspannungs-Wahrnehmungen und Erfolgskontrolle« besprochen.

Sie sollten jetzt und in Zukunft den ersten Übungsteil noch öfter durchgehen und auch die folgenden Selbsterfahrungs- und Selbsterforschungsübungen zu diesem Abschnitt noch mehrmals durchführen.

Selbsterforschungsübungen:

Ballen Sie jetzt Ihre rechte Hand wieder zur Faust. Spüren, sehen und fühlen Sie die Anspannung der Härte. Betrachten Sie die farblichen Veränderungen; vergleichen Sie Aussehen und Gefühl der rechten Hand mit der linken Hand. Berühren Sie beide Hände, spüren Sie den Unterschied zwischen beiden Händen, . . . lockern Sie die Anspannung und spüren Sie auch diesen Unterschied. Aus der geballten Faust mit ihrem möglichen aggressiven Erlebnishintergrund wird eine leicht geöffnete Hand, eine dem Mitmenschen zugewandte Hand.

Führen Sie das gleiche Vorgehen für die linke Hand und für beide Hände durch und wenden Sie sich dann Ihrem rechten Arm zu. . . . Beugen Sie Ihren rechten Ellenbogen, spannen Sie den Bizepsmuskel; die Faust ist wie von selbst mitgeballt. Spüren und tasten Sie die Spannung und die Härte des rechten Armes. Spüren Sie das Pressen in der Ellenbogenbeuge . . . und die Lockerung sowie das leichte Prickeln bei der Entspannung. . . .

Erleben Sie anschließend die unterschiedlichen Empfindungen in beiden Armen. . . .

Drehen Sie jetzt Ihre Hände herum und drücken Sie die Hände fest nach unten. Spüren Sie die Spannung in den Händen, in den Unterarmen, in den Oberarmen. Betrachten Sie Ihre gepreßten Hände . . . und beobachten Sie den Unterschied, der bei der Entspannung zustande kommt. – Lassen Sie die Entspannung in Ihren Händen, Ihren Armen und schließlich im ganzen Körper sich ausbreiten und genießen Sie dieses angenehme Gefühl.

Wenn Sie möchten, können Sie jetzt mit dem 2. Übungsteil beginnen und die Entspannung der Arme durch Entspannung von Gesicht und Schultern ergänzen.

2. Übungsteil: Entspannung von Gesicht und Schultern

Entspannung von Gesicht und Schultern
Bleiben Sie in Ihrer ruhigen und bequemen Haltung. Alle ihre Muskeln sind schwer und locker... (siehe Abb. 8, S. 58).
Heben Sie nun Ihre Augenbrauen hoch und runzeln Sie die Stirn. (Siehe Abb. 15.)

Abb. 15: Augenbrauen heben und Stirn runzeln

Abb. 16: Augen fest schließen

Abb. 17: Zähne aufeinanderbeißen

Verstärken Sie das Spannungsgefühl ... und lösen Sie die Anspannung. Entspannen Sie Ihre Augenbrauen, Ihre Kopfhaut. Lassen Sie die Stirn locker. Erleben Sie, wie die Haut Ihrer Stirn immer glatter wird, je mehr Sie sich entspannen. ...
Nun schließen Sie Ihre Augen. Drücken Sie Ihre Augen fest zu, jedoch nicht so stark, daß der Druck schmerzhaft wird. (Siehe Abb. 16.) Spüren Sie den Druck ... und lösen Sie die Spannung. Die Augen bleiben leicht geschlossen. Erleben Sie die Lockerung. ...
Beißen Sie nun Ihre Zähne fest aufeinander und spannen Sie Ihren Kiefer. (Siehe Abb. 17.) Konzentrieren Sie sich auf die Spannung in Ihrem Unterkiefer. ... Lockern Sie Ihren Kiefer nun wieder und genießen Sie diese Entspannung. ...
Spannen Sie jetzt Ihre Lippen an. (Siehe Abb. 18.) Drücken Sie Ihre Lippen gegeneinander und spüren Sie die Spannung. ... Nun lösen Sie die Spannung wieder. Spüren Sie, wie sich die Entspannung in Ihrem Gesicht ausbreitet. Ihre Lippen, Kiefer, Kehle, Augen und Stirn lockern sich. Die Entspannung breitet sich weiter aus. ...

Abb. 18: Lippen gegeneinanderdrücken

Abb. 19: Kopf nach hinten drücken

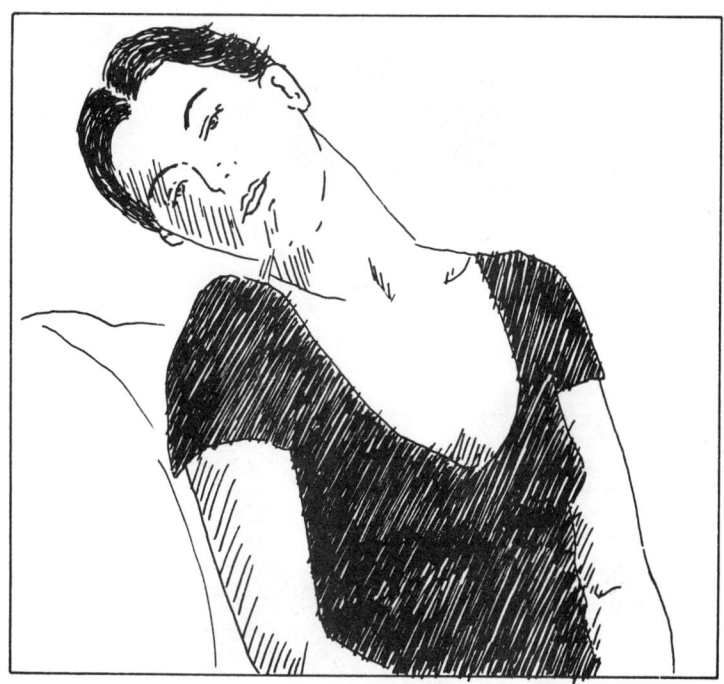

Abb. 20: Kopf auf die rechte Seite rollen

*Wenden Sie nun die Aufmerksamkeit Ihren Nackenmuskeln zu.
Drücken Sie Ihren Kopf nach hinten (siehe Abb. 19) und achten Sie
auf die Spannung in Ihrem Nacken. – Rollen Sie nun den Kopf auf
die rechte Seite (siehe Abb. 20) und erleben Sie die veränderte
Spannung. – Nun drücken Sie den Kopf zur linken Seite und spüren
Sie, wie die Spannungsgefühle wechseln. ... Nun lassen Sie den Kopf
in eine angenehme Lage zurückkehren. Spüren Sie die wohlige
Gelöstheit. Genießen Sie die Ruhe. ... Drücken Sie den Kopf noch
einmal nach hinten und nehmen Sie die unangenehmen Empfindungen wahr. – Rollen Sie den Kopf auf die rechte Seite und erleben Sie
diese Spannung. – Bringen Sie den Kopf auf die linke Seite und
erleben Sie, wie die Spannung wechselt. ... Und nun entspannen Sie
wieder. Spüren Sie die Entlastung. ...
Drücken Sie jetzt Ihr Kinn gegen die Brust (siehe Abb. 21), erleben
Sie das leichte Engegefühl. ... Nun lösen Sie die Verspannung und
spüren die Befreiung. Lassen Sie die Entspannung weitergehen. ...
Nun ziehen Sie Ihre Schultern hoch, ganz fest. (Siehe Abb. 22.)
Halten Sie diese Spannung. ... Lassen Sie Ihre Schultern wieder
locker fallen und erleben Sie die Lösung. Nacken und Schultern*

Abb. 21: Kinn gegen die Brust drücken

Abb. 22: Schultern hochziehen

Abb. 23: Schultern nach vorne drehen

entspannen sich. ... Heben Sie Ihre Schultern noch einmal, spüren Sie die Spannung. Drehen Sie Ihre Schultern jetzt nach vorne (siehe Abb. 23) und erleben Sie die Spannungsänderung. – Drücken Sie Ihre Schultern jetzt nach hinten. Beobachten Sie die Spannung in Ihren Schultern und in Ihren oberen Rückenmuskeln. ... Lassen Sie Ihre Schultern wieder locker fallen und entspannen Sie. ...

Lassen Sie die Entspannung sich weit in Ihren Schultern ausbreiten, bis in die Rückenmuskeln hinein. Entspannen Sie Ihren Nacken und Ihr Gesicht und erleben Sie, wie tiefe Entspannung sich weiter ausbreitet. Sie geht weiter und weiter. ...

Wenn Sie die Übung beenden möchten, nehmen Sie das Schweregefühl zurück, indem Sie die Arme ruckartig anziehen und wegstrekken. Sie fühlen sich gelassen, erfrischt und angenehm ruhig.

Je intensiver Sie das Strecken und Recken zum Abschluß der Übung durchführen, desto frischer werden Sie nach dem Entspannungs-Training sein. Zur Erinnerung: Die Aktivierung soll möglichst kräftig sein, jedoch nicht zu ruckartig, damit keine Schmerzempfindungen auftreten. Die Aktivierung braucht nicht durchgeführt zu werden, wenn Sie jetzt weiter ruhen möchten.

In der ersten Zeit Ihres Trainings ist es günstig, die Übungen vor der muskulären Aktivierung noch einmal durchzuarbeiten. Diese Selbsterforschungsübungen können auch von einem auf Sie beruhigend wirkenden Musikstück begleitet werden.

Sie können sich fragen: Welche Übungen habe ich soeben durchgeführt und welche Empfindungen hatte ich dabei? Wie habe ich die Anspannung der Augenbrauen und der Stirn empfunden? Habe ich das leichte Vibrieren und das Härtegefühl über den Augen gespürt? Habe ich die gekräuselte und gerunzelte Stirn gespürt?

Selbsterforschungsübungen:

Heben Sie jetzt Ihre Augenbrauen noch einmal, runzeln Sie Ihre Stirn wie im Ärger und tasten Sie mit der Hand über Ihre Augenbrauen und Ihre Stirn. Fühlen Sie genau die Härte über den Augenbrauen und die Falten auf der Stirn. . . . Lassen Sie nun die Spannung los, spüren Sie den Unterschied und tasten Sie noch einmal über Ihre Stirn und die Augenbrauen. Sie sind wieder glatter, weicher und lockerer. . . . Vielleicht spüren Sie auch nach der Anspannung noch Falten im Stirnbereich. Sind es Ärgerfalten, Zornesfalten, Sorgenfalten oder Gramfalten? Sofern Sie die Frage beantworten können, wissen Sie auch, mit welchem Thema Sie sich recht bald beschäftigen sollten. Wenn Ihnen die Antwort noch nicht klar ist, können Sie in der nächsten Zeit darauf achten, bei welchen Gelegenheiten Ihre Augenbrauen hochgezogen werden bzw. Ihre Stirn sich in Falten legt. Auch so können Sie die kritischen Themen finden.

Die Anspannungen, die wir im Tiefmuskel-Entspannungs-Training bewußt durchführen, werden in vielen Situationen vorbewußt bzw. unbewußt durchgeführt. Der gravierende Unterschied ist folgender: Die gezielte Anspannung wird zur Unterstützung der nachfolgenden Entspannung durchgeführt, die unbewußte Anspannung führt zur Steigerung der Spannung. Bei dem Ausdruck »Die Zähne zusammenbeißen« wird dieser Zusammenhang recht deutlich. Damit ist gemeint, daß jemand angestrengt und »verbissen« durchhalten will oder soll. Beim Tiefmuskel-Entspannungs-Training kommt es uns auf das bewußte Spüren dieser Empfindung und auf die nachfolgende gezielte Entspannung an. Jede willkürliche Anspannung, die Sie sich bewußt machen und bewußt durchführen, können Sie anschließend leichter lösen.

Also beißen Sie noch einmal die Zähne gegeneinander und spannen Sie Ihre Kiefer! Spüren und fühlen Sie den Druck und die Härte Ihrer Kiefer. Das Hartwerden der Kieferpartie können Sie auch von außen fühlen. . . . Lösen Sie die Kieferspannungen. . . .

Wie bei allen Übungen soll auch hier darauf geachtet werden, daß durch die Anspannung keine Schmerzen entstehen. Personen mit Kieferanomalien oder Zahnersatz sollten nicht mit voller Kraft zudrücken. Die Augenpartie sollten Kontaktlinsenträger und Personen mit Augenkrankheiten weniger stark anspannen. Kontaktlinsenträger könnten die Linsen auch für die Zeit der Übung herausnehmen; dieses muß aber nicht sein. Das gleiche gilt für Brillenträger: nur wenn die Brille bei den Übungen besonders stört, sollte sie abgenommen werden.

Drücken Sie jetzt noch einmal fest Ihre Augen zu. Spüren und fühlen Sie den Druck auf den Augen, die Ausbreitung der Spannung im Kopf und das leichte Flackern. Fühlen Sie, wie die Augen zusammengekniffen sind und die Augenbrauen etwas nach unten gedrückt werden. . . . Bei der anschließenden Lockerung wird Ihnen dieses Gefühl im Kontrasterleben noch deutlicher. . . . Die willkürlich hervorgerufene Druckempfindung im Augen- und Schädelbereich soll nach Beendigung der etwa zehn Sekunden dauernden Anspannung sofort nachlassen und bei Geübten in wohltuende Entspannung übergehen. Sollte die Druckempfindung nicht nachlassen, achten Sie in Zukunft darauf, nicht so intensiv anzuspannen.

Pressen Sie jetzt Ihre Lippen gegeneinander. Das Zusammenpressen kann so kräftig wie möglich geschehen. Achten Sie darauf, die Lippen gegeneinander und nicht die Lippen auf die Zähne zu drücken. Spüren Sie wieder die Spannung und fühlen Sie, wie Mund und Lippen schmaler werden. . . . In der Entspannung spüren Sie, wie die Lippen wieder praller und weicher werden.

Drücken Sie jetzt Ihren Kopf zurück und spüren Sie die Spannung im Nackenschulterbereich. . . . Wer häufig Schmerzen im Schulternackenbereich spürt, dem wird auch jetzt das Zurückdrücken des Kopfes weh tun. Wenn der Schmerz nicht stärker als gewohnt wird, können Sie die Stärke der Anspannung beibehalten. Sollte Ihnen das Gefühl zu unangenehm sein, spannen Sie etwas weniger stark an und tasten Sie sich jeweils an die Ihnen verträgliche Anspannungsstärke heran. Mit den Kopfbewegungen zur Seite verfahren Sie ähnlich.

In angemessener Form durchgeführt, ergibt sich nach einigen Tagen ein positiver Trainingseffekt. Die Schmerzen lassen dann nach, die Beweglichkeit erhöht sich, und die Stärke der Anspannung kann langsam erhöht werden. Natürlich soll die Anspannung nicht so kräftig werden, daß neue Verkrampfungen oder Verrenkungen entstehen. Es genügt, die Anspannung zu spüren, um das Kontrastgefühl deutlicher wahrzunehmen. Das eigentlich Wichtige ist ja die Entspannung und nicht die Anspannung.

Wenn Sie zunächst das Kinn auf die Brust drücken und das leichte Enge- oder Beklemmungsgefühl erleben, soll dies der Unterstützung der anschließenden Entspannung dienen. Wenn Sie das Beklemmungsgefühl nämlich bewußt hervorrufen, haben Sie es quasi im Griff . . . und können es bewußt wieder loslassen. Diejenigen unter Ihnen, die manchmal oder häufig unter Beklemmungsgefühlen, etwa Atembeklemmung, Zuschnüren des Halses und Angst leiden, wissen den Vorteil der bewußten Regulierung von Beklemmungsgefühlen mit Hilfe des Tiefmuskel-Entspannungs-Trainings sicher zu schätzen. Bei Spannungen im Hals ist auch der Stimmausdruck behindert. Dadurch wird das Sprechen, Rufen, Schreien und Weinen behindert. Wenn sich die Spannungen in die Brust und in die Schultern ausweiten, wird wahrscheinlich das Weinen unterdrückt oder mitmenschliche Zuwendung gesucht. In der psychotherapeutischen Methode Bioenergetik (A. LOWEN)) werden mit Hilfe von »Körperarbeit« die gestauten seelischen Energien freigesetzt. In der Charakteranalyse (W. REICH) werden die Ver-Spannungen, die sich als Charakterpanzer zeigen, von stationären Energien in freie Energien zurückgewandelt. Das Tiefmuskel-Entspannungs-Training kann eine Linderung solcher Spannungen bringen, jedoch keine Beseitigung. Zur vollständigen Beseitigung von Verspannungen ist die zusätzliche emotionale Beseitigung der Ursachen notwendig.

Ziehen Sie jetzt Ihre Schultern noch einmal hoch und spüren Sie die Spannung. Ein Muskelziehen kann spürbar werden, wenn die Schultern hochgeschoben werden. Die Muskeln werden härter. . . . Lassen Sie die Spannung wieder los und spüren Sie den Kontrast. . . .

Der Atem kann bei der Anspannung stocken; besonders wenn die Schultern nach vorne gedrückt werden, ist dies oft nicht zu vermeiden. Ansonsten sollte die Atmung, wie auch bei den anderen Übungen, möglichst kontinuierlich weiterfließen. Lassen Sie die Atmung deshalb weitgehend unbeachtet. Ein vorübergehendes Stocken der Atmung ist jedenfalls günstiger als ein gestörter Atemrhythmus, der durch willkürliches Atmen zustande kommt. Die Übungsteile »Entspannung der Arme« und »Entspannung von Gesicht und Schultern« nehmen je 5 Minuten in Anspruch. Bei Zwischeneinspielung von ruhegetönter Musik kommen noch 5 bis 10 Minuten hinzu, so daß die ersten beiden Übungsteile einen Trainingsaufwand von 10 bis 20 Minuten erfordern. Wenn Sie die Übungen ohne Anleitung durchführen, sind Sie in der Zeitwahl ganz frei.

Wir wenden uns jetzt dem nächsten Übungsteil zu. Die Leibübungen gelingen in einer vornübergebeugten Haltung weniger gut; deshalb ist eine angelehnte Haltung (vgl. Abb. 10) oder die Liegehaltung günstiger.

3. Übungsteil: Entspannung des Leibes

Entspannung des Leibes

Nehmen Sie eine bequeme Haltung ein. Lösen Sie sich, so gut es Ihnen möglich ist. Ihr Atem fließt frei und leicht. – Spüren Sie, wie mit dem Ausatmen die Entspannung zunimmt.

Nun atmen Sie tief ein, so daß Bauch und Brust sich wölben (siehe Abb. 24) und halten Sie Ihren Atem an ... und atmen Sie aus. Lassen Sie Ihren Bauch und Brustkorb locker; die Luft strömt automatisch aus. Während der Atem ausströmt, merken Sie, wie Sie sich weiter entspannen. Genießen Sie die Entspannung. ... Nun noch einmal: Atmen Sie tief ein, während der übrige Körper so entspannt wie möglich ist, halten Sie den Atem an ... und lassen Sie die Luft wieder ausströmen. Erleben Sie die Erleichterung. Sie atmen ruhig und gelöst. Die Entspannung breitet sich aus über Ihren Bauch, Ihre Brust, Ihre Schultern, Ihren Rücken. Genießen Sie die Entspannung. ...

Abb. 24: Tief einatmen

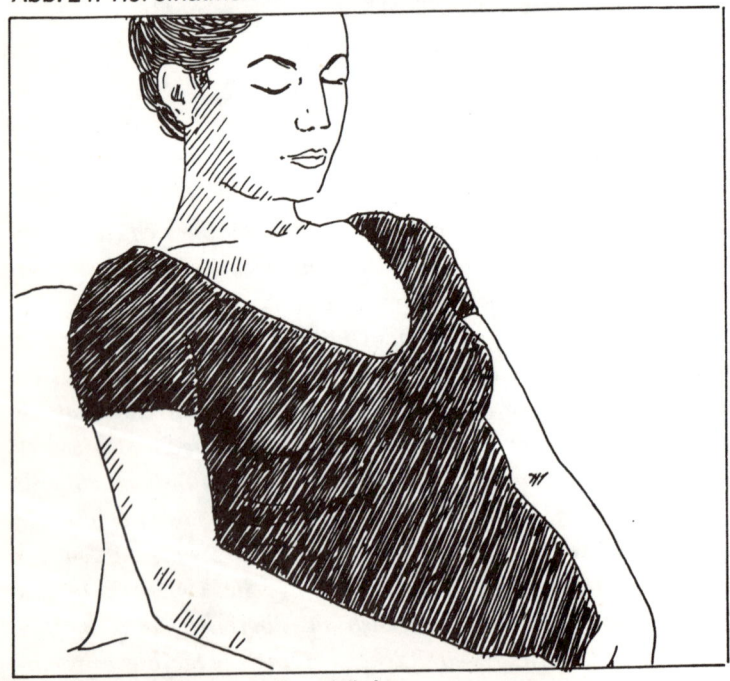

Abb. 25: Bauch nach außen drücken

Abb. 26: Bauch nach innen ziehen

Nun spannen Sie Ihre Bauchmuskeln, indem Sie Ihren Bauch nach außen drücken. (Siehe Abb. 25.) Machen Sie die Bauchmuskeln ganz fest und hart ... und entspannen Sie. Lassen Sie die Muskeln locker und spüren Sie den Unterschied von Anspannung und Entspannung. ... Noch einmal: Drücken und spannen Sie Ihre Bauchmuskeln nach außen. Halten Sie die Spannung fest ... und nun entspannen Sie wieder. Spüren Sie die Erholung und das Wohlbefinden bei der Entspannung. ...

Nun ziehen Sie Ihren Bauch nach innen. (Siehe Abb. 26.) Spannen Sie die Muskeln fest an und fühlen Sie diesen Druck. ... Nun entspannen Sie. Lassen Sie Ihren Bauch wieder locker. Fahren Sie fort, normal und leicht zu atmen und spüren Sie das angenehm gelöste Gefühl in Ihrem Leib. ...

Nun ziehen Sie Ihren Bauch nochmals nach innen. Halten Sie die Spannung fest. ... Drücken Sie jetzt Ihren Bauch nach außen. Halten Sie auch diese Spannung und erleben Sie den Unterschied. ... Und entspannen Sie Ihre Bauchmuskeln. Die Spannung verschwindet und die Entspannung nimmt wieder zu. Jedesmal, wenn Sie ausatmen, spüren Sie die zunehmende Entspannung in Ihrem

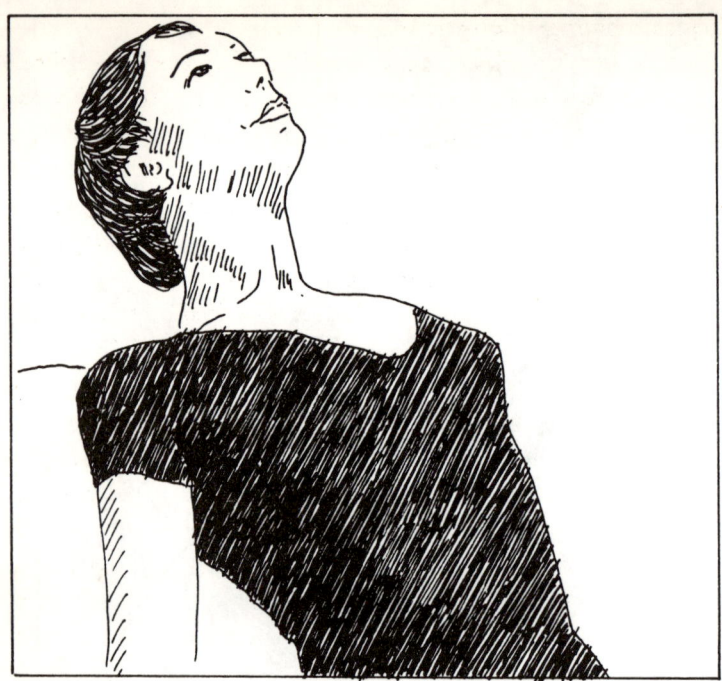

Abb. 27: Kreuz nach oben wölben

Brustkorb und in Ihrem Bauch; überlassen Sie sich dem Gefühl der Entspannung. Alle Spannungen in Ihrem Körper lockern sich weiter. ...

Konzentrieren Sie sich jetzt auf Ihren Rücken. Stützen Sie sich dabei mit den Schultern ab. Wölben Sie Ihr Kreuz nach oben. (Siehe Abb. 27.) Verstärken Sie die Spannung in Ihrem Rücken und in Ihren Schultermuskeln ... und nehmen Sie wieder eine bequeme Haltung ein. Lockern Sie sich. ... Nun heben Sie Ihren Rücken noch einmal. Achten Sie auf die Spannungsgefühle. Lassen Sie den übrigen Körper so entspannt wie möglich; versuchen Sie, die Spannung nur auf Ihren Rücken zu konzentrieren ... und lockern Sie sich wieder. Spüren Sie den Unterschied von Anspannung und Entspannung. Lassen Sie das angenehme Gefühl sich ausbreiten. In Ihren Schultern, Ihren Armen und Ihrem Gesicht nimmt die Entspannung zu. Sie entspannen sich weiter und weiter. ...

Sie können sich jetzt zur weiteren Vertiefung und Wiederholung der soeben durchgeführten Entspannung ein ruhegetöntes Musikstück einspielen.

Selbsterforschungsübungen:

Lenken Sie Ihr Augenmerk noch einmal auf Ihren Atem. Spüren Sie den ruhigen Fluß, das langsame Auf und Ab Ihres Atems. Vollführen Sie keine willkürliche Änderung des Atemrhythmus, sondern lassen Sie sich von Ihrem Atemrhythmus tragen, schwingen Sie mit. Dank der vorher durchgeführten Entspannungsübungen hat sich die Atmung derart beruhigt, daß Sie die entspanntrhythmische Atmung jetzt gut wahrnehmen können. Verbinden Sie Ihren Atemrhythmus mit dem Bild einer sanften Brandung oder mit dem Bild eines Kornfeldes, durch das ein leichter Windhauch geht. Diese bildhafte Unterstützung kann noch zur weiteren Einregulierung der Atmung eingesetzt werden.

Die einzige willkürliche Beeinflussung der Atmung werden Sie jetzt durchführen. Atmen Sie tief ein, spüren Sie, wie Brustkorb und Bauch dicker werden, sich wölben. Halten Sie nach 3—5 Sekunden den Atem an; spüren Sie den Druck . . . und lassen Sie nach weiteren 3—5 Sekunden den Atem wieder frei ausströmen. Das Ausatmen können Sie mit dem Ausdruck oder der Vorstellung »Ohmm« begleiten. Spüren Sie die Lockerung und das Freiheitsgefühl bei gelöster Atmung. . . . Das willkürliche Einatmen und Atemanhalten soll nur im Rahmen der Atemübung durchgeführt werden. Eine willkürliche und gepreßte Atmung ist nämlich für den Organismus dann ungünstig, wenn eine solche Atmung längere Zeit andauert und keine gezielte Entspannung folgt. Der Vorteil der hier durchgeführten Atemübung liegt im intensiven Erleben der Atementspannung, die durch den provozierten Kontrast hervorgerufen wird.

Zudem können Sie diese Übung bei Atembeklemmung einsetzen. Bei Beklemmungsgefühlen können Sie nämlich die vorhandene Spannung im Brustbereich und in der Atmung kurzfristig willkürlich mitvollziehen oder verstärken. Bei diesem Vorgehen bekommen Sie die Verspannung der Atemmuskulatur willkürlich »in den Griff« und können anschließend leichter entspannen. Denn alles, was Sie »im Griff« haben, können Sie wieder loslassen. Wenn Sie von Angst und Beklemmung überfallen werden und nichts zur Lösung beitragen, fühlen Sie sich ohnmächtig; wenn Sie sich den Angstthemen stellen und sie bearbeiten, trifft das Gegenteil zu, weil Sie handlungsfähig bleiben.

Eine ehemalige Patientin, die schon lange unter Asthma leidet, formuliert ihre Erfahrungen mit dem Tiefmuskel-Entspannungs-Training und insbesondere mit der Atemübung folgendermaßen:

»Mit den Atembeschwerden komme ich jetzt besser zurecht, ein Asthmaanfall bringt mich nicht mehr in Panik; vor allem nachts ist mir das Tiefmuskel-Entspannungs-Training eine große Hilfe. Seit ich TE praktiziere, nehme ich keine Beruhigungstabletten mehr.« (Frau L. aus Eschwege.)

Bei der Entstehung von Asthma spielen fehlverarbeitete Erlebnisse und Allergene, das sind Stoffe, auf die der Körper unter bestimmten Bedingungen unangemessen antwortet, die Hauptrolle. Zur vollständigen Beseitigung von Asthma gehört die Aufarbeitung des verdrängten auslösenden Erlebnisses, das an ein bestimmtes Allergen gekoppelt wurde. Wenn die Kopplung von auslösendem Erlebnis und Allergen erst wenige Jahre besteht, ist die Aussicht, Asthma durch innere Bewältigung des meist zugrundeliegenden Trennungserlebnisses (Trennungsschmerz, Trennungsangst) zu beseitigen, recht groß. Wenn die allergische Komponente sich im Laufe der Jahre verselbständigt hat, kann psychotherapeutisch zwar keine Heilung mehr, jedoch Linderung erreicht werden.

Anhand eines Beispiels möchte ich versuchen, Ihnen die hier angesprochenen Zusammenhänge etwas zu verdeutlichen. Ein Asthmapatient berichtet von seinem ersten Asthmaanfall vor rund 30 Jahren: »Als achtjähriger Junge hatte ich nachts im Bett meinen ersten Asthmaanfall. Man hat festgestellt, daß ich gegen bestimmte Bettfüllungen allergisch bin.« – Nach den Tagesereignissen des zuvor verflossenen Tages befragt, berichtete er nach einigem Nachdenken: »Das war ein Wintertag, ein Sonntag, ich hatte mit meinen Eltern eine Schneewanderung gemacht.« – Nach einer Pause stürzte es aus ihm heraus: »Plötzlich war ich ganz allein im Schnee, weit um mich herum war nur weißer Schnee, die Eltern waren nicht zu sehen; ich schrie aus Leibeskräften, die Luft blieb mir weg, ich wurde immer schwächer vor lauter Schreien und Luftnot. Wie ich gefunden wurde und wie ich nach Hause gekommen bin, weiß ich nicht mehr.«

Dieses Erlebnis wurde emotional abgedrängt und in der Nacht wieder aktualisiert, als er vom weißen Überbett träumte, das sich auf seinen Hals schob und ihm die Luft abzudrücken drohte. Der Junge war fortan gegen Daunenüberbetten allergisch. Das Erlebnis wurde verdrängt und das Allergen weitgehend gemieden.

Da das Asthma schon seit vielen Jahren bestand, konnte es durch die Analyse und Aufarbeitung der Entstehungsbedingungen nicht aufgelöst, jedoch gelindert werden. Angstgefühl und allgemeine Beklemmungsgefühle sind wesentlich schwächer geworden.

Nicht immer sind die Auslösesituationen im nachhinein so eindeutig aufzuzeigen. Meistens handelt es sich um länger schwelende Trennungsängste, die verdrängt werden und schließlich im ersten Asthmaanfall auf Körperebene zum Ausbruch kommen.
Leiden Sie unter Atemstörungen, sollten Sie sich mit den hier bestehenden psychosomatischen Zusammenhängen noch intensiver befassen. Hierbei kann Ihnen evtl. das Kapitel »Atmung« ab Seite 227 hilfreich sein.

Lenken Sie Ihre Aufmerksamkeit jetzt noch einmal auf Ihre Bauchmuskeln. Drücken Sie Ihren Bauch nach außen, spüren Sie, wie er dicker, praller, fester und härter wird. Halten Sie die Spannung einige Sekunden lang fest. Spüren Sie die Härte der Bauchmuskeln. Der Atem kann ruhig weiter fließen. Sollten Sie merken, daß Sie Ihren Atem anhalten, können Sie ihn entweder ruhig weiterfließen lassen oder bis zum Loslassen der Bauchspannung angehalten lassen. Auch hier gilt, wie bei den anderen Übungen: den Atem möglichst wenig beachten, damit möglichst wenige Störungen des Atemrhythmus zustande kommen.
Nun ziehen Sie Ihren Bauch nach innen. Stellen Sie sich vor, jemand wollte Ihnen einen Magenschlag versetzen; Sie reagieren darauf mit einem Einziehen des Bauches. Der eingezogene Bauch fühlt sich fest und hart wie ein Brett an. Spüren und fühlen Sie Ihren Bauch in der Anspannung und bei der nachfolgenden Entspannung.

Bei der letzten Übung des 3. Teils geht es um das Strecken und Hochwölben des Kreuzes. Wir legen dabei am besten die Schultern zurück auf die Rückenlehne und drücken Kreuz und Rücken nach oben, indem wir ein Hohlkreuz machen. Spüren Sie die Spannung und das Ziehen im Kreuz. Überprüfen Sie, ob andere Körperteile, etwa Arme oder Beine, mit in Anspannung geraten sind und lockern Sie diese Spannungen bevor Sie die Rückenanspannung auflösen. Erleben Sie den Kontrast.

Wie bei den Schulterübungen können auch hier anfangs Ziehen oder sonstige unangenehme Empfindungen auftreten. In solchen Fällen ist das gleiche wie früher beschrieben zu beachten.

Im Leibbereich macht sich während der ersten Übungen in seltenen Fällen ein Druck, ein Ziehen oder ein Kribbeln bemerkbar. Solche Empfindungen können auftreten, wenn Operationen in diesem Bereich durchgeführt worden sind. Kribbeln zeigt in solchen Fällen eine Mehrdurchblutung im Operationsbereich an, Ziehen weist auf die Narbe hin und Druckschmerz bedeutet in vielen Fällen »Erinnerungsschmerz.« Wenn die Narbe mit Nachdruck an einen Unfall bzw. an eine Operation erinnert, dann liegt die Vermutung nahe, daß das zugrundeliegende Erlebnis noch nicht genügend aufgearbeitet ist und die unangenehmen Empfindungen ins Körperliche abgedrängt wurden. In diesem Zusammenhang wird auch der Begriff »Erinnerungsfähigkeit des Gewebes« benützt. Das Gewebe scheint abgedrängtes Erleben als Druckgefühl speichern zu können. Da jedoch eine Trennung von Erlebniserinnerung und Druckgefühl stattgefunden hat, kann der Zusammenhang bei auftretendem Druckgefühl nicht gesehen werden. Wenn Sie sich den möglichen Zusammenhang klarmachen und die abgedrängten schmerzlichen Auslösererlebnisse wieder bewußt machen, verschwinden die Druckempfindungen innerhalb weniger Tage. Sollten Druckempfindungen nach 2–3 Tagen immer noch während der Übungen auftreten, ist eine Untersuchung und eine dem Ergebnis entsprechende Therapie anzuraten.

Bei einer ärztlichen Untersuchung sollten natürlich auch die möglichen emotionalen Hintergründe mit in Betracht gezogen werden. Welchen »Leidensweg« ein verbissener und verkrampfter Patient im Rahmen der nur-medizinischen Ursachendiagnostik ging, um die Ursache seiner Schulterverkrampfung zu klären, zeigt folgendes Beispiel: Herr Z., 44 Jahre, litt unter Schmerzen in der rechten Schulter und im rechten Arm. Da der Blutdruck und ein blutchemischer Wert erhöht waren, wurden die Nieren als Ursache in Betracht gezogen und diverse Untersuchungen durchgeführt. Der Chirurg erklärte schließlich dem Patienten, daß eine Nierenoperation nicht in Betracht käme, seine Nieren seien gesund. Wahrscheinlich hätte er aber eine Gefäßarteriosklerose. Der Patient begab sich in stationäre Behandlung. Diagnose: Essentielle Hypertonie. Der Patient glaubte zu unrecht, mit dieser Diagnose wäre die

Arterienverkalkung bestätigt; er meinte, nichts mehr wert zu sein. Ein halbes Jahr später erlitt der Patient einen Herzinfarkt. Er war total verunsichert.

Erinnern Sie sich an den Ausgangspunkt: die Schmerzen in der rechten Schulter. Die Schmerzen stellten sich insbesondere nach emotionalen Belastungssituationen ein. Emotional belastend war für den Patienten bereits das Autofahren. Er krallte sich in solchen Situationen mit der rechten Hand in das Polster des Sitzes und lenkte mit der linken Hand. Im Beruf versteckte er in Spannungssituationen die verkrampften Hände unter dem Tisch oder hinter dem Rücken. – Bei diesem Mann hätte bereits eine Situationsdiagnostik ausgereicht, um den richtigen Behandlungsweg zu zeigen. Soviel zu dieser sicherlich außergewöhnlichen Krankheitsgeschichte.

Dieses Beispiel kann uns zeigen, daß wir öfter bei uns selbst und unserem Verhalten die Ursachen von Störungen suchen und nicht die Auswirkungen wie Hypertonie oder Veränderung biochemischer Werte als Ursachen für andere Körperstörungen (z. B. Kopfschmerzen, Herzinfarkt, Magengeschwür) verantwortlich machen sollten. Natürlich kann eine Hypertonie weitere Krankheitsfolgen haben; die Ursachenanalyse müßte allerdings noch einen Schritt weiter zurückgehen und nach den Ursachen einer Hypertonie fragen.

4. Übungsteil: Entspannung der Beine und der Gesamtperson

Entspannung der Beine und der Gesamtperson

Bleiben Sie entspannt und genießen Sie die innere Ruhe.... Strecken Sie jetzt Ihre Beine nach vorne und spannen Sie Ihr Gesäß und Ihre Oberschenkel an. (Siehe Abb. 28.) Verstärken Sie die Anspannung ... und entspannen Sie. Erleben Sie den Unterschied von Spannung und Entspannung. ... Spannen Sie Ihr Gesäß und die Muskeln Ihrer Schenkel noch einmal, halten Sie die Spannung fest. ... Entspannen Sie nun Ihr Gesäß und Ihre Beinmuskeln. Lassen Sie die Entspannung sich ausbreiten. ...

Drücken Sie nun Ihre Füße und Zehen nach unten, weg vom Gesicht, so daß Ihre Wadenmuskulatur gespannt wird. (Siehe Abb. 29.) Spüren Sie die Spannung ... und entspannen Sie Ihre Füße und Waden. Erleben Sie die Auflösung der Verspannung. ...

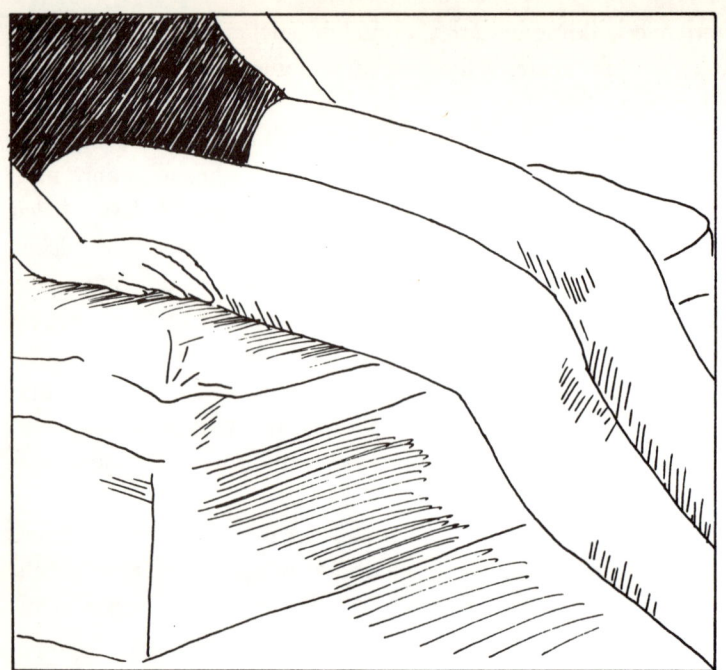

Abb. 28: Beine ausstrecken

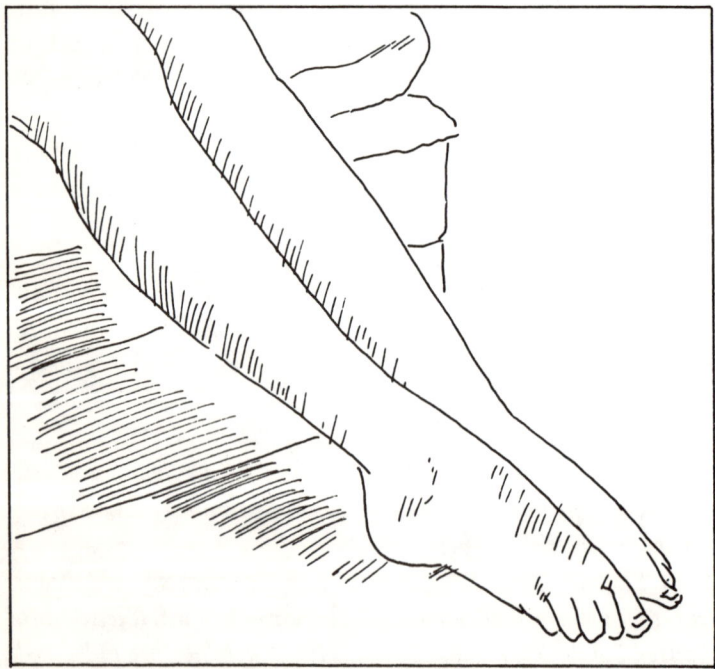

Abb. 29: Zehen nach unten drücken

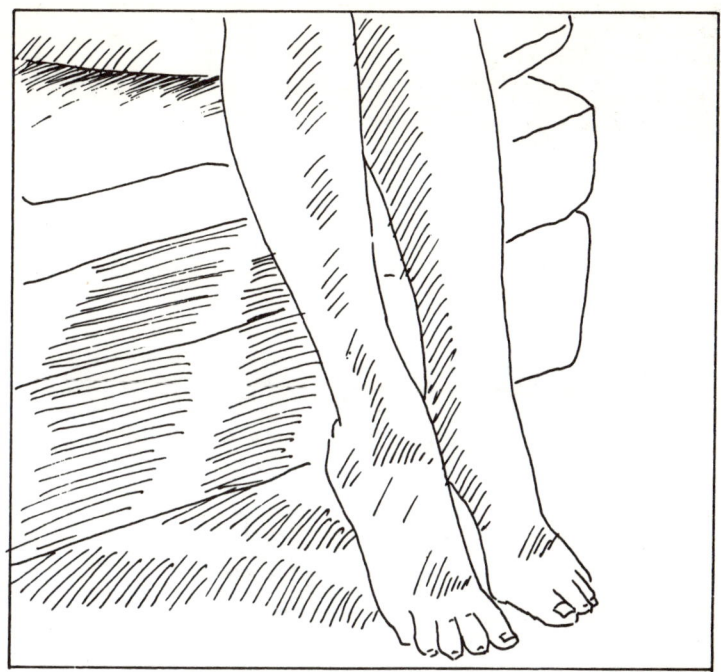

Abb. 30: Fersen heben

Ziehen Sie die Beine jetzt näher an den Körper heran und stellen Sie die Fußsohlen ganz auf den Boden. Heben Sie nun die Fersen. (Siehe Abb. 30.) Verstärken Sie die Anspannung. ... Lassen Sie die Fersen und Beine wieder locker. Spüren Sie die Lösung der Spannung in den Beinen. ...

Beugen Sie diesmal Ihre Füße in Richtung auf Ihr Gesicht. (Siehe Abb. 31.) Bringen Sie Ihre Zehen weit nach oben und spüren Sie die Spannung in Ihren Schienbeinen. ... Entspannen Sie wieder. Stellen Sie sich jetzt auf tiefe Entspannung ein. Entspannen Sie Ihre Füße – Ihre Waden – Ihre Schienbeine – Ihre Knie – die gesamten Beinmuskeln – das Gesäß – die Hüften. Erleben Sie die Schwere Ihres Unterkörpers, während sich die Entspannung weiter ausbreitet. ...

Dehnen Sie die Entspannung auch auf Ihren Bauch aus – und auf Ihr Kreuz. Lassen Sie sich mehr und mehr gehen. Fühlen Sie die Entspannung. Sie breitet sich weiter aus über Ihren Rücken – Ihre Brust – Ihre Schultern und Arme – bis in die Fingerspitzen hinein.

93

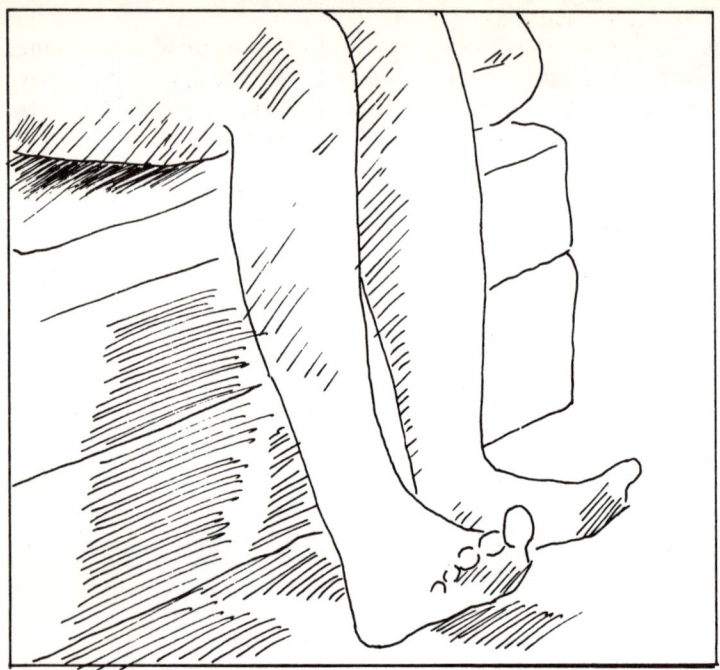

Abb. 31: Zehen heben

Entspannen Sie vollkommen. ... Lösen Sie alle Spannungen in Ihrer Kehle. Entspannen Sie Ihren Nacken und Ihre Kiefer und Ihre übrigen Gesichtsmuskeln. Ihr Atem fließt frei und ruhig. Ihre locker geschlossenen Augen vertiefen die Entspannung noch weiter. ... Genießen Sie Ihre Ruhe und Versunkenheit. ...
In völliger Entspannung widerstrebt es Ihnen, auch nur einen Muskel Ihres Körpers zu bewegen. Denken Sie an die große Mühe, die es Ihnen machen würde, wenn Sie Ihren rechten Arm heben sollten. ... Prüfen Sie, ob bei diesem Gedanken irgendeine Spannung in Ihren Schultern oder Ihren Armen entstanden ist. ... Nun beschließen Sie, Ihren Arm nicht zu heben; bleiben Sie weiterhin ruhig und tief entspannt. ... (Siehe Abb. 32.)
Bevor Sie aktivieren, können Sie sich wieder ein ruhegetöntes Musikstück einspielen und/oder die Übungen nochmals konzentriert durchgehen.
Wenn Sie die Übung beenden möchten, nehmen Sie das Schweregefühl zurück, indem Sie die Arme ruckartig anziehen und wegstrecken. Sie fühlen sich gelassen, erfrischt und angenehm ruhig.

94

Selbsterforschungsübungen:

Spüren Sie wieder Ihr Gesäß und Ihre Oberschenkel und spannen Sie diese fest an; spüren Sie die unterschiedliche Spannung. Spüren Sie, wie die Gesäßbacken und Hüften zusammengedrückt werden, wie der Körper dadurch minimal angehoben wird, wie die Schenkel härter werden. . . . Lösen Sie die Spannung dann wieder und erleben Sie das angenehme Durchströmtwerden der Beine und genießen Sie die bequemere, selbstsichere Sitzhaltung . . .

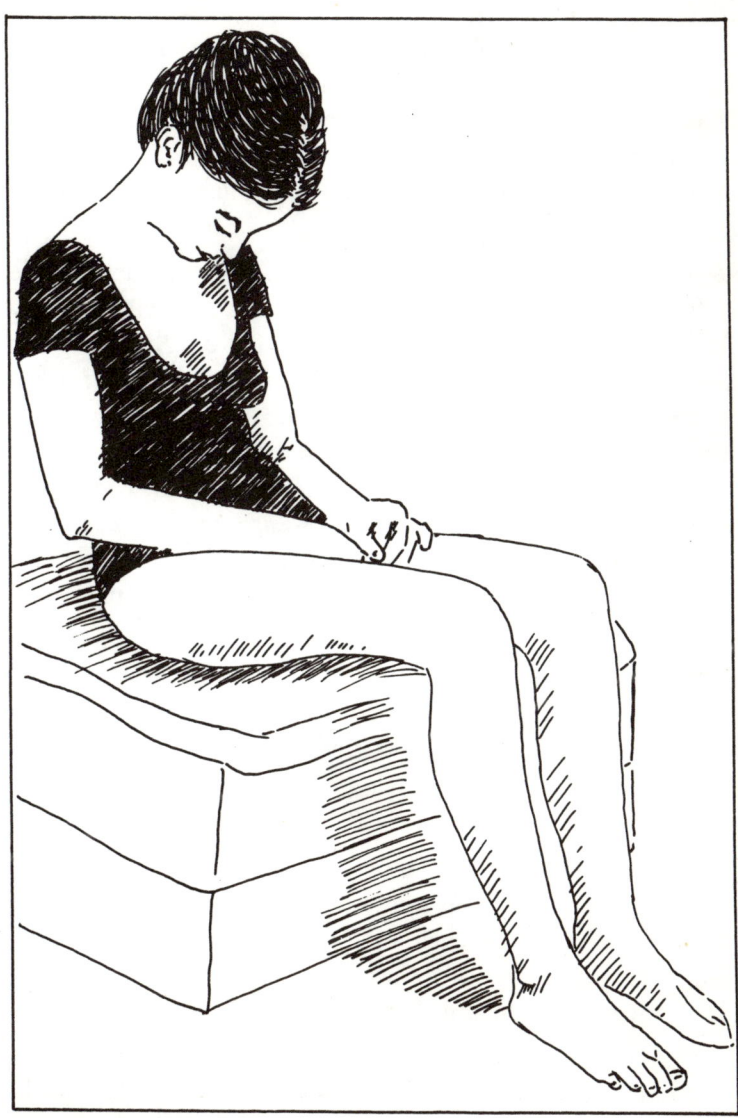

Abb. 32: Tief entspannt

Bei ausgestreckten Beinen drücken Sie nun die Füße und Zehen nach unten und spüren die Spannung in der Wadenmuskulatur sowie in den Füßen. Erleben Sie das leichte Ziehen in den Waden und Füßen, und achten Sie darauf, nicht so stark anzuspannen, daß ein Krampf auftritt. . . . Und lösen Sie die Spannung wieder. . . . Sollte einmal ein Krampf auftreten, können Sie versuchen, den Krampf willkürlich nachzuvollziehen, ihn evtl. noch etwas zu verstärken und dann langsam die Spannung loszulassen. Für das Anheben der Fersen gilt das gleiche. Heben Sie jetzt die Fersen und spüren Sie den Druck in den Waden, in den Schienbeinen und Füßen. Nehmen Sie das ziehende Gefühl wahr und spüren Sie die Härte im unteren Teil des Beines. . . .
Spüren Sie den Kontrast, der nach der Anspannung in der Entspannungsphase zustande kommt.

Beugen Sie jetzt Ihre Füße und Zehen nach oben und nehmen Sie die Anspannung in den Schienbeinen, Waden und Füßen wahr. Spüren Sie wieder die Härte im Bein . . . und die Auflösung der Spannung und die Ausbreitung der Entspannung bei der Lockerung. Inzwischen sind auch Ihre Füße und Beine warm geworden, falls sie vor den Übungen kühl oder kalt waren.
Machen Sie jetzt eine vorgestellte Wanderung durch Ihren Körper, um die Selbsterfahrung zu vertiefen und Restspannungen zu lösen. Beginnen Sie bei den Füßen. Spüren Sie Ihre Füße. Wie fühlen sie sich an? Warm? Pulsierend? Schwer? Sind noch Spannungen vorhanden, die Sie jetzt lösen können?

Wandern Sie systematisch von unten nach oben durch Ihren Körper. Spüren Sie Ihre Waden, Ihre Schienbeine, Ihre Knie, die Oberschenkel, das Gesäß, die Hüften. Erleben Sie die Schwere Ihres Unterkörpers, die Tiefe der Entspannung. Spüren Sie Ihr Kreuz – Ihren Bauch – Ihre Brust – Ihre Atmung – Ihre Schultern – Ihre Arme – Ihre Hände – Ihre Finger.

Die Entspannung dehnt sich weiter auf Ihren Kopf aus. – Spüren Sie Ihren Hals – Ihren Nacken – Ihre Kiefer – Ihre Lippen – Ihre Augen – Ihre Augenbrauen – Ihre Stirn. – Fühlen Sie die umfassende Entspannung, die wohlige Wärme und Schwere des ganzen Körpers.

Bevor Sie wieder aktivieren, können Sie, wenn Sie wollen, noch einige Minuten mit oder ohne Musikuntermalung in dem jetzt erreichten Entspannungszustand bleiben und das angenehme Schwere- und Wärmegefühl einfach genießen.

Die Entspannungsgefühle müssen nicht immer so intensiv sein wie soeben beschrieben. Die erreichbare Entspannungstiefe hängt von vielen situativen Momenten, von äußeren und inneren Bedingungen ab. Aus einer relativ ruhigen Ausgangssituation heraus ist ein tieferer Entspannungsgrad zu erreichen als aus einer erregten Stimmung heraus. Die Ausgangsbedingungen sind nebensächlich, wenn wir als allgemeines Ziel der Entspannung eine Senkung der Ausgangsanspannung ansehen. Unter Einsatz von Entspannungsübungen wird aus einer hochgradigen Anspannung oder Erregung eine mittelmäßige, aus einer mittelmäßigen eine geringe und aus einer geringen Anspannung eine tiefe Entspannung.

Dabei sollte sich jeder überlegen, wann er Entspannungsübungen am sinnvollsten einsetzen kann. Hierzu einige Zitate:

»Seit einem Jahr führe ich das Tiefmuskel-Entspannungs-Training regelmäßig morgens vor Dienstbeginn durch, da ich die Erfahrung gemacht habe, daß ich durch diese Übungen gelassener und ruhiger morgens meine an und für sich hektische und angespannte Arbeit beginne. Ich bin im ganzen weit gelöster.« (Frau D. aus Frankfurt.)

»Die TE-Wirkung bei Belastung durch Ärger usw. war verblüffend und schuf sofort den seelischen Ausgleich.« (Herr T. aus Berlin.)

»Ich kann dieses Entspannungs-Training jedem empfehlen, der einen Herzinfarkt hatte wie ich bzw. in Gefahr ist, einen zu bekommen. Bei den Übungen löst sich die innere Verkrampfung.« (Herr V. aus Minden.)

»Nunmehr führe ich fast jeden Abend das Tiefmuskel-Entspannungs-Training durch. Diesem Training hat sich auch meine Frau angeschlossen, und wir haben beide mit dieser Behandlungsmethode Erfolg.« (Herr S. aus Bocholt.)

»Ich bekomme nachts oft Herzanfälle, wobei ich mich bemühe, das Tiefmuskel-Entspannungs-Training auszuüben. Es gelingt mir nicht immer, mich gut zu entspannen, denn oftmals ist mir so übel, daß ich erbrechen muß und Kältegefühle auftreten. Das Kältegefühl geht durch das Training meistens vorüber.« (Frau R. aus Soltau.)

»Ich hatte im August einen schweren Bergunfall mit Knochenbrüchen und Bänderrissen. Während der dreistündigen Wartezeit auf den Rettungshubschrauber und der nachfolgenden Operationen haben mir die Tiefmuskel-Entspannungs-Übungen außerordentlich geholfen. Auch in den ersten Monaten nach dem Unfall hat mir die Beherrschung der Muskelentspannung sehr geholfen und mir sicher viele Schmerzen (im Vergleich zu anderen Patienten) erspart.« (Frau S. aus Frankfurt.)

»TE und Literaturstudium haben zu einer Veränderung meines eigenen Lebenswandels und zur Entspannung der seelischen Belastungen geführt. Rückblickend kann ich jedem Erkrankten ein Tiefmuskel-Entspannungs-Training empfehlen.« (Herr B. aus Bochum.)

Ergänzungsübungen: Entspannung mit Musik

Bei der Erläuterung des Entspannungs-Trainings habe ich einige Male auf die Möglichkeit hingewiesen, das Entspannungs-Training musikalisch zu unterstützen. Dabei denke ich weniger daran, den gesprochenen bzw. gelesenen Übungstext musikalisch zu unterlegen. Solche musikalischen Unterlegungen können leicht irritierend und ablenkend wirken. Vielmehr denke ich daran, im Anschluß an jeden Übungsteil ein ruhegetöntes Musikstück einzuspielen, welches wie folgt genutzt werden kann:

1. Sich von der Musik tragen lassen, mitschwingen
2. Die vorher durchgeführten Übungen wiederholen
3. Teile der Übungseinheit wiederholen
4. Die Übungen gedanklich durchgehen
5. Eine Erkundungsreise durch den Körper machen
6. Sich in bestimmte Körperpartien hineinspüren
7. Desensibilisierungsübungen durchführen (vgl. letzter Teil dieses Buches).

Die Vorschläge 2–7 können auch ohne musikalische Untermalung realisiert werden.

Welche Art von Musik eignet sich für das Grundtraining? Die grundsätzliche Antwort habe ich bereits gegeben: möglichst ruhegetönte Musik. Bei Ihrer Wahl brauchen Sie nicht auf bestimmte musikalische Stilrichtungen zu achten, sondern auf die Wirkung der Musik. Ein bestimmter Bluestitel kann z. B. eine beruhigendere Wirkung ausüben als ein bestimmtes klassisches Musikstück – und umgekehrt.

Wenn Sie jetzt über passende Musik nachdenken, fallen Ihnen wahrscheinlich Ihre Lieblingsstücke ein. Diese eignen sich jedoch nur bedingt für unsere Zwecke. Stark melodische oder stark rhythmische Stücke sind nämlich im Entspannungs-Zusammenhang nicht empfehlenswert.

Mozarts »Kleine Nachtmusik« oder Tschaikowskys 1. Klavierkonzert oder Stücke von Richard Claydermann gespielt sind sicher »Balsam für die Seele«, aber als Ergänzung des Entspannungs-Trainings ungeeignet.

Aus dem zur Verfügung stehenden Musikrepertoire halte ich folgende Stücke für geeignet, das Entspannungs-Training zu unterstützen:

»Klassische Musik«

Ludwig van Beethoven: Sonate Nr. 14, op. 27 Nr. 2, Mondscheinsonate, 1. Satz

Robert Schumann: Träumerei (aus Kinderszenen, op. 15)

Claude Débussy: Clair de lune (aus Suite Bergamasque)

Frédéric Chopin: Prélude, op. 28, Nr. 15

Jacques Offenbach: Barcarole (aus Hoffmanns Erzählungen)

Johann Sebastian Bach: Air (Panflöte Catalin Tircolea, MCR 1702)

»Adagio«, Klass. Musik zur Entspannung (Decca/2001 Nr. 34021)

»Stille«, Musik zur Entspannung (DGG/2001 Nr. 34071)

»Volksweisen«

Volkslieder sollten in traditioneller Fassung und nicht in Schlagerinterpretation verwendet werden.

Am Brunnen vor dem Tore (dtsch.)

Der Mond ist aufgegangen (dtsch.)

Kirschblüte (dtsch.)

Drunten im Tale (amerik.)

Greensleeves (amerik.)

Eintönig klingt . . . (russ.)

Mes ston kambo (griech.)

»Meditative Musik«

Peter Hamel: Beyond the wall of sleep (Wergo SN 1013)

Eberhard Schoener: Music for Meditation (Ariola 62844)

Gregorianische Gesänge aus Assisi (DGG 2726004)

Deuter: Ecstasy (Kuckuck E.R.P. LC 2099-049/050)

Kitaro: Silk Road (Kuckuck E.R.P. LC 2099-051/052)

Paul Horn: Inside the great pyramid (2001 Nr. 34016)

Stephan Micus: Till the end of time (ECM Japo 60026)
Terry Riley: A rainbow in curved air (CBS 64564)

»Unterhaltungsmusik«

Acker Bilk: Stranger on the Shore (Ariola PRT 203527-270)
Georges Moustaki: En Méditerranée (Polydor 2393019)
Count Basie: After Supper (Roulette VR 56012)
Cora Vocaire: Trois petites notes de musique (Columbia C 22 163)
Paul Simon: El Condor Pasa (CBS S 69003)
Harry Belafonte: Scarlet Ribbons (RCA 45-1315)
Fleetwood Mac: Albatros (CBS/Europa 511411.0)
Gheorghe Zamfir: Cintec din Ardeal (Cellier 003) oder Bilitis
Gert Wilden: Orfeu (aus Orfeu Negro) (Ariola 45-35359)
Auf der fertig produzierten Cassette »Tiefmuskel-Entspannungs-
Training« (vgl. S. 61) werden zwei klassische Musikstücke und
zwei Musikstücke aus dem Unterhaltungsbereich verwendet. Nach
der Entspannung der Arme wird ein Ausschnitt aus Ludwig van
Beethovens Mondscheinsonate mit Friedrich Gulda, Klavier, ein-
gespielt. Im Anschluß an die Entspannung von Gesicht und Schul-
tern folgt »Air«, gespielt auf Panflöte von C. Tircolea. An die
Entspannung des Leibes schließt sich wieder ein klassisches Klavier-
stück an, das »Clair de lune« von Claude Débussy, gespielt von
Thomàs Vàsàry. Das letzte Stück, das nach der Entspannung der
Beine und der Gesamtperson eingespielt wird, ist die »Barcarole«
von Jacques Offenbach, gespielt vom Philharmonia Orchester
London, dirigiert von H. v. Karajan.

Entspannungs-Wahrnehmungen und Erfolgs-
kontrolle

Bei den einzelnen Entspannungs-Übungen haben wir die spezifi-
schen, im Augenblick der Entspannung auftretenden Entspannungs-Wahrnehmungen bereits genannt. Jetzt sollen die längerfristig zu erwartenden Wahrnehmungen und Effekte beschrieben und
die kurzfristig auftretenden, die Ihnen zu Ihrer Übungserfolgskon-
trolle dienen können, zusammengestellt werden: Längerfristig
gesehen dient das Entspannungs-Training der allgemeinen Gesundheitsvorsorge; dies ist mit einem Weniger von Krankheit und einem
Mehr von individueller und sozialer Zufriedenheit gleichzusetzen.
Auch psychisches und soziales Wohlbefinden kann durch die gelas-

sene, ausgeglichene Haltung, die durch ein ganzheitlich angewendetes Entspannungs-Training gefördert wird, hervorgerufen werden. Lebensqualität ist in erster Linie ein psychisches, in zweiter Linie ein soziales und erst in dritter Linie ein materielles Thema. Mit Erich Fromm gesprochen, gehören die wesentlichen menschlichen Erfahrungen dem Bereich »Sein« und nicht dem Bereich »Haben« an. Die Zunahme von Seinsgefühl, von positivem Körpergefühl, von menschlichem und mitmenschlichem Erleben kann ein wertvolles Ergebnis des konsequent angewendeten Entspannungs-Trainings sein. Diese Konsequenz beinhaltet, daß Sie bereit sind oder bereit werden, bestimmte Aspekte Ihres bisherigen Lebens in Frage zu stellen, was sicher nicht einfach ist. Das Durcharbeiten dieses Buches führt Ihnen die Wichtigkeit der Reflexion vor Augen und erleichtert sie Ihnen gleichzeitig. Erleichternd wirkt sich das bereits früh im Training auftretende Entspannungs-Gefühl aus. Es hilft Ihnen, sich auch schwierigeren Themen und Konflikten zu stellen, ohne gleich in unerträgliche Unruhe mit nachfolgender innerer Flucht zu verfallen. Es ist ein großer Erfolg des Entspannungs-Trainings und Ihrer eigenen Arbeit, wenn in Zukunft weniger Flucht- und Vermeidungsversuche stattfinden und damit weniger Krankheiten auftreten, die als Folgen von seelischer Flucht und Vermeidung anzusehen sind. Die aus innerer Spannung heraus erwachsenden Fluchtfolgen sind z. B. Neurosen, Kopfschmerzen, Asthma, Magengeschwür, Herzinfarkt, Suchtkrankheiten. Nähere Erläuterungen zu den hier angesprochenen Zusammenhängen finden Sie in Abb. 3: Bedingungsgefüge der gesundheitsschädigenden Risiken (siehe S. 32/33) und in Abb. 40: Reaktionsmöglichkeiten bei Ängsten und Konflikten (siehe S. 140).
Ein entspannter Mensch wird freier, gelöster, gelassener, gesünder, wobei der Satz von H. HEYER gilt: »Nur wer sich läßt, der wird gelassen.« Darin steckt sowohl eine Bedingung als auch eine große Chance.
Damit wir bei der Beschäftigung mit den umfassenderen Zielen die unmittelbaren Ziele nicht aus den Augen verlieren, folgt jetzt eine Auflistung von Entspannungs-Wahrnehmungen, die der Erfolgskontrolle dienen können:

● Warme Hände, Arme, Beine, ganzer Körper
Diese Empfindungen zeigen eine Durchblutungsförderung an. Die

zunehmende Wärme ist mit einem Temperaturfühler meßbar. Sie kann auf der Hautoberfläche um einige Grad Celsius zunehmen.

● Prickeln, Kribbeln in Händen, Armen, Beinen, Körper
Diese Empfindungen zeigen, daß in den betroffenen Bereichen akute oder chronische Durchblutungsstörungen vorliegen und momentan eine intensive Mehrdurchblutung stattfindet.

● Schweregefühl in Händen, Armen, Beinen, ganzem Körper
Diese Empfindungen zeigen fortgeschrittene Muskelentspannungen an.

Die Muskelentspannung kann mittels eines Elektromyographen aufgezeichnet werden. Die Abb. 33 zeigt eine solche Muskelschrift. Je flacher die untere Kurve ist, desto entspannter ist die gemessene Muskelpartie. Die obere Kurve zeigt das gleichzeitig mitgeschriebene Elektrokardiogramm.

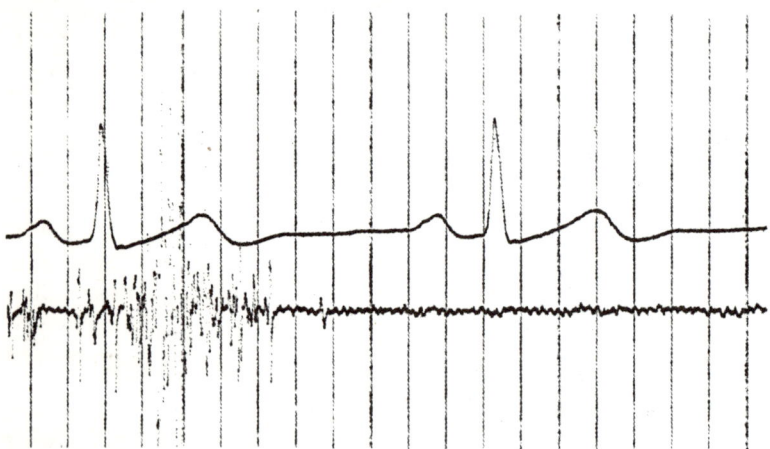

Abb. 33: EKG- und EMG-Ausschnitt

● Gelöste Lippen, Kiefer, Augen, Stirn
Wer verbissen oder verkniffen an die Alltagsprobleme herangeht und im Laufe der Zeit diese Eigenarten verinnerlicht hat, wird sich beim Entspannungs-Training zunächst seiner Verspannungen im Kiefer-, Lippen-, Augen- und Stirnbereich bewußt werden. Die größere Bewußtseinsnähe der ansonsten unbemerkten Daueranspannungen hat den Vorteil, daß Sie in Zukunft öfter an diese kritischen Bereiche erinnert werden und entspannend gegenregu-

lieren können. Sollte der Kopfdruck sich weiter verstärken und bei der Entspannung nicht schwächer werden, muß die Anspannung im Augen- und Stirnbereich etwas schwächer gestaltet werden.

Das angenehme und erstrebenswerte Gefühl bei der Kopfentspannung wird als weicher, glatter und gelockerter als vorher beschrieben. Chronische Verspannungen im Kiefer- und Augenbereich sowie Kopfschmerzen können sich sofort verringern und bei weiterem Training ganz abgebaut werden.

● Locker entspannte Schulterpartie, Nacken, Hals
Unter Schulternackenverspannungen leiden heutzutage sehr viele Menschen. Wundern Sie sich daher nicht, wenn Sie bei den Übungen zunächst Ihre Muskelverhärtungen in Form von Schmerzen wahrnehmen. Das Schmerzgefühl soll jedoch nur ansatzweise spürbar werden; wenn es stärker wird, halten Sie sich in der ersten Zeit mit der Kraft der Anspannung zurück.

Frau B. aus Berlin wendet die Übungen bei akuten Schmerzen an. Sie schreibt u. a.: »Als Technische Zeichnerin bin ich zeitweilig überbeansprucht; dann habe ich Schmerzen im Schulter-Hals-Bereich. Da ich vor Schmerzen nicht einschlafen kann, erinnere ich mich an Ihr Tiefmuskel-Entspannungs-Training. Meistens bin ich unmerklich eingeschlafen und ohne Schmerzen erwacht. Es hilft!«

Als mittelfristiger Trainingseffekt wird ein Nachlassen der Verhärtung und damit der Schmerzen eintreten, und die Beweglichkeit wird sich erhöhen.

Bei der Anspannung des Halses wird ein leichtes Beklemmungsgefühl bewußt hervorgerufen. Die angenehme Folge der Entspannung ist ein Befreiungsgefühl und eine über den Ausgangszustand hinausgehende Lockerung im Hals- und Brustbereich.

● Locker-gelöster Leib- und Genitalbereich
Besonders diejenigen unter Ihnen, die mit Leib- und Sexualbeschwerden zu tun haben, werden sich über Entlastungen in diesen Bereichen freuen. Regulierungen der Verdauung kündigen sich mit Gluckern und Kullern in den Därmen an, Mehrdurchblutung zeigt sich als Kribbeln oder Wärmegefühl. Bei Hämorrhoiden zeigen diese Empfindungen eine positive Durchblutungsförderung in der Analzone. Durch gezielte An- und Entspannung des Afters können im Rahmen unseres Entspannungs-Trainings Hämorrhoidenleiden gut angegangen werden.

Die positive Beeinflussung von sexuellen Störungen ergibt sich als Effekt des gesamten Entspannungs-Trainings. Wie Sie wissen, reagiert die Sexualfunktion auf Störungen und seelische Spannungen sehr empfindlich. In der Entspannung verringern sich auch eventuell vorhandene Leistungs- oder Versagensängste, die die Lustempfindungen blockierten.

● Regelmäßig-ruhiger Puls; normaler Blutdruck
Die Blutdruckwerte werden durch das Entspannungs-Training weitgehend normalisiert. Besonders die labilen Blutdruckverhältnisse lassen sich durch Entspannungs-Übungen recht gut einregulieren. Ein normaler Blutdruck solle die Grenzmarken von 160 für den systolischen und 95 für den diastolischen Blutdruckwert auch in Streßsituationen nicht übersteigen. (Vgl. Abb. 34.)

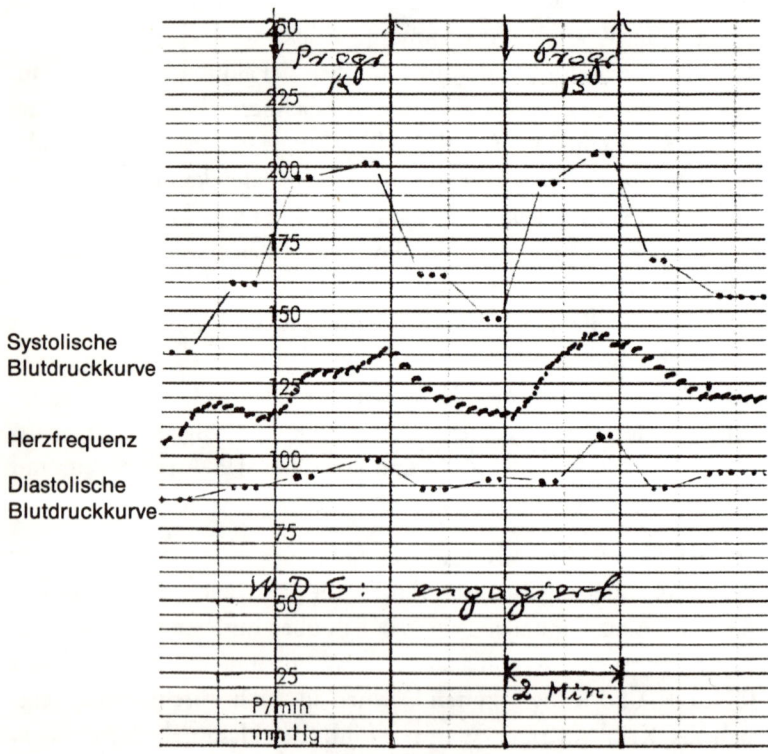

Abb. 34: Blutdruck- und Herzfrequenzreaktionen während emotionaler Belastungsprogramme (Streßprogramm A und B) und in Ruhesituationen (Ruhe jeweils vor und nach den emotionalen Belastungssituationen)

Die Abb. 34 zeigt Ihnen, wie bei dem Patienten in emotionalen Belastungssituationen die normalen Blutdruckwerte plötzlich weit überschritten werden. In Ruhesituationen bewegen sich die Werte an der oberen Normalitätsgrenze entlang. Auch bei der Herzfrequenz zeigen sich die Erregung und die Entspannungs-Schwierigkeiten des Patienten. Sein Reaktionsverhalten am Streßsimulationsgerät WDG (»Wiener Determinationsgerät«) ist engagiert und angespannt, wobei ihm überdurchschnittlich viele Fehler unterlaufen. Wir machen oft die Feststellung, daß ein überengagiertes, hektisches und angespanntes Arbeitsverhalten nicht zu einer höheren qualitativen Leistung führt. Ein locker-engagiertes, entspanntes Arbeitsverhalten führt zu optimalen Leistungsergebnissen und ist wesentlich gesünder, weil hierbei weniger pathologische, d. h. krankhafte Blutdruckwerte zustande kommen. Das Entspannungs-

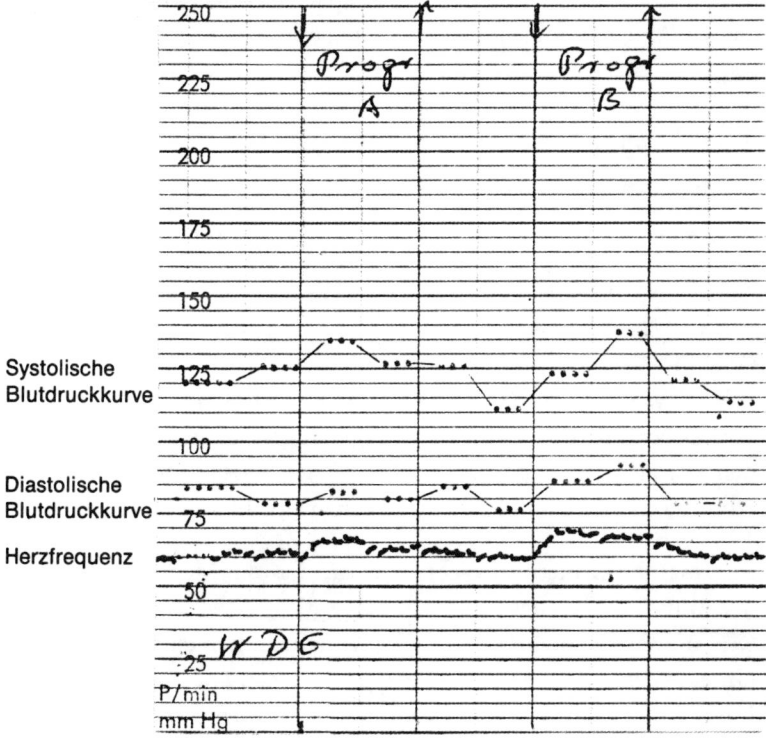

Abb. 35: Blutdruck- und Herzfrequenzkurven (vgl. Abb. 34)

Training wird Ihnen helfen, den Blutdruck in konkreten Belastungssituationen weniger stark ansteigen zu lassen; es kann dazu führen, daß der Blutdruck sich insgesamt normalisiert, wie die Abb. 35 zeigt.

Das gesamte Spannungsniveau ist hier niedriger, und damit sind es auch die Blutdruckwerte. Während der Streßbelastung kommen noch leichte und natürliche Blutdruck- und Herzfrequenzerhöhungen zustande, die kein pathologisches Ausmaß mehr erreichen.

In der Rehabilitationsklinik der BfA in Bad Salzuflen führte der Leitende Arzt Dr. F.-L. Schmidt vor einiger Zeit eine Verlaufsuntersuchung bei Patienten durch, die bei 3 Blutdruckmessungen in der ersten Woche ihres Kuraufenthaltes stets erhöhte Blutdruckwerte hatten. Bei diesen Patienten wurden dann Blutdruckmessungen unter emotionalem Streß durchgeführt (vgl. Abb. 34). Nach einem vorher festgelegten Zuteilungsschema wurden danach bei diesen Patienten folgende Maßnahmen durchgeführt:

1. Medikamenteneinnahme Modenol

2. Medikamenteneinnahme Visken

3. Keine gezielte blutdruckbeeinflussende Therapie

4. Gezielt-entspannende Therapie

Nach 3 Wochen wurde eine der ersten Untersuchung gleichwertige Streßbelastung durchgeführt, und die aufgezeichneten Werte wurden miteinander verglichen. Die Ergebnisse können Sie der Abb. 36 entnehmen.

Interessant bei diesen Ergebnissen ist, daß die Medikamente, die den Blutdruck senken sollen, in etwa die gleiche Wirkung haben wie andere Maßnahmen. Es gibt jedenfalls keinen signifikanten Unterschied zwischen den 4 Gruppen. Visken und Entspannungs-Übungen senken der Tendenz nach den Blutdruck am meisten in Ruhesituationen. In emotionalen Belastungssituationen haben allgemeine Kuranwendungen und das Entspannungs-Training die

	Blutdruck-senkendes Mittel Modenol	Beta-blocker Visken	Allgemeine Kuran-wendungen	Entspan-nungs-Training
Blutdrucknormalisierung in **Ruhe**situationen	53%	62%	52%	58%
Blutdrucknormalisierung in emotionalen **Belastungs**situationen	33%	37%	41%	41%

Abb. 36: Prozentsätze der Einregulierung von Blutdruckwerten, die 3 Wochen vorher pathologisch erhöht waren (N = 350)

besten blutdrucksenkenden Ergebnisse. Da die Ergebnisse sich jedoch nicht deutlich unterscheiden, sollten wir fragen, welche Maßnahmen auf Dauer die wirksamsten und gesündesten sind.

Bei der Frage nach der Dauerwirkung schneiden die allgemeinen Kuranwendungen am schlechtesten ab, weil die Kurwirkungen nach 3−4 Monaten wieder abflachen, was später noch belegt wird.

Bei der Frage nach der gesundheitlichen Zuträglichkeit schneiden die Medikamentengruppen am schlechtesten ab, weil die Einnahme von Medikamenten eine ständige chemische Belastung für den Körper, speziell für Magen und Nieren bedeutet.

Diese Überlegungen legen den Schluß nahe, dem Entspannungs-Training den Vorzug zu geben. Die längerfristigen Nachuntersuchungsergebnisse, die weiter hinten beschrieben sind, bekräftigen diesen Schluß.

● Gleichmäßig-ruhige Atmung; lockeres Zwerchfell

Die Atmung fließt gelöst, wenn ihr möglichst wenig Aufmerksamkeit zugewendet wird. Sobald die Atmung bewußt beachtet wird, kommt leicht eine willkürliche Atembeeinflussung zustande. Dies bedeutet eine Störung für die normalerweise unwillkürlich ablaufende Atmung. Die Atmung kann auch durch andere Einflüsse gestört werden, über die im Zusammenhang mit der Atemübung gesprochen wurde.

● Leichtere Konflikt- und Problembewältigung
Einen hervorragenden Erfolg hat Ihnen das Entspannungs-Training gebracht, wenn Ihnen die Bewältigung von Konflikten und Problemen jetzt leichter fällt und wenn Sie gelernt haben, das Entspannungs-Training bei der Konfliktbearbeitung gezielt einzusetzen.

Herr S. aus Bochum schreibt hierzu: »Das Tiefmuskel-Entspannungs-Training hilft mir in Konfliktsituationen sehr, obwohl dieselben jetzt selten auftreten. Ansonsten führe ich das Tiefmuskel-Entspannungs-Training des öfteren in der Woche durch, besonders zum Wochenende.«

Frau B. aus Wuppertal erwähnt zu diesem Themenkomplex: »Bemerken möchte ich noch, daß das Tiefmuskel-Entspannungs-Training mir in Belastungsmomenten – die sich im Alltag, im Beruf und in der Familie zwangsläufig ergeben – mehr hilft als bisher das manchmal von mir angewandte Autogene Training.«

● Insgesamt ruhiger und gelöster
Die Entspannung wirkt sich auf den ganzen Menschen aus und steigert sein Wohlbefinden.

● Sicherer und geduldiger
Auch Selbstsicherheit und Geduld nehmen in der Entspannung zu.

● Konzentrierter; mehr Überblick
Dies sind indirekte Effekte der allgemeinen Entspannung.

● Entspannt, locker, leicht
Aktuelle Gefühle

● Gelassenheit, Ruhe, Ausgeglichenheit
Überdauernde Gefühle

● Innere Harmonie, Geborgenheit, wohliges Lebensgefühl
Positive Lebensgefühle

● Gute Beziehung zum Körper, Körper spüren
Positive Körpergefühle

- Leichtigkeit, Schwerelosigkeit, Schwebegefühl; in die Unterlage hineinsinken
Bei diesen Gefühlen handelt es sich um eine Weiterentwicklung und paradoxe Umkehrung der Schwerewahrnehmungen.

- Versinken, in Abgrund fallen, ins Unendliche fallen
Wenn diese Gefühle auftreten, liegen wahrscheinlich nichtverarbeitete, ungelöste Lebens- oder Todesängste vor. Die Schwereempfindung (wahrscheinlich auch Angstträume) werden als Ausdrucksventile der Ängste benützt.

- Schwer, schläfig, müde
Bei guter Entspannung

- Frisch, fit, ausgeruht
Nach guter Entspannung und kräftiger Aktivierung

Ihre bisherigen und die später noch eintretenden Erfolge können Sie mit diesen Ausführungen vergleichen. Den Nacherhebungsbogen, der im Anschluß an das Entspannungs-Training für Fortgeschrittene abgedruckt ist, können Sie zur Einschätzung Ihrer Fortschritte nach einigen Wochen der Beschäftigung mit dem Grundtraining ausfüllen und mit dem Spannungsfragebogen vergleichen. Die Spannungs-, Streß- und Eigenaktivitäts-Fragebögen können Sie auch nach einiger Zeit nochmals durchgehen und dabei auf mögliche zwischenzeitlich eingetretene Veränderungen achten.

Hier folgt jetzt ein Formblatt für Ihre eigenen Übungsprotokolle, mit deren Hilfe Sie Ihr Training beschreibend und bewertend begleiten können. Ein Protokollbeispiel haben Sie auf Seite 71 bereits gesehen. Es ist sinnvoll, zur Unterstützung und Reflexion Ihres Trainings ein solches Protokoll zu führen.

Tag	Tages-zeit	Dauer der Übung	Empfindungen
Sonntag	morgens		
	mittags		
	abends		
Montag	morgens		
	mittags		
	abends		
Dienstag	morgens		
	mittags		
	abends		
Mittwoch	morgens		
	mittags		
	abends		
Donnerstag	morgens		
	mittags		
	abends		
Freitag	morgens		
	mittags		
	abends		
Samstag	morgens		
	mittags		
	abends		

Abb. 37: Mein Übungsprotokoll

110

Entspannungs-Training für Fortgeschrittene

Sie sollten das Grundtraining wenigstens 2–3 Wochen täglich durchgeführt haben, bevor Sie es einigermaßen gut beherrschen und Sie sich dem Fortgeschrittenentraining mit Aussicht auf Erfolg zuwenden können. Sie beherrschen das Grundtraining, wenn einige der vorhin genannten Erfolgskontrollen und Entspannungswahrnehmungen spürbar werden.

Sie können sich mit diesem Ergebnis zufriedengeben, wenn es Ihnen nur um allgemeine Entspannung etwa nach einem ereignisreichen Arbeitstag geht.

Wenn Sie jedoch mit dem Entspannungs-Training »leben« und es in jeder Lebenssituation einsetzen wollen, dann sollten Sie auch die Fortgeschrittenentechnik erlernen. Hierbei geht es um eine Weiterführung des bisher Gelernten, also nicht um etwas total Neues. Es ist das Ziel des Entspannungs-Trainings für Fortgeschrittene, eine Vorgehensweise kennenzulernen und einzuüben, die Sie später in nahezu allen Situationen einsetzen können. Bei der konkreten Anwendung der Grundtechnik ist es mitunter schwierig bzw. der Situation nicht ganz angemessen, »demonstrative« Muskelanspannungen durchzuführen.

Es gibt jedoch neben der kräftigen willkürlichen An- und Entspannung der Muskeln drei weitere Möglichkeiten, das Kontrastvorgehen des Tiefmuskel-Entspannungs-Trainings wirksam werden zu lassen:

1. Leichte willkürliche An- und Entspannung

2. »Innere« willkürliche An- und Entspannung, ohne daß dies äußerlich sichtbar wird

3. Unwillkürliche An- und Entspannung in der Vorstellung

In der Fortgeschrittenentechnik sollen Sie diese drei Stufen in der praktischen Durchführung kennenlernen und einüben. Je nach Situation oder Stimmung können Sie später das Verfahren wählen, welches Ihnen am angenehmsten ist und der Situation angemessen erscheint.

Die genannten drei Schritte bedeuten eine Weiterführung des Entspannungs-Trainings von der muskulären Ebene auf die Vorstellungebene.

Die Vorstellung von An- und Entspannung macht am Anfang erfahrungsgemäß einige Schwierigkeiten. Nicht zuletzt wegen dieser zu erwartenden Schwierigkeiten werden die Zwischenschritte mit leichter-willkürlicher und innerer-willkürlicher An- bzw. Entspannung eingefügt.

Leichte-willkürliche Anspannung bedeutet, daß die Übungen so wie in der Grundtechnik durchgeführt werden sollen, aber die Kraft der Anspannung soll zurückgenommen werden. Bei der inneren-willkürlichen Anspannung werden keine äußerlich sichtbaren Muskelanspannungen durchgeführt, vielmehr werden die Muskeln so angespannt, als ob eine bestimmte Bewegung durchgeführt werden sollte.

Bei der Faustübung z. B. lassen Sie bei geöffneter Hand die Muskelspannungen so von innen kommen, als ob Sie die Hand zur Faust ballen wollten. Bei der Armübung lassen Sie den Arm liegen und spannen die Armmuskeln so an, als ob Sie den Arm heben sollten usw.

Wenn Sie diese beiden Vorgehensweisen beherrschen, wird Ihnen auch der letzte Schritt, nämlich die An- und Entspannung in der Vorstellung nicht mehr schwerfallen. Lassen Sie sich nicht von dem Gedanken irritieren, daß auf Grund von Vorstellungen keine tatsächlichen Muskelan- und -entspannungen zustande kommen könnten. Spannungsveränderungen aufgrund von Vorstellungen sind alltäglich; denken Sie nur an die Spannungsgefühle bei Angstvorstellungen oder Versagensbefürchtungen. Die Kraft der Vorstellungen und Gedanken setzen wir bei unserem Training in positiver, nämlich entspannender Richtung ein. Im Autogenen Training wird hauptsächlich diese autosuggestive Vorgehensweise eingesetzt.

Es ist beim Tiefmuskel-Entspannungs-Training nicht notwendig, unbedingt die Vorstellungsebene zu erreichen. Sie können sich auch mit einer der anderen Ebenen zufriedengeben. Die Anwendung der Entspannungs-Übungen auf der Vorstellungsebene stellt freilich das eleganteste Vorgehen dar. Auf der Vorstellungsebene können Sie das Training überall durchführen, sogar bei Gesprächen und Diskussionen in Gegenwart Ihrer Gesprächspartner. Es ist nicht nötig, das ganze Entspannungs-Programm durchzuführen, vielmehr können Sie sich dann sekundenweise auf die eine oder andere Entspannungs-Übung einstellen.

In solchen Situationen stellen Sie sich am besten auf die Bereiche ein, in denen Sie gerade die meiste Spannung spüren. Sollten Sie sich z. B. in den Schultern besonders verkrampft fühlen, dann stellen Sie sich kurz auf die Verstärkung der Verkrampfung der Schulterpartie ein und lassen Sie dann locker. Bei der Wiederholung dieses Vorgehens werden Sie die zunehmende Entlastung spüren.

In der konkreten Anwendungssituation ist wie bei chronischen Verspannungen die Anspannung bei Übungsbeginn bereits vorhanden. Diese vorhandenen Verspannungen werden also kurzfristig willkürlich verstärkt und dann wieder losgelassen. So können Sie vorhandene Spannungen leichter lösen, weil Sie Ihre Verspannungen im wahrsten Sinne des Wortes »in den Griff« bekommen. Auch bei allgemeinen Unruhegefühlen wie Nervosität oder Reizbarkeit können Sie sich fragen, wo diese Anspannungen im Körper am meisten reflektiert werden, und sich dann gezielt auf diese Bereiche einstellen.

Jede gezielte Entspannung wird sich auch auf andere Bereiche auswirken. Wenn Sie die Kopfentspannung fördern wollen, erreichen Sie dies auch durch Anwendung der Armübungen, wobei sich allerdings der direkte Einsatz der Kopfübungen wahrscheinlich intensiver auswirken wird. Unter »wahrscheinlich« verstehe ich, daß dies in den meisten Fällen so sein wird. Es ist aber auch möglich, daß die Armübungen tatsächlich zu besseren Ergebnissen führen. Ähnliche Erfahrungen können Sie auch mit anderen Übungen machen. Sie können auch gern experimentieren, die für Sie zutreffenden Wirkzusammenhänge ergründen und entsprechend handeln.

Das Gelernte können Sie später zur Vorbereitung auf mögliche Belastungssituationen, aber auch in solchen und nach solchen Situationen einsetzen. Soweit es möglich ist, sollten Sie sich auf vermutete oder zu erwartende Belastungssituationen entspannend vorbereiten. Dies hat den Vorteil, daß Körperspannungen und Ängste frühzeitig abgebaut werden und die Situationen souveräner angegangen werden können. Die tatsächliche Anspannung, die dann geringer ausfällt, können Sie durch sekundenlange Einstellung auf Entspannungsübungen stufenweise abbauen. Den verbleibenden Rest von Erregung können Sie im Anschluß an die Belastungssituation mit Hilfe des Entspannungs-Trainings weiter abbauen.

Entscheiden Sie selbst, wann Sie welche Technik am besten anwenden können. Die Grundtechnik werden Sie meistens durchführen, wenn Sie Zeit und Ruhe für Ihre Entspannungs-Übungen haben und das Gelernte festigen oder auffrischen wollen. Die Fortgeschrittenentechnik werden Sie öfter während Belastungssituationen einsetzen und zu Übungszwecken durchführen.
Sie sollten sich darüber im klaren sein, daß die Intensität der Entspannungs-Wahrnehmungen mit jeder weiteren Stufe des Fortgeschrittenentrainings abnimmt, weil die hervorgerufenen Kontraste geringer werden. Bei der Fortgeschrittenentechnik sind die Empfindungen normalerweise weniger eindrucksvoll als bei der Grundtechnik, es sei denn, Sie beherrschen nach ausgiebigem Üben die Vorstellungstechnik so gut, daß auf dieser qualitativ neuen Ebene weitere intensive Empfindungen zustande kommen. Es bedarf natürlich einer erneuten Einübungsphase, bis Sie soweit sind, das Fortgeschrittenentraining zu beherrschen und einsetzen zu können.

Es folgt jetzt der Anleitungstext für das Entspannungs-Training für Fortgeschrittene mit den drei weiterführenden Schritten bis zur Vorstellungsebene.
Drei Punkte im Text zeigen eine Pausenzeit an, in der Sie nicht weiterlesen, sondern die Spannung bzw. Entspannung sich ausbreiten lassen sollen.
Das Grundtraining haben Sie sich so zu eigen gemacht, es ist so »Ich-nah« geworden, daß Sie in Zukunft die Ich-Form für die Formulierungen der Übungen benutzen können.
Ihr Entspannungssignal (vgl. S. 68) können Sie weiter verwenden oder sich beim Ausatmen auf den Begriff »Ohmm« einstellen.

1. Übungsteil: Entspannung der Arme

*Tiefmuskel-Entspannungs-Training für Fortgeschrittene –
Entspannung der Arme*
*Ich lockere meine Schulter- und Armmuskeln. Ich entspanne mich,
so gut es im Moment möglich ist. . . .*
*Jetzt schließe ich meine rechte Hand locker zur Faust, verstärke ein
wenig den Druck in der Hand, fühle die Spannung . . . und nun
entspanne ich. Ich lasse die Finger meiner rechten Hand locker und
erlebe das unterschiedliche Gefühl. Ich löse alle Spannungen und
spüre, wie die Entspannung sich in meinem Arm ausbreitet. . . .
Jetzt lasse ich die Muskelspannungen in meiner rechten Hand und
meinem Arm sich so ausbreiten, als ob ich die Hand zur Faust
ballen wollte, und erlebe das labile Spannungsgefühl. . . . Nun löse
ich die Spannung und spüre die entspannte Lockerheit. . . . Ich stelle
mir nun lediglich vor, daß ich die rechte Hand anspanne, ohne dies
aktiv zu tun. Ich spüre die innerliche Spannung . . . und entspanne
wieder. Ich genieße den Kontrast. . . .*
*Nun schließe ich beide Hände locker zur Faust, verstärke ein wenig
den Druck, nehme die Empfindungen wahr . . . und löse die
Anspannung. Ich lasse meine Finger locker und fühle die Entspannung. . . . Ich spanne jetzt die Muskeln beider Hände so an, als ob
ich die Hände zu Fäusten schließen wollte, und nehme die instabi-
len Spannungsgefühle wahr. . . . Ich löse die Spannung und lasse die
Entspannung sich ausbreiten. . . . Ich stelle mir jetzt vor, daß ich die
Hände zu Fäusten schließe, und empfinde die Spannung in den
Händen und Unterarmen . . . und entspanne wieder. Ich erlebe die
Lockerung. . . .*
*Nun hebe ich die Arme, beuge die Ellenbogen und ziehe die Arme
etwas näher zum Körper hin . . . nun lasse ich meine Arme wieder
locker, entspanne sie und erlebe den Unterschied. Die Entspannung
entwickelt sich weiter. . . . Ich spanne jetzt meine Armmuskeln so
an, als ob ich die Arme heben und beugen wollte . . . und löse die
Anspannung wieder. . . . Nun stelle ich mir vor, daß ich meine
Ellenbogen beuge und die Arme spanne. Ich achte auf meine Empfindungen. . . . Nun löse ich die innere Spannung wieder. Ich entspanne meine Arme und erlebe die wohltuende Erleichterung.
Systematische Entspannung bedeutet aktive Gesundheitsvorsorge.
. . .*

Jetzt drehe ich meine Hände herum, so daß die Handinnenflächen nach oben zeigen, drücke Hände und Arme leicht nach unten gegen die Unterlage ... und entspanne wieder. Ich bringe meine Arme in eine angenehme Lage. Ich erlaube meinen Armen, sich weiter zu entspannen. ... Nun spanne ich meine Hände und Armmuskeln so an, als ob ich Hände und Arme herumdrehen wollte, spüre die Spannung ... und löse sie wieder. ... Jetzt stelle ich mir vor, wie ich meine Hände und Arme nach unten drücke und spüre die zunehmende Spannung. ... Nun entspanne ich wieder und erlebe den Unterschied. ...

Ich stelle mich jetzt auf reine Entspannung in den Armen ein, auf Gelassenheit ohne jegliche Spannung. Meine Arme liegen locker und bequem. Ich entspanne mich weiter und weiter. ... Selbst wenn ich den Eindruck habe, meine Arme seien nun völlig entspannt, versuche ich noch ein wenig weiterzugehen. Ich spüre ein tieferes und noch tieferes Gefühl der Entspannung.

Sie können sich nach diesem ersten Übungsabschnitt für Fortgeschrittene entweder ein Musikstück einspielen bzw. die Übungen in Gedanken wiederholen. Über geeignete Musik wird im Anschluß an die vier Fortgeschrittenenübungsteile gesprochen. Hier folgt zunächst der zweite Übungsabschnitt des Fortgeschrittenentrainings.

2. Übungsteil: Entspannung von Gesicht und Schultern

Entspannung von Gesicht und Schultern

Ich lasse alle Muskeln schwer und locker. ...

Ich konzentriere mich auf mein Gesicht, hebe meine Augenbrauen und kräusele meine Stirn. ... Nun ziehe ich die Augenbrauen etwas nach unten und spüre die unterschiedliche Spannung. ... Ich entspanne meine Augenbrauen, meine Kopfhaut und lasse meine Stirn locker. Ich spüre, wie die Haut meiner Stirn immer glatter wird je mehr ich mich entspanne. ... Jetzt spanne ich die Muskeln in meinem Kopf so an, als ob ich die Augenbrauen heben wollte, spüre die innere Spannung ... und lenke die Spannung in die andere Richtung, spüre den unterschiedlichen Druck ... und entspanne. ...

116

Jetzt stelle ich mir lediglich vor, daß ich die Augenbrauen anhebe und die Stirn sich in Falten legt. . . . Nun wechsle ich die Spannungsrichtung, indem ich in Gedanken die Augenbrauen nach unten ziehe. . . . Ich höre mit dieser Vorstellung auf und stelle mich wieder auf reine Entspannung ein. . . .

Nun schließe ich meine Augen etwas fester und nehme die zunehmende Spannung wahr . . . ich weite die Spannungsgefühle auf meine Stirn aus . . . und entspanne Augen und Stirn. Die Augen sind wieder locker geschlossen. . . . Jetzt spanne ich die Kopfmuskeln so an, als ob ich meine Augen fester schließen wollte . . . ich dehne die Spannung auf die Stirn aus, indem ich die Stirn- und Schläfenmuskeln so anspanne, als ob ich die Stirn kräuseln wollte . . . und löse die Spannung. . . . Diesmal stelle ich mir vor, daß ich die Augen zusammendrücke . . . lasse die Spannungsgefühle auf die Stirn übergehen . . . höre mit diesem Gedanken auf und erlebe reine Entspannung. . . .

Nun drücke ich die Kiefer gegeneinander, nicht zu stark, konzentriere mich auf die Spannung von Ober- und Unterkiefer. . . . Jetzt spanne ich auch meine Lippen an, presse die Lippen gegeneinander . . . und entspanne. Ich lasse die Lippen und Kiefer wieder in eine bequeme Haltung zurückkehren und spüre, wie sich Kiefer, Lippen, Kehle, Augen und Stirn lockern. Die Entspannung wird tiefer. . . .

Nun spanne ich meine Kiefermuskeln so an, als ob ich die Kiefer gegeneinanderdrücken wollte . . . ich spanne auch meine Mundmuskeln so, als ob ich meine Lippen gegeneinanderpressen wollte . . . und entspanne. . . . Jetzt stelle ich mir vor, daß ich die Kiefer gegeneinanderpresse und den Druck spüre. . . . Ich dehne die Spannungsgefühle auf die Lippen aus. . . . Jetzt lenke ich meine Gedanken wieder auf wohltuende Entspannung. Ich spüre, wie die Entspannung sich in meinem Gesicht ausbreitet. . . .

Jetzt wende ich meine Aufmerksamkeit meinen Nackenmuskeln zu. Ich drücke meinen Kopf etwas nach hinten und achte auf die Spannungsgefühle in meinem Nacken. . . . Nun rolle ich den Kopf auf die rechte Seite und beobachte, wie die Spannung sich verändert. . . . Nun rolle ich den Kopf auf die linke Seite, spüre die Spannung . . . und lasse den Kopf in eine angenehme Lage zurückkehren. Ich spüre die wohlige Gelöstheit, genieße die Ruhe. . . . Nun spanne ich die Hals- und Nackenmuskeln so an, als ob ich den Kopf nach

hinten drücken wollte . . . ändere die Spannungsrichtung, indem ich
so anspanne, als ob ich den Kopf nach rechts drücken wollte, spüre
die Anspannung . . . ändere die Spannungsrichtung nach links,
nehme die unterschiedlichen Gefühle wahr . . . und löse die Span-
nung. . . . Jetzt stelle ich mir vor, daß ich den Kopf nach hinten
drücke und unangenehme Empfindungen bekomme. . . . Ich stelle
mir vor, daß ich den Kopf nach rechts drücke, und erlebe den
Wechsel der Spannungsgefühle . . . Ich stelle mir vor, daß ich den
Kopf nach links drücke, und spüre, wie die Spannung wieder wech-
selt. . . . Nun stelle ich mich auf reine Entspannung ein und erlebe
die Entlastung. . . . Ich spüre, wie sich Nacken und Schultern weiter
entspannen. Die Entspannung breitet sich über mein Gesicht und
meinen Rücken aus. Sie breitet sich noch weiter aus. Ich bin ganz
tief entspannt. . . .

Sie können jetzt entweder die Ruhe und Entspannung weiter genießen, sich auf ein Musikstück einstellen oder die Übungen noch
einmal gedanklich nachvollziehen.
Wenn Sie die Übungen beenden möchten, zählen Sie leise rück-
wärts von 4 bis 0 und nehmen Sie das Schweregefühl zurück; Sie
fühlen sich dann gelassen, erfrischt und angenehm ruhig.

3. Übungsteil: Entspannung des Leibes

Entspannung des Leibes
Ich löse mich, so gut es mir im Moment möglich ist. Ich atme leicht
und frei ein und aus und beobachte, wie mit dem Ausatmen die
Entspannung zunimmt. Während der Atem ausströmt, merke ich,
wie ich mich weiter entspanne. . . .
Jetzt atme ich ein, so daß sich Bauch und Brust geringfügig wölben.
Ich halte den Atem an . . . und lasse Bauch und Brustkorb locker
und den Atem frei ausströmen. Ich spüre die Erleichterung, atme
wieder frei und genieße die Entspannung. . . . Nun spanne ich die
Brustmuskeln so, als ob ich willkürlich einatmen und die Luft
anhalten wollte . . . nun lasse ich den Atem wieder ruhig weiterflie-
ßen. . . . Jetzt stelle ich mir vor, daß ich so tief einatme, daß sich
Bauch und Brust wölben und ich dann den Atem anhalte . . .
genug: die Luft kann wieder frei ausströmen. Ich spüre die Erleich-

terung. Die Entspannung breitet sich weiter aus über meine Schultern, meine Arme, meinen Rücken. . . .

Jetzt hebe ich meine Schultern und halte diese Spannung . . . drücke zusätzlich mein Kinn etwas nach unten gegen die Brust und erlebe das leichte Engegefühl. . . . Nun löse ich die Anspannung und spüre die Befreiung. Die Entspannung breitet sich aus. . . . Nun spanne ich meine Schultern so an, als ob ich die Schultern hochziehen wollte . . . zusätzlich spanne ich meine Hals- und Nackenmuskeln so, als ob ich mein Kinn nach unten gegen die Brust drücken wollte . . . und entspanne. . . . Nun stelle ich mir vor, daß ich die Schultern hochziehe und die Spannung festhalte . . . in Gedanken presse ich mein Kinn gegen die Brust und erlebe das leichte Engegefühl. . . . Nun entspanne ich. Die Entspannung breitet sich weiter aus. . . .

Jetzt drücke ich die Bauchmuskeln allmählich nach außen, bis sie härter werden . . . jetzt ziehe ich meinen Bauch nach innen und erlebe den Spannungswechsel . . . und entspanne wieder. Ich lasse die Muskeln locker und spüre den Unterschied von Anspannung und Entspannung. . . . Nun spanne ich meine Bauchmuskeln so an, als ob ich den Bauch nach außen drücken wollte . . . jetzt spanne ich so an, als ob ich meinen Bauch nach innen ziehen wollte . . . und lasse alle Spannungen los. . . . Jetzt stelle ich mir vor, wie ich den Bauch nach außen drücke und die Bauchmuskeln fest und hart werden . . . Ich wechsle das Spannungserleben, indem ich mich auf das Einziehen des Bauches konzentriere . . . und stelle mich wieder auf reine Entspannung ein. . . . Ich atme wieder normal und leicht und spüre dabei das angenehme Gefühl, das sich in meiner Brust und meinem Bauch ausbreitet. Jedesmal, wenn ich ausatme, spüre ich die rhythmische Entspannung. Ich überlasse mich diesem Gefühl. Alle Spannungen in meinem Körper lockern sich weiter. . . .

Jetzt konzentriere ich mich auf meinen Rücken. Ich wölbe mein Kreuz nach oben und spüre die Spannung in meinem Rücken. . . . Nun lockere ich mich. Mein Oberkörper ist wieder in einer angenehmen Lage, und ich genieße diese Entspannung. . . . Nun spanne ich meine Rückenmuskeln so, als ob ich mein Kreuz nach oben drücken und ein Hohlkreuz machen wollte. . . . Ich löse die Spannung und spüre den Kontrast. . . . Jetzt stelle ich mir vor, daß ich mein Kreuz nach oben wölbe, den Druck verstärke und die Spannungsgefühle erlebe. . . . Jetzt lenke ich meine Aufmerksamkeit wieder auf die Entspannung. . . . Ich lasse die Entspannung sich in

meinen Schultern, meinen Armen und meinem Gesicht weiter aus-
breiten; sie wird tiefer und tiefer....

Bei den Leibübungen haben Sie vielleicht festgestellt, daß der Atem
bei den Anspannungen stockte. Das ist kein Fehler, wenn Sie die
Kontraste von Atemstocken und ruhigem Weiterfließen des Atems
bewußt mitvollziehen. In diesem Fall wird die Atemkontrastübung
zusätzlich zur Leibübung durchgeführt und unterstützt den Entspannungseffekt. Keinesfalls sollten Sie bei Atemstocken willkürlich atmen, weil willkürliches Ein- und Ausatmen eine Atemstö-
rung provoziert.
Sie können die Entspannung nun wie gewohnt fortsetzen: Entweder bleiben Sie noch einige Zeit in der entspannten Ruhesituation
oder stellen sich auf ein Musikstück ein oder aktivieren oder setzen
Ihr Training mit dem nächsten Übungsabschnitt fort.

4. Übungsteil: Entspannung der Beine und der Gesamtperson

Entspannung der Beine und der Gesamtperson
Ich entspanne mich weiter und genieße dieses Gefühl....
Jetzt konzentriere ich meine Aufmerksamkeit auf die Beine. Ich
strecke meine Beine aus und spanne mein Gesäß und meine Ober-
schenkel etwas ... und entspanne. Ich spüre den Unterschied von
Anspannung und Entspannung.... Nun spanne ich meine Bein-
und Gesäßmuskeln so an, als ob ich die Beine ausstrecken und etwas
anheben wollte ... und löse die Spannungen.... Ich stelle mir jetzt
vor, daß ich mein Gesäß und die Muskeln meiner Schenkel fest
anspanne und die Spannung festhalte.... Ich löse das Spannungs-
gefühl und lasse die Entspannung sich weiter ausbreiten....
Nun drücke ich meine Füße und Zehen ein wenig nach unten, weg
vom Gesicht, so daß meine Wadenmuskulatur gespannt wird....
Jetzt beuge ich meine Füße in Richtung auf mein Gesicht, so daß ich
in den Schienbeinen Spannung verspüre ... und lasse meine Füße
locker, entspanne meine Waden, meine Schienbeine, meine Knie,
die Schenkel, das Gesäß, die Hüften.... Jetzt spanne ich meine
Füße und Zehen so an, als ob ich die Füße und Zehen nach unten
drücken wollte ... ich ändere die Spannungsrichtung und spüre den

Spannungsunterschied. . . . Nun löse ich die Anspannung. . . . Nun stelle ich mir vor, daß ich meine Füße und Zehen nach unten presse, weg vom Gesicht, und spüre die Spannung in meiner Wadenmuskulatur. . . . Ich verändere die Spannungsgefühle, indem ich mich auf die Spannung der Zehen in die andere Richtung einstelle . . . und lenke meine Aufmerksamkeit wieder auf meine Entspannung. . . . Nun spanne ich alle Körpermuskeln etwas an und spüre die äußere und innere Spannung. . . . Ich löse die Anspannung der gesamten Muskulatur und nehme die Erleichterung wahr. . . . Jetzt spanne ich alle meine Muskeln willkürlich so an, wie dies unwillentlich in emotionalen Belastungssituationen geschieht. . . . Ich lasse die Anspannung los und nehme mir vor, in künftigen Belastungssituationen ähnlich zu verfahren. . . . Nun stelle ich mir vor, daß alle meine Muskeln und meine ganze Person in Spannung geraten. Ich verstärke dieses Gefühl und spüre die verschiedenen Spannungszustände. . . . Ich beende diese Vorstellung und denke jetzt nicht mehr an Spannung, sondern richte meine Gedanken nur noch auf Entspannung. . . . Die Entspannung dehnt sich aus über meinen Bauch und über meinen Rücken. Sie breitet sich in meinen Beinen, in meinen Armen aus. Meine Schultern und meine Kopfmuskeln lokkern sich weiter. Ich bin locker und tief entspannt. . . . Ich versichere mich, daß sich in meinem Nacken, in meiner Kehle, in meinem Gesicht keine Spannung mehr befindet. . . . Mein Atem fließt frei und ruhig. . . . Ich bemerke ein leichtes Schweregefühl und zunehmende Gelassenheit. Farbgebilde vor meinem inneren Auge verstärken die Gelöstheit und lassen die Entspannung noch tiefer werden. . . . Ich erlebe die umfassende Einheit von Seele und Körper. Ich lasse die Entspannung fortbestehen und spüre, wie schwer und ruhig ich bin. . . . Mit einem Nebengedanken denke ich an die große Mühe, die es bedeuten würde, wenn ich den rechten Arm heben sollte. . . . Ich lenke meine Aufmerksamkeit wieder auf die tiefe Entspannung meiner Person und bleibe weiterhin vollkommen entspannt.

Ich möchte jetzt die Übungen beenden, zähle in Gedanken 4 – 3 – 2 – 1 – 0 und nehme das Schweregefühl zurück. Ich fühle mich gelassen, erfrischt und angenehm ruhig.

Die Aktivierung zum Schluß der Übungen soll nur dann durchgeführt werden, wenn Sie nach den Übungen wieder aktiv und munter sein wollen. Die Art und Weise der Aktivierung soll von jetzt ab Ihnen selbst überlassen sein. Sie können weiterhin so aktivieren, wie es auf Seiten 59–60 beschrieben ist, oder eine andere Form wählen: Sie brauchen nicht die Arme zu strecken, Sie können auch den Rumpf oder den ganzen Körper strecken. Sie können auch die Spannung so von innen kommen lassen, als ob Sie sich strecken und recken wollten. Sie können sich das gleiche auch vorstellen oder die Aktivierung ganz weglassen.

Die Aktivierung hat ja vor allem den Sinn, die zunehmende Müdigkeit, die bei tiefergehender Entspannung zustande kommt, wieder rückgängig zu machen.

Wenn Sie in Belastungssituationen kurzzeitige Entspannungs-Übungen durchführen, wird das jeweilige Spannungsniveau ein Stück gesenkt; die Entspannung wird nicht so tief gehen, daß Schläfrigkeitsgefühle auftreten, so daß die Aktivierung zum Abschluß nicht notwendig ist.

Sie können jetzt die letzte Übung noch einmal wiederholen, Ruhe erleben oder sich auf eines der Musikstücke einstellen, die im folgenden besprochen werden.

Ergänzungsübungen: Entspannung mit Musik

Beim Entspannungs-Training für Fortgeschrittene können dieselben Musikstücke verwendet werden wie beim Grundtraining, wenn Sie die Übungen lediglich in Ruhesituationen durchführen wollen. Die vorgeschlagene Musik für das Fortgeschrittenentraining wendet sich an die Fortgeschrittenen und stellt ihre Entspannungsfähigkeit stellenweise auf die Probe. Die vorgeschlagenen Musikstücke sind nämlich etwas aktiver und dynamischer, mit deutlich erkennbaren Lautstärke- und Tonhöhenschwankungen. Trotzdem soll diese Musik Sie nicht erregen oder aktivieren. Sie können den Effekt einmal ausprobieren, indem Sie nach einer Entspannungs-Übung eines der im folgenden vorgeschlagenen Musikstücke einspielen und innerlich mitvollziehen.

»Klassische Musik«
Johann Sebastian Bach/Charles Gounod: Ave Maria
Franz Schubert: Impromptu As-Dur, op. 142 und B-Dur
Ludwig van Beethoven: Für Elise, Albumblatt a-Moll

Edvard Grieg: Solveigs Lied (aus Peer Gynt Suite)
Franz Liszt: Liebestraum, Nr. 3, As-dur, op. 62
Serge Rachmaninoff: Prélude D-dur, op. 23 Nr. 4
George Gershwin: Summertime (aus Porgy and Bess)

»Volksweisen«
Guten Abend, gute Nacht (dtsch.)
Londonderry Air (engl.)
Now is the hour (engl.)
Abendglocken (russ.)

»Unterhaltungsmusik«
Georges Moustaki: Rien n'a changé (Polydor 2393048)
Leonard Cohen: Suzanne (Columbia S 95 33)
Cat Stevens: Morning has broken (Island ILPS 19154)
Georges Moustaki: En Méditerranée (Polydor 2393019)
John Denver: Annies Song (RCA LSA 3211/12)
Juliette Gréco: Sur l'arbre mort (Philips 880.587)
Paul Simon: Bridge over troubled water (CBS 69003)
Aretha Franklin: Somewhere and Angel (Atlantic D 7265)
Deep Purple: Mood Indigo (Harvest)
Moody Blues: Nights in white satin (Threshold)
Count Basie: Duet (Roulette VR 56012)
Esther Ofarim: What have they done to the rain (Discoton 74197)
Joan Baez: On the Banks of Ohio (Roulette BJ 1544)
Auf der Toncassette für Fortgeschrittene (vgl. Seite 49) werden
folgende Musikstücke verwendet: Milva: Die Gedanken sind frei.
Leonard Cohen: Suzanne. Georges Moustaki: En Méditerranée.
Cat Stevens: Morning has broken.

Ihre Entspannungsfähigkeit sollte inzwischen so gut sein, daß die
Dynamik in der Musik Sie nicht mehr aus der Ruhe bringen kann.
Sollte die Musik Sie nach der zweiten oder dritten Darbietung
immer noch beunruhigen, mögen Sie entweder die Art der eingespielten Musik überhaupt nicht oder Sie sind in das Grundtraining
noch nicht genügend eingeübt. Im ersten Fall werden Sie andere
Musik verwenden, im zweiten Fall das Grundtraining intensi-
vieren.
Es gibt natürlich viele ungeeignete Musikstücke, auch und gerade
von den hier genannten Komponisten und Interpreten. Im Zwei-

felsfall können Sie selbst ausprobieren, ob es Ihnen gelingt, bei der gerade eingespielten Musik zu entspannen.

In den meisten Fällen liegt es nicht an der Art der Musik, wenn die Fortgeschrittenenübungen noch nicht den gewünschten Entspannungseffekt erbringen. Die häufigste Klippe liegt in der Schwierigkeit, von der willkürlichen Muskelan- und entspannung auf die unwillkürliche überzugehen. Manche sagen: »Da spüre ich gar nichts . . .«, ärgern sich vielleicht darüber und kommen nicht in den bereits gewohnten Entspannungszustand hinein. Denken Sie daran: Das Training auf der Vorstellungsebene ist etwas qualitativ Neues und bedarf einiger Wochen Einübungszeit, wobei die Entspannungswahrnehmungen wegen der geringeren Spannungskontraste zusätzlich geringer sein werden.

Das Entspannungs-Training für Fortgeschrittene hat ja neben der tieferen Entspannungsmöglichkeit auf der Vorstellungsebene das Hauptziel, die Entspannungs-Übungen später in praktisch allen Situationen anwenden und einsetzen zu können.

Die Musikstücke erfüllen verschiedene Funktionen. Sie wirken beruhigend, vertiefen die Entspannung und können zusätzlich zu den Entspannungs-Übungen das Prinzip der Tiefmuskel-Entspannung auf musikalischer Ebene zur Geltung bringen. Die Voraussetzungen dafür haben Sie bereits geschaffen, indem Sie schon einige Male Musik im Entspannungszusammenhang erlebt und innerlich mitvollzogen haben. Vielleicht haben Sie dabei bereits innere Spannungsveränderungen bemerkt, wenn Tonhöhen oder Lautstärken sich veränderten? Dies ist ganz natürlich, wenn Sie sich voll auf Musikstücke einstellen. Sie kennen diese Effekte von dramatischen, pathetischen oder feierlichen Symphonien, Opern oder Liedern. Ein Mitgehen mit der Musik kann zur Spannungslösung beitragen, wenn sich nach musikalischen Höhepunkten die Spannung in ruhigeren und weniger dynamischen Passagen wieder lösen kann.

Im Rahmen des Tiefmuskel-Entspannungs-Trainings können Sie die Spannungseffekte, die durch Musik hervorgerufen werden, systematisch und bewußt einsetzen. Sobald in einem Musikstück die Lautstärke oder die Dynamik ansteigt, wird dieses »Nach-oben-gehen« als willkürliche Muskelanspannung mitvollzogen und festgehalten. Mit dem Absinken der Lautstärke oder Dynamik lassen Sie die willkürliche Muskelanspannung wieder absinken.

Im Idealfall soll die Anspannungsphase, wie von den Entspannungs-Übungen her bekannt, rund 10 Sekunden dauern. Es gibt jedoch kein Musikstück, welches diese Bedingungen durchgängig erfüllt; wahrscheinlich wäre ein solches Musikstück auch zu eintönig.

Ich habe bei der Auswahl der Musik auch darauf geachtet, möglichst melodische und bekannte Musikstücke auszuwählen, damit Sie die Melodie mit innerer Beteiligung mitvollziehen können. Natürlich läßt sich über musikalischen Geschmack nicht mit Erfolgsaussichten streiten. Deshalb habe ich mich bemüht, möglichst viele Geschmacksrichtungen zu berücksichtigen. Ich möchte Ihnen damit Anregungen geben und gleichzeitig zeigen, daß sogar Soul- oder Jazzmusik im Entspannungszusammenhang verwendet werden kann. Ihnen bekannte Musikstücke haben den Vorteil, daß Sie die Musik gleich einsetzen können und sich nicht zunächst einzuhören brauchen. Es kommt allerdings nicht jedes Musikstück in Frage. Beethovens Symphonien sind, abgesehen von einigen kurzen Passagen, sicher ungeeignet – ebenso viele Stücke der oben genannten Komponisten, Sänger und Gruppen. So zeichnen die Stücke »Question« von Moody Blues oder »Sweet child in time« von Deep Purple sich durch Melodik und Dynamik aus; sie geben aber zu wenig Raum, die aufgebaute Spannung wieder abzubauen. Auch ein länger gezogener musikalischer Bogen sollte wenigstens die Möglichkeit bieten, die Anspannung nach rund 10 Sekunden kurzzeitig loszulassen, um dann erneut in die Anspannung hineinzugehen usw.

Jedes Musikstück hat einige geeignete Stellen, die zur Unterstützung des Entspannungs-Trainings genutzt werden können. Ich möchte Sie dazu ermuntern und ermutigen, in Zukunft Dynamikschwankungen, die Sie in irgendwelchen Musikstücken im Radio, im Fernsehen, im Konzert oder auf einer Schallplatte hören, anspannend und entspannend mitzuvollziehen. In der Praxis braucht dies nicht längere Zeit in Anspruch zu nehmen. Es reicht schon aus, wenn Sie nur eine einzige Tonhöhen- oder Lautstärkenveränderung mitvollziehen. Selbst sekundenweise Einstellung auf das TE-Prinzip bringt positive Effekte und macht das Training und den momentanen Entspannungszustand bewußtseinsnäher. Die musikgeleiteten Übungen können Sie entweder auf der muskulär-willkürlichen oder auf der vorstellungsmäßigen Ebene durchführen. Sobald Ihnen bei diesen kurzzeitigen Einstellungen auf die Entspannungs-Übungen vorhandene muskuläre oder innere Anspannungen deutlicher werden, können Sie das dabei gehörte Musikstück zum weiteren Spannungsabbau benutzen. Sie können die Übungen auch ohne musikalische Führung aus dem Gedächtnis durchführen oder einen Zeitpunkt auswählen, zu dem Sie sich ausführlicher dem Training und Ihrer Entspannung widmen wollen.

Sie können sich bei Ihren Entspannungs-Übungen auch von dem ruhegetönten Bild einer Landschaft oder eines Flusses leiten lassen. Musikstücke wie »Morgenstimmung« von E. Grieg oder »Die Moldau« von F. Smetana können die Entspannung unterstützen.

Ich hoffe und wünsche Ihnen, daß Sie sich in Zukunft beim Hören irgendeines Musikstückes mitunter an Ihr Entspannungs-Training erinnern, daß Sie das Auf-und-Ab in der Musik muskulär-willkürlich oder vorstellungsmäßig mitvollziehen, die positiven Effekte spüren und Ihnen in Ihrem Leben sowohl Spannung als auch Entspannung bewußter werden.

Ergebnisse des Entspannungs-Trainings

Zur Überprüfung Ihrer bisherigen Entspannungs-Fortschritte können Sie den folgenden Fragebogen verwenden. Füllen Sie ihn rund zwei Wochen nach Trainingsbeginn möglichst spontan aus, ohne lange über die Antworten nachzudenken. Da Sie den Fragebogen später noch einmal ausfüllen sollen, empfiehlt es sich, vor dem Ankreuzen Kopien zu machen.

Diese Liste der Leiden und Beschwerden entstammt dem Spannungsfragebogen auf Seite 40. Sie können Ihre Ergebnisse mit der früheren Liste vergleichen bzw. den Spannungsfragebogen auf Seite 40 noch einmal dem momentanen Stand entsprechend ausfüllen und die Ergebnisse miteinander vergleichen.

Das gleiche empfiehlt sich für den Streßfragebogen auf Seite 47 und für den Fragebogen zur Eigenaktivität und Selbststeuerung auf Seite 52.

Sie dürfen sich freuen, wenn die Punktwerte in den ersten beiden Fragebögen abgenommen und im letzten Bogen zugenommen haben. Die eventuell neuen Bewertungen finden Sie jeweils hinter den Fragebögen. Dort finden Sie auch Hinweise auf das, was Sie in der nächsten Zeit für einen umfassenden Erfolg noch tun können.

Nach etwa 3½ Monaten können Sie sich diese Fragebögen nochmals vornehmen, die Ergebnisse miteinander vergleichen und Ihre
weiteren Schritte aus dem jeweiligen Ergebnis ableiten.

1. Nacherhebung nach 2 Wochen – Datum:

2. Nacherhebung nach 4 Monaten – Datum:

3. Nacherhebung nach 1 Jahr – Datum:

Seit wann üben Sie das Tiefmuskel-Entspannungs-Training
(TE)? Seit . . . Wochen/Mon.
Sind Ihre Erwartungen erfüllt worden? ja ( ); bedingt ( );
nein ( ).
Wie oft haben Sie geübt? Regelmäßig ( ); anfangs regelmä-
ßig, jetzt unregelmäßig ( ); unregelmäßig ( ); selten ( );
gar nicht ( ).
Benutzen Sie eine Tonanleitung? ja ( ); nein ( ); wie oft?
. . . x wöchentlich.
Können Sie das Gelernte in Belastungssituationen bereits
anwenden? ja ( ); bedingt ( ); nein ( ).
Womit kommen Sie beim Trainieren noch nicht zurecht?
. . .

	meistens	manchmal	nein
Spüren Sie bei den Übungen eine			
Schwereempfindung . .	( )	( )	( )
Wärmeempfindung. . .	( )	( )	( )
Kribbeln oder Prickeln.	( )	( )	( )
Müdigkeit	( )	( )	( )
Gelöstheit	( )	( )	( )
Anderes.	( )	( )	( )

Welche der folgenden Leiden/Beschwerden haben sich seit Trainingsbeginn

	sehr gebessert	etwas gebessert	nicht gebessert
1. Innere Unruhe	( )	( )	( )
2. Reizbarkeit/Nervosität	( )	( )	( )
3. Einschlafschwierigkeiten	( )	( )	( )
4. Durchschlafprobleme	( )	( )	( )
5. Starkes Schlafbedürfnis	( )	( )	( )
6. Mattigkeit/Schwächegefühl	( )	( )	( )
7. Abgespanntheit	( )	( )	( )
8. Muskelverspannungen	( )	( )	( )
9. Kreuz-/Rückenschmerzen	( )	( )	( )
10. Zittrigkeit	( )	( )	( )
11. Konzentrationsprobleme	( )	( )	( )
12. Aufsteigende Hitze	( )	( )	( )
13. Schweißausbrüche	( )	( )	( )
14. Schwindelgefühle	( )	( )	( )
15. Kopfschmerzen	( )	( )	( )
16. Echte Migräne	( )	( )	( )
17. Berufliche Sorgen	( )	( )	( )
18. Private Sorgen	( )	( )	( )
19. Seelische Konflikte	( )	( )	( )
20. Angstgefühle	( )	( )	( )
21. Schwere Träume	( )	( )	( )
22. Krampfhaftes Weinen	( )	( )	( )
23. Beklemmungsgefühle	( )	( )	( )
24. Kloß-/Würgegefühl	( )	( )	( )
25. Übelkeit	( )	( )	( )
26. Herzschmerzen	( )	( )	( )
27. Herzjagen/Herzstolpern	( )	( )	( )
28. Kreislaufbeschwerden	( )	( )	( )
29. Kalte Hände/Füße	( )	( )	( )
30. Magenbeschwerden	( )	( )	( )
31. Verdauungsbeschwerden	( )	( )	( )
32. Atembeschwerden	( )	( )	( )
33. Grübeln über die Krankheit	( )	( )	( )

Der Autor führt in der Rehabilitationsklinik der BfA in Bad Salzuflen regelmäßig Kurse im Tiefmuskel-Entspannungs-Training durch. Die Kurse dauern 2 Wochen für das Grundtraining. Das Fortgeschrittenentraining schließt sich an. Nach 2 Wochen füllen die Teilnehmer bereits den 1. Nachbefragungsbogen aus, der dem auf den Seiten 127–128 abgedruckten entspricht. Die nachfolgenden Auswertungsergebnisse sind das Resultat einer Begleituntersuchung, die im Jahre 1978 durchgeführt wurde. Für die Auswertungsarbeit gebührt meiner Mitarbeiterin, Frau D. Schirmacher, besonderer Dank. An dieser Stelle möchte ich auch meiner Kollegin, Frau M. Trappe, für ihre wertvollen Hinweise bei der Erstellung dieses Buches danken.

Bei den Untersuchungsergebnissen sind alle Klienten berücksichtigt worden, die den Kursus abgeschlossen haben. Die Stichprobengröße betrug 200. Die Rücklaufquote bei der 1. Nachbefragung betrug fast 100%, bei der 2. Nachbefragung rund 84% und bei der 3. Nachbefragung rund 62%. Hier die Resultate im einzelnen:

Ergebnisse der 1. Nachbefragung
(2 Wochen nach Trainingsbeginn)
Übungshäufigkeit: regelmäßig: 65,5%; unregelmäßig: 29,5%; selten: 4,5%; anderes: 0,5%.

	meistens	manchmal	nein	keine Ang.
Spüren von				
Schwereempfindung	44%	32%	9%	15%
Wärmeempfindung	29%	27%	24%	20%
Kribbeln oder Prickeln	20%	30%	27%	23%
Müdigkeit	51%	28%	9%	12%
Gelöstheit	58%	25%	7%	10%

Die Veränderungen der psychovegetativen Störungen beim Tiefmuskel-Entspannungs-Training möchte ich mit denjenigen beim bislang bekannteren Autogenen Training vergleichen. Um der Vergleichbarkeit willen habe ich die gleiche Liste gewählt, die ich im Jahre 1975 bei den Nacherhebungen zum Autogenen Training bei 420 Klienten verwendet habe. Diese Liste ist etwas kürzer als der hier verwendete Spannungsfragebogen, die meisten Beschwerden

werden Sie jedoch wiederfinden. Die Besserungsquoten sind in Prozent derjenigen Klienten angegeben, die unter der jeweiligen Störung litten. Die Ergebnisse sind für das Tiefmuskel-Entspannungs-Training (TE) und das Autogene Training (AT) jeweils nebeneinander aufgeführt.

	sehr gebessert		etwas gebessert		gebessert (Zusammenf. von sehr u. etwas geb.)	
	TE	AT	TE	AT	TE	AT
1. Reizbarkeit	29%	21%	49%	42%	78%	63%
2. Nervosität	23%	21%	53%	41%	76%	62%
3. Schlafstörungen	17%	16%	31%	36%	48%	52%
4. Abgespanntheit	37%	21%	37%	36%	74%	57%
5. Muskelverspann.	29%	18%	49%	40%	78%	58%
6. Innere Unruhe	22%	24%	47%	38%	69%	62%
7. Aufsteigende Hitze	28%	17%	34%	31%	62%	48%
8. Schweißausbrüche	20%	15%	37%	27%	57%	42%
9. Schwindelgefühle	16%	17%	43%	29%	59%	46%
10. Zittrigkeit	21%	18%	42%	34%	63%	52%
11. Kopfschmerzen	39%	24%	31%	26%	70%	50%
12. Mattigkeit	21%	10%	43%	36%	64%	46%
13. Konzentr.schw.	9%	7%	50%	32%	59%	39%
14. Beklemm.gefühle	18%	16%	53%	37%	71%	53%
15. Sorgen/Konflikte	14%	11%	46%	31%	60%	42%
16. Angstzustände	30%	17%	44%	38%	74%	55%
17. Weinen	37%	24%	34%	33%	71%	57%
18. Kloßgefühl	37%	12%	32%	25%	69%	37%
19. Herzbeschwerden	22%	17%	39%	29%	61%	46%
20. Kreislaufbeschw.	23%	15%	41%	31%	64%	46%
21. Magenbeschw.	48%	15%	26%	35%	74%	50%
22. Verdauungsbeschw.	23%	9%	28%	15%	51%	24%
23. Atembeschwerden	27%	19%	39%	31%	66%	50%

Wie Sie sehen, ist das Tiefmuskel-Entspannungs-Training dem Autogenen Training 2 Wochen nach Trainingsbeginn in fast allen Punkten überlegen. Dieses Ergebnis darf jedoch nicht überbewertet werden; die Anlaufschwierigkeiten beim Autogenen Training sind nämlich größer als beim Tiefmuskel-Entspannungs-Training. Bei der 2. Nachbefragung (4 Monate nach Trainingsbeginn) sehen die Ergebnisse dann erwartungsgemäß zugunsten des Autogenen Trainings verändert aus: Die Besserung der psychovegetativen Beschwerden bei den autogen trainierten Klienten hat die Besserungen bei der TE-Gruppe übertroffen. Die Übungshäufigkeit ist bei der TE-Gruppe geringer als bei der AT-Gruppe.

Diese Ergebnisse legen die Vermutung nahe, daß die TE-Trainierenden die Erfolge am Anfang des Kursus leicht errangen, aber das Gelernte bald wieder versandete. Dies kann leicht passieren, wenn TE nur als mechanische Entspannungsmöglichkeit gesehen wird, die man wie ein Modeschmuckstück beiseite legen kann. Weitere Besserungen der psychovegetativen Störungen kamen nicht zustande, und die wichtigsten Entspannungswahrnehmungen sind rückläufig.

Es sollte allerdings beachtet werden, daß bereits nach 2 Wochen ein außerordentlich gutes Ergebnis erreicht wird. Was die Entspannungswahrnehmungen anbelangt, ist deren Rückgang teilweise damit zu erklären, daß die tatsächlichen und auch die provozierten Spannungskontraste im Verlauf des Trainings abnehmen. Sie erinnern sich an die Gesetzmäßigkeit für Körperwahrnehmungen: Je größer der Kontrast, um so intensiver ist die Empfindung. Je geringer der Kontrast mit zunehmender Entspannung wird, um so geringer werden die Empfindungen.

Ergebnisse der 3. Nachbefragung
(1 Jahr nach Trainingsbeginn)
Übungshäufigkeit: regelmäßig: 14%; anfangs regelmäßig, jetzt unregelmäßig: 46%; unregelmäßig: 20%; selten: 19%, gar nicht: 1%.

	meistens	manchmal	nein	k. Ang.
Spüren von				
Schwereempfindung	38%	26%	31%	5%
Wärmeempfindung	25%	24%	40%	11%

	meistens	manchmal	nein	k. Ang.
Kribbeln od. Prickeln	15%	21%	51%	13%
Müdigkeit	39%	35%	17%	9%
Gelöstheit	50%	31%	18%	1%

Zum Abschluß der statistischen Ausführungen folgt nun eine vergleichende Zusammenstellung der Symptombesserungen in einer Rangreihe:

	gebessert (2 Wochen nach Kursusbeginn)		gebessert (4 Monate nach Kursusbeginn)		gebessert (1 Jahr nach Kursusbeginn)	
	TE	AT	TE	AT	TE	AT
1. Reizbarkeit	78%	63%	74%	82%	74%	88%
2. Muskelverspann.	78%	58%	77%	71%	66%	81%
3. Nervosität	76%	62%	69%	84%	66%	88%
4. Magenbeschwerden	74%	50%	75%	69%	67%	87%
5. Angstzustände	74%	55%	72%	72%	63%	89%
6. Abgespanntheit	74%	57%	69%	73%	60%	83%
7. Weinen	71%	57%	74%	84%	77%	88%
8. Beklemm.gefühle	71%	53%	71%	68%	63%	89%
9. Kopfschmerzen	70%	50%	68%	67%	69%	84%
10. Kloßgefühl	69%	37%	71%	69%	76%	89%
11. Innere Unruhe	69%	62%	68%	82%	61%	85%
12. Atembeschwerden	66%	50%	64%	72%	59%	89%
13. Mattigkeit	64%	57%	62%	61%	55%	77%
14. Kreislaufbeschw.	64%	46%	66%	60%	50%	72%
15. Zittrigkeit	63%	52%	69%	73%	65%	88%
16. Aufsteig. Hitze	62%	48%	66%	71%	65%	84%
17. Herzbeschwerden	61%	46%	64%	63%	53%	72%
18. Sorgen/Konflikte	60%	42%	55%	69%	59%	78%
19. Konzentrat.schw.	59%	39%	68%	59%	59%	81%
20. Schwindelgef.	59%	46%	67%	70%	56%	79%
21. Schweißausbr.	57%	42%	68%	65%	60%	84%
22. Verdauungsbeschw.	51%	24%	57%	46%	66%	70%
23. Schlafstörungen	48%	52%	68%	78%	65%	82%
Durchschnittliche Besserungen:	66%	50%	68%	70%	63%	83%

Da nach wissenschaftlichen Untersuchungen auch Rehabilitations-kuren zur allgemeinen Entspannung beitragen, ohne daß ein geziel-tes Entspannungs-Training erlernt wird, haben wir auch diesen Effekt bei Klienten untersucht, die am Entspannungs-Training teil-nehmen sollten, bei denen das aber wegen Abwesenheit des Psy-chotherapeuten nicht möglich war. Die zusammenfassenden Ergebnisse dieser Kontrollgruppe sind zusammen mit den Ver-gleichszahlen des Tiefmuskel-Entspannungs-Trainings und des Autogenen Trainings wiedergegeben (siehe Abb. 38).
Bei den Anfangserfolgen spielt der allgemeine Kureffekt eine wich-tige Rolle. Auffallend ist die anfängliche Spitzenstellung der TE-Gruppe und das Stagnieren der Symptomverbesserungen. Die AT-Gruppe nimmt am Anfang eine Mittelstellung ein und zeigt zu jedem späteren Überprüfungszeitpunkt beachtenswerte Fort-schritte.

Symptomver-änderungen im Durch-schnitt Therapiegruppe	»gebessert« nach 2 Wochen	»gebessert« nach 4 Monaten	»gebessert« nach 1 Jahr
Tiefmuskel-Entspannungs-Training	66%	68%	63%
Autogenes Training	50%	70%	83%
Kontrollgruppe (Rehabilitations-Kur)	42%	41%	37%

Abb. 38: Besserungen von psychovegetativen Störungen

Diese weiteren Fortschritte, die die autogen Trainierten zu verzeichnen haben, hängen zum einen mit der größeren Übungskonsequenz und zum anderen mit der zunehmenden Selbstverantwortung zusammen, die diese Menschen im Zusammenhang mit dem psychosomatischen Seminar für Autogenes Training erlernt haben. Die psychosomatischen, ganzheitlichen und selbstverantwortlichen Gesichtspunkte wurden zum Zeitpunkt der Datenerhebung bei der TE-Gruppe noch nicht besonders beachtet. Die hier referierten Untersuchungsergebnisse weisen allerdings auf die Notwendigkeit dieser Ergänzung hin. Im vorliegenden Text habe ich mich besonders im Einführungskapitel um eine grundlegende, umfassende Absicherung und Ergänzung des Entspannungs-Trainings bemüht. Das Ziel ist neben der Symptomverbesserung das Aufarbeiten der Spannungsursachen. Danach sind auch weitere Symptomverbesserungen möglich.

Kurzfassung des Entspannungs-Trainings

Wenn Sie die Entspannungs-Übungen aus dem Gedächtnis heraus durchführen, sind Sie in der Reihenfolge und Kombination der Übungen völlig frei. Auch die Art und Weise der An- und Entspannung können Sie je nach Situation frei wählen.

Es folgt nun eine Kurzfassung zur Durchführung der Übungen auf der Vorstellungsebene. Diese Anleitung kann Ihnen auch als Muster zur Durchführung der Übungen auf einer der muskulär-willkürlichen Ebenen dienen.

Tiefmuskel-Entspannung auf der Vorstellungsebene

Entspannung der Arme

Ich lockere jetzt meine Schulter- und Armmuskeln, so gut es im Moment möglich ist. . . .

Ich stelle mir nur vor, daß ich meine Hände zu Fäusten schließe, ohne dies aktiv zu tun. Ich spüre die innere Spannung . . . und entspanne wieder. . . .

Nun stelle ich mir vor, daß ich die Ellenbogen beuge und die Arme spanne. Ich achte auf meine Empfindungen. . . . Nun löse ich die innere Spannung wieder. Ich entspanne meine Arme und erlebe die wohltuende Erleichterung. . . .

Jetzt stelle ich mir vor, daß ich meine Hände und Arme nach unten drücke und die zunehmende Spannung spüre. . . . Nun entspanne ich wieder und erlebe den Unterschied. . . .

Die Entspannung breitet sich weiter aus. . . .

Entspannung von Gesicht und Schultern

Ich konzentriere mich auf mein Gesicht und stelle mir vor, daß ich die Augenbrauen anhebe und meine Stirn sich in Falten legt. . . . Nun wechsle ich die Spannungsrichtung, indem ich in Gedanken die Augenbrauen nach unten ziehe. . . . Ich höre mit dieser Vorstellung auf und stelle mich auf die Entspannung meiner Stirn und Augenbrauen ein. . . .

Diesmal stelle ich mir vor, daß ich die Augen zusammendrücke . . . lasse die Spannungsgefühle auf die Stirn übergehen . . . höre mit diesem Gedanken auf und erlebe die sich ausbreitende Entspannung. . . .

Nun stelle ich mir vor, daß ich die Kiefer gegeneinanderpresse und den Druck spüre. . . . Ich dehne die Spannungsgefühle auf die Lippen aus. . . . Jetzt lenke ich meine Gedanken in die andere Richtung und stelle mich auf wohltuende Entspannung ein. . . .
Jetzt stelle ich mir vor, daß ich meinen Kopf nach hinten drücke . . . daß ich den Kopf nach rechts drücke und den Wechsel der Spannungsgefühle erlebe . . . Ich stelle mir vor, daß ich den Kopf nach links drücke, und spüre, wie die Spannung wieder wechselt. . . . Nun stelle ich mich wieder auf Entspannung ein und erlebe die Entlastung. . . .
Ich lasse die Entspannung sich weiter ausbreiten. . . .

Entspannung der Atmung und des Leibes

Ich stelle mich auf meine Atmung ein und erlebe das momentane Aus- und Einatmen. Ich beachte besonders das Ausatmen und spüre die kurze Entspannung, wenn der Atem ausströmt. . . .
Jetzt stelle ich mir vor, ich atme so tief ein, daß Bauch und Brust sich wölben . . . ich den Atem anhalte . . . und die Luft wieder frei ausströmen kann. Die Entspannung breitet sich wieder aus. . . .
Nun stelle ich mir vor, daß ich die Schultern hochziehe und die Spannung festhalte . . . in Gedanken presse ich mein Kinn gegen die Brust und erlebe das leichte Engegefühl. . . . Nun entspanne ich und spüre die Befreiung. . . .
Jetzt stelle ich mir vor, daß ich den Bauch nach außen drücke und die Bauchmuskeln fest und hart werden . . . Ich wechsle das Spannungserleben, indem ich mich auf das Einziehen des Bauches konzentriere . . . und stelle mich wieder auf die Entspannung ein. Beim Ausatmen spüre ich die rhythmische Zunahme der Entspannung. . . .
Jetzt stelle ich mir vor, daß ich mein Kreuz nach oben wölbe, den Druck verstärke und die Spannungsgefühle erlebe. . . . Jetzt lenke ich meine Aufmerksamkeit wieder auf die Entspannung, die sich weiter ausbreitet. . . .

Entspannung der Beine und der Gesamtperson

Ich lenke meine Aufmerksamkeit zu meinen Beinen und stelle mir vor, daß ich mein Gesäß und die Muskeln meiner Schenkel fest

anspanne und die Spannung festhalte. . . . Ich löse das Spannungs-
gefühl und lasse die Entspannung sich ausbreiten. . . .
Nun stelle ich mir vor, daß ich meine Füße und Zehen nach unten
presse, weg vom Gesicht, und spüre die Spannung in meiner
Wadenmuskulatur. . . . Ich verändere die Spannungsgefühle, indem
ich mich auf die Spannung der Zehen in die andere Richtung ein-
stelle . . . und löse die Anspannung. . . .
Nun stelle ich mir vor, daß alle meine Muskeln und meine ganze
Person in Spannung geraten. Ich verstärke dieses Gefühl und spüre
die verschiedenen Spannungszustände. . . . Ich beende diese Vor-
stellung und denke jetzt nicht mehr an Spannung, sondern richte
meine Gedanken wieder auf wohltuende Entspannung. . . .
Die Entspannung breitet sich schrittweise in meinem ganzen Körper
aus; ich nehme die einzelnen Entspannungsgefühle bewußt wahr.
. . .

Falls eine tiefergehende Entspannung mit Schwere- oder Müdig-
keitsgefühl zustande gekommen ist, aktivieren Sie wie gewohnt.
Wenn Sie die Übungen in aktuellen Belastungssituationen einsetzen, wird das jeweilige Spannungsniveau nur ein Stück gesenkt.
Normalerweise ist die Entspannung dann nicht so tief, daß Sie
anschließend aktivieren müssen.
Im Alltag können Sie auch einzelne Übungen kurzzeitig durchführen. Es empfiehlt sich die Auswahl derjenigen Bereiche, in denen
Sie gerade Spannungen verspüren. Sie können dann die bereits vorhandene Verspannung auf der gewünschten Ebene kurz verstärken
und dann loslassen.
Nach wenigen Trainingswochen können Sie die eingeübte Entspannung bereits vor bzw. in emotional belastenden Situationen
hervorrufen. Gehen Sie pragmatisch vor und wählen Sie jeweils die
Vorgehensweisen, mit denen Sie zu den besten Entspannungser-
gebnissen kommen.

Entspannungs-Training und systematischer Angstabbau

Die Ursachen von Spannungen sind häufig in zugrundeliegenden Ängsten zu finden. Ängste führen zu Spannungen und ernsten psychischen sowie körperlichen Störungen. Der Spannungszusammenhang zeigt die Bedeutung eines Entspannungs-Trainings beim Abbau von Ängsten. Das Tiefmuskel-Entspannungs-Training spielt bei dem hier erläuterten verhaltenstherapeutischen Programm eine entscheidende Rolle.

Bevor ich Ihnen dieses Programm zum Abbau von gelernten Ängsten (Phobien) vorstelle, möchte ich noch einige grundlegende Erläuterungen zum Phänomen Angst voranstellen.

Erscheinungsformen der Angst

Die Angstfähigkeit ist eine wichtige Eigenschaft des Menschen, die als Grundausstattung durchaus positiv zu sehen ist. Was ist Angst und welchen Sinn hat sie?

Angst hängt mit Enge zusammen, wie die lateinischen Worte Angustus und Angina zeigen; das griechische Wort Angchein bedeutet Würgen und macht den Gefühlsaspekt der Engewahrnehmung bzw. der Angst deutlich.

Vom Gefühl her gesehen ist Angst gleichbedeutend mit dem Erleben von Bedrohung. Wenn der Betroffene keine geeigneten Reaktionen findet, kommen Hilflosigkeitsgefühle und Panik hinzu, wodurch körperliche Fehlreaktionen zustande kommen und die Handlungsfähigkeit weiter behindert wird.

Angst macht sich außer im Gefühlsbereich auch körperlich bemerkbar: es kommt zur Aktivierung im Hormonhaushalt und zur Spannungssteigerung im vegetativen Nervensystem, wodurch

u. a. Herzschlag, Atemfrequenz, Stoffwechsel beschleunigt und die Muskeln angespannt werden (vgl. S. 34).

In Gefahrsituationen ist diese Aktivierung sehr sinnvoll, um sich der Gefahr körperlich stellen zu können. Neben der Optimierung des Aktivitätsniveaus werden auch die Wahrnehmungsmöglichkeiten verstärkt, was z. B. im Straßenverkehr von Bedeutung ist.

Die körperliche Aktivierung eröffnet die Möglichkeit, mit Angriff oder Flucht zu reagieren, was für die Menschen in der Steinzeit sicher wichtiger war als für den Zivilisationsmenschen. Für den heutigen Menschen sind die biophysischen Aktivierungen sogar schädlich, wenn die aufgebauten Energiereserven nicht durch körperliche Betätigung wieder abgebaut werden. Bei stärker werdender Angst verschärft sich das Bild: Es werden noch mehr nicht benötigte Aktivitätspotentiale bereitgestellt, aber die Reaktions- und Handlungsmöglichkeiten nehmen ständig ab. Eine optimale Handlungsfähigkeit besteht bei leichter Angstspannung. (Vgl. Abb. 39.)

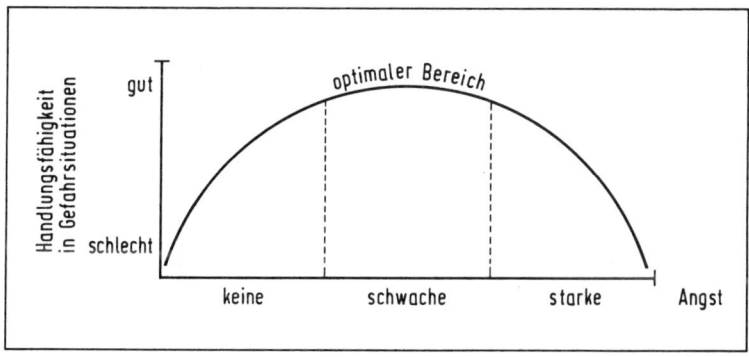

Abb. 39: Angststärke und Handlungsfähigkeit

Bei stärkerer Angst kommt es zum Energiestau und zur Handlungsblockade. Bei extremer oder chronischer Angst brechen die psychosomatischen »Sicherheitsventile« und es werden Bereiche mit Schmerzen und Krankheiten überflutet, die zunächst nur mittelbar beteiligt waren. In einer solchen Situation, in der die körperliche Flucht gewünscht aber blockiert ist, wird die Flucht in vielen Fällen ins Seelische verschoben. Folgen solcher fehlgeleiteten Fluchtversuche sind abgespaltene Ängste, psychovegetative Störungen oder psychosomatische Erkrankungen.

	A Flucht	B Bewegungslosigkeit	C Angriff
I. Körperlich	Körperliche Aktivität (Weglaufen)	Körperliche Inaktivität (sich totstellen, sterben)	Körperliche Aktivität (kämpfen, entgegentreten)
II. Geistig	Geistige Abwehr und Rückzug (Verfolgungswahn)	Geistige Blockade (Gedankensperre)	Geistige Verarbeitung (sich bewußt dem Gegenstand der Angst stellen bzw. das Problem analysieren)
III. Seelisch	Seelische Flucht und Vermeidungsversuche (Phobie Zwangsneurose Herzneurose Kopfschmerzen Alkoholismus Asthma Magengeschwür u. a.)	Seelisches Festgefahrensein (Depression)	Emotionale Verarbeitung (sich in die Angstthematik hineinfallen lassen oder sich schrittweise dem Gegenstand der Angst annähern. Mögliche Therapieform: Systematische Desensibilisierung mit Entspannungs-Training)

Abb. 40: Reaktionsmöglichkeiten bei Ängsten und Konflikten
(In Klammern stehen jeweils konkrete Beispiele).
Die günstigsten Verhaltensweisen sind eingerahmt.

Die Abb. 40 soll die hier besprochenen Zusammenhänge weiter verdeutlichen und günstige Reaktionsweisen beim Umgang mit Ängsten aufzeigen.

Die körperliche Aktivität könnte als überlegter Rückzug oder selbstbewußtes Entgegentreten stattfinden. Auch Tiefmuskel-Entspannungs-Übungen können zum Abbau der aufgebauten Energie beitragen. Sie können auch einmal um den Block laufen, Gartenarbeit durchführen oder sich schon vorbeugend einem Sportverein anschließen bzw. regelmäßig ein Bewegungshobby ausüben. Die sportliche Betätigung soll an die Bedingung geknüpft sein, daß dadurch keine Leistung erbracht, sondern Entlastung, Ausgleich, Freude und damit Entspannung gebracht werden sollen.

Auf der geistigen Ebene kann die Bewältigungsstrategie so aussehen, daß Sie zunächst das vordergründige Angstthema und dann die eventuell vorhandene, aber verdrängte Hintergrundangst analysieren. Bei Herzängstlichkeit liegt wahrscheinlich keine Angst vor dem Organ Herz vor, wahrscheinlich auch keine konkrete Angst vor einer Herzerkrankung, sondern eher die Angst vor Schmerzen, vor einem unwerten Leben bzw. vor dem Sterben.

Engeangst, z. B. in Aufzügen oder Tunnels, ist erst sekundär Angst vor engen Räumen. Primär hat der Klaustrophobiker Angst, eine irgendwie festgefahrene Lebenssituation wahrzunehmen, und verhindert dadurch eine Lösung. Zur Lösung der Ängste ist das Erkennen, Sich-nähern, Anfassen und Bearbeiten der Angstthemen notwendig. Dies kann mit Hilfe von Gesprächen mit Bekannten oder Personen der psychosozialen Versorgung geschehen. Dabei soll es um Aussprachemöglichkeiten und aufarbeitende Beschäftigung mit dem Angstthema gehen und weniger um Ratschläge und Lösungshinweise. Bei Gesprächen über Angstthemen soll darauf geachtet werden, geistig und emotional beim Thema zu bleiben und keine Fluchtmöglichkeiten durch Ablenkung, Themenwechsel oder Beschwichtigungen wie »Es ist ja nicht so schlimm« zuzulassen.

Der wichtigste Gesichtspunkt bei der emotionalen Verarbeitung ist das gezielte und gewollte Zulassen von Angstgefühlen, weil die Angst nur so der schrittweisen Bewältigung zugänglich gemacht wird. Jede Vermeidung und Flucht vor der Hintergrundangst führt zur Verstärkung der vorgeschobenen Ängste oder zu Krankheiten. Diese Gefahren bestehen nur, wenn die innere Flucht vor Ängsten angetreten wird. Viele Ängste und Probleme verblassen im Laufe der Zeit und werden durch zunehmende Gewöhnung weniger belastend.

Bei der gezielten Auseinandersetzung mit Ängsten werden Verhaltens- und Einstellungsänderungen angestrebt. Bei der hier beschriebenen systematischen Desensibilisierung von Ängsten geht es besonders um den Abbau der physiologischen, geistigen und emotionalen Komponenten und Folgen bei inadäquater Angst.

Wer leidet unter solchen Ängsten, und um welche Angstthemen handelt es sich?

Der Prokurist, der seit seiner Beförderung nicht über Brücken fahren kann.

Die Lehrerin, die Kontakte zu Mitmenschen immer mehr meidet, weil sie Angst hat zu erröten.

Die Hausfrau, die seit der Geburt ihres ersten Kindes Panikgefühle in Aufzügen entwickelt.

Der arbeitslose Handelsvertreter, der in Kaufhäusern Schweißausbrüche bekommt.

Die Sekretärin, die eine Zitter- und Schüttellähmungsangst entwickelte, nachdem sie in einer Überlastungssituation den Bleistift nicht ruhig halten konnte.

Das Kind, das nach einem bestimmten Erlebnis Wasser- oder Dunkelangst entwickelt.

Die vielen Mitmenschen, die vor Spinnen oder Mäusen eine bis zur Panik gehende Angst entwickeln.

All diese Ängste wurden entweder von einem Modell (Vater, Mutter, Bekannte) gelernt, mit einer bestimmten Situation verknüpft (Situation, in der Erröten bzw. Zittern auftraten) oder auf eine zunächst neutrale Situation verlagert (Brücken bzw. Kaufhäuser).

Die Verknüpfungs- und Verlagerungszusammenhänge sind in den vorstehenden Beispielen angedeutet. Die Zusammenhänge müssen nicht exakt in der hier angedeuteten Art und Weise auftreten, es sind viele andere Kombinationen möglich. Die Verhaltensanalyse zeigt die jeweilig zutreffenden Zusammenhänge.

Die Entstehungsgeschichte der Phobien ist meistens vielschichtiger, als hier dargestellt. Die individuelle Lerngeschichte, das soziale Umfeld, stufenweise Entwicklungen und zusätzliche Konditionierungen spielen eine Rolle.

Wer sich über Modelle zur Angstentwicklung und Angsttherapie noch genauer informieren möchte, kann dies mit Hilfe folgender Bücher tun:

S. Rachman: Verhaltenstherapie bei Phobien, München, 1972
F. H. Kanfer/A. P. Goldstein: Möglichkeiten der Verhaltensänderung, München, 1977
C. Kraiker: Handbuch der Verhaltenstherapie, München, 1974

Allgemein gesagt, wurzeln Ängste in auslösenden Situationen oder Erlebnissen. Sie werden meistens klassisch oder operant (s. u.) mit einem Aspekt der angstauslösenden Situation verknüpft. Es werden Vermeidungsstrategien aufgebaut. Die durch die Vermeidungsstrategie abgespaltene Angst wird unangemessen stark und überdauernd. Die Phobie hat die Tendenz zur Ausbreitung auf ähnliche Situationen und Lebensbereiche.

Das Modell der klassischen Konditionierung, das allen Phobien zugrunde liegt, geht auf den russischen Physiologen I. Pawlow zurück. Er zeigte bei Hunden, die ebenso wie Menschen beim Anblick von Speisen mit Speichelsekretion reagieren, daß die Speichelsekretion auch dann auftritt, wenn ein Glockenton erklingt. Die klassische Konditionierung kommt dadurch zustande, daß der Glockenton einige Male zusammen mit dem Futter dargeboten wird. (Siehe Abb. 41.)

1. Futter sehen ◊ Speichelsekretion
2. Futter sehen + Glockenton ◊ Speichelsekretion
3. Glockenton allein ◊ Speichelsekretion

Abb. 41: Modell der Klassischen Konditionierung

Auf ein Angstbeispiel übertragen, sieht das Modell folgendermaßen aus:
1. Lautes undefinierbares
   Geräusch oder Schreien ◊ Schreck und Angst
2. Lautes Geräusch und Spinne ◊ Schreck und Angst
3. Spinne allein ◊ Schreck und Angst

Die meisten Entstehungsgeschichten sind vielschichtiger:

1. Geburtstagsempfang des   Angst (vor Blamage)
   neuen Chefs   ⇩   Innere Unruhe, Magendruck
          »Inneres Zittern«

2. Geburtstagsempfang + Glas   Angst (vor Blamage)
   in der Hand halten und sich   Innere Unruhe, Magendruck
   beobachtet fühlen   ⇩   Leichtes Zittern der Hand

3. Glas in der Hand halten   Angst (vor Blamage)
   und sich beobachtet fühlen   ⇩   Innere Unruhe
          Angst vor Zittern
          Zittern der Hand

In diesem Beispiel sind es vor allem die Erwartungsängste, die daraus resultierenden Vermeidungsversuche und negative Gedanken wie »Hoffentlich zittere ich nicht«, die die Angst und das Zittern weiter zunehmen lassen. Hinzu kommt, daß die Angst sich auch im Körper mit Spannungen und Verkrampfungen sowie mit Erhöhung von Atem- und Herzfrequenz bemerkbar macht. Die Wahrnehmung dieser Veränderungen kann ihrerseits die Angst weiter steigern und zu psychosomatischem Kontrollverlust, d. h. zu Gesundheitsstörungen bzw. Krankheiten führen.
Bei operant konditionierten Ängsten werden die Ängste durch die Konsequenzen verstärkt, die einer bestimmten Situation folgen.

Beispiel:

Chef erbittet Überstunden ⇩   Fühle mich überlastet, kann aber nicht nein sagen, weil ich Angst vor Imageverlust habe   ⇩   Durch Lob und Geld wird die Zusage verstärkt. Die Unsicherheit und die Angst werden dadurch momentan gemildert, auf Dauer gesehen aber verstärkt, weil auf die ängstlich durchgeführte Handlung immer wieder positive Konsequenzen folgen und befürchtete Konsequenzen wie Imageverlust vorübergehend wegfallen.

Solche operant konditionierten Ängste müssen anders behandelt werden als klassisch konditionierte Ängste. Die einzelnen Glieder der Kette müssen hinterfragt und aus dem Ergebnis die Änderungsschritte abgeleitet werden: Warum fragt der Chef gerade mich? Wodurch fühle ich mich überlastet? Ist es tatsächlich die Arbeit oder sind es persönliche Schwierigkeiten oder Fehlverhaltensweisen? Warum kann ich schwer nein sagen? Ist mein Selbstwertgefühl so wenig gefestigt, daß Ansehen und Image eine so bedeutende Rolle spielen? Wodurch kann ich mein Selbstwertgefühl steigern? Wie kann ich auf anderem Wege Lob, Anerkennung und Zufriedenheit erlangen?

Das Entspannungs-Training kann helfen, ruhiger und gelassener an die Lösung der hier anstehenden Fragen heranzugehen. Eine systematische Desensibilisierung kommt bei operant konditionierten Ängsten nicht in Frage.

Mit der speziellen Technik der systematischen Entängstigung können Ängste abgebaut werden, die wie die Phobien von der Entstehung her klassisch konditioniert sind, d. h., die mit bestimmten Situationen verknüpft sind und von bestimmten psychovegetativen Symptomen (Schweißausbruch, Schwindel, Herzjagen, Zittern, . . .) begleitet werden.

Bei der weiteren Entwicklung der Phobien kommen besonders durch die Vermeidungsstrategien noch operante Konditionierungen hinzu, die ihrer Entstehungsgeschichte entsprechend behandelt werden können.

Zur Vorbereitung der systematischen Desensibilisierung ist es notwendig, die Angst erst einmal zu beschreiben und ihre Entstehungsgeschichte aufzuzeigen. Der folgende Angstfragebogen kann Ihnen dabei behilflich sein.

Die Beantwortung des Angstfragebogens kann Ihnen die Entstehungsbedingungen und Auswirkungen Ihrer Angst verdeutlichen helfen. Die Entstehungsgeschichte Ihrer Angst kann Ihnen auch zeigen, ob es sich um eine im Ursprung klassisch konditionierte Angst handelt. Bei einer solchen Angst stehen die im letzten Teil des Angstfragebogens genannten psychophysiologischen Störungen im Vordergrund.

Angstfragebogen

Sie haben hier einen Fragebogen vor sich, mit dessen Hilfe Sie Ihre Angst näher beschreiben können.

Mein Angstthema: . . . .

Wie zeigt sich die Angst? . . . .

. . . .

Seit wann besteht sie? . . . .

Wurde sie durch ein bestimmtes Ereignis/Situation ausgelöst? ja ( ); nein ( ); weiß nicht ( );

Wenn ja, welches? . . . .

Wie häufig tritt die Angst auf? . . . .

Ist die Intensität der Angst in jeder Situation gleich?. . . . . .

Welche Bedingungen (Spez. Situationen, Ereignisse, Gedanken, Bewertungen etc.) haben Einfluß auf die Angststärke? .

. . . .

Nennen Sie eine typische Angstsituation, bei der zum Zeitpunkt A die Angst ziemlich stark und zum vergleichbaren Zeitpunkt B die Angst nur ansatzweise auftritt: . . . .

Welche situativen Unterschiede liegen vor? . . . .

Welche Empfindungen treten auf?. . . . .

Wie häufig und wie stark treten bei Ihnen die folgenden Störungen auf:

	häufig	selten	nie	stark	schwach
Muskelverspannungen	( )	( )	( )	( )	( )
Zittrigkeit	( )	( )	( )	( )	( )
Weiche Knie	( )	( )	( )	( )	( )
Aufsteigende Hitze	( )	( )	( )	( )	( )
Schwindelgefühle	( )	( )	( )	( )	( )
Kalte Hände/Füße	( )	( )	( )	( )	( )
Kopfdruck	( )	( )	( )	( )	( )
Kloß-Würgegefühl	( )	( )	( )	( )	( )
Magenbeschwerden	( )	( )	( )	( )	( )
Herzjagen/-druck	( )	( )	( )	( )	( )
Atembeklemmung	( )	( )	( )	( )	( )

Programm zum systematischen Angstabbau

Ich stelle hier die systematische Desensibilisierung, ein verhaltens-
therapeutisches Programm zum systematisch-schrittweisen Abbau
von Ängsten, vor. Dieses Programm eignet sich zum Abbau einer
Vielzahl von klassisch konditionierten Ängsten.
Einige Beispiele für phobische Ängste seien hier genannt: Klaustro-
phobie (Engeangst, z. B. im Fahrstuhl), Agoraphobie (Weiteangst,
z. B. auf großen Plätzen), Akrophobie (Höhenangst, z. B. in
Hochhäusern), Erythrophobie (Errötungsangst), Tremorphobie
(Zitterangst), Tierphobien, soziale Ängste, sexuelle Ängste.
Ein klassisch konditionierter Angstreiz (z. B. Glas in der Hand
halten bzw. der Gedanke daran) ruft um so stärkere Angst hervor,
je häufiger er im Angstzusammenhang erlebt wird. Wenn nun die
Situation so gestaltet wird, daß auf den Angstreiz weniger und
schließlich keine tatsächliche Angst mehr folgt, dann wird die Konditionierung nicht gestärkt, sondern geschwächt und durch Wiederholung des Vorgehens gelöscht bzw. verlernt.

Wie kann ein Programm aussehen, das das Verlernen von Angstre-
aktionen zum Ziel hat? Ich nenne Ihnen zunächst die einzelnen
Programmteile im Überblick:

1. Verhaltensanalyse

2. Erklärung des therapeutischen Vorgehens

3. Einübung des Tiefmuskel-Entspannungs-Trainings

4. Notieren von angstauslösenden Situationen

5. Erstellung einer Angsthierarchie

6. Desensibilisierung in der Vorstellung

7. Desensibilisierung in der Realität

8. Analyse und Aufarbeitung der Hintergrundängste

Mit der Verhaltensanalyse (Verhaltensmäßige Situationsanalyse
und Entwicklungsgeschichte der Angst) haben Sie sich in diesem
Kapitel bereits kurz beschäftigt. Das therapeutische Vorgehen wird
im Moment erläutert. Das Tiefmuskel-Entspannungs-Training
haben Sie bereits eingeübt. Das Notieren der angstauslösenden

Situationen und die Erstellung der Angsthierarchie sollen jetzt besprochen werden:
Notieren Sie möglichst viele Situationen, in denen Sie Angst haben. Beschreiben Sie diese Situationen und die dabei auftretenden Empfindungen in Stichworten. Sie verwenden am besten für jede Situation ein gesondertes Blatt. Notieren Sie Situationen, die große Angst auslösen, und solche, die geringere Angst in Ihnen auslösen.

- Beispiel für eine starke Angst:
  »Situation: Ich sitze im Kino in der Mitte der Bankreihe. Es setzt sich jemand auf den Eckplatz; mir kommt der Gedanke: hier kann ich u. U. nicht schnell genug heraus. Gefühle/körperliche Wahrnehmungen: Ich bekomme Angst. Ich spüre ein Zuschnüren des Halses, Schweißausbruch, kalte Hände, und Panik steigt in mir hoch.«

- Beispiel für eine schwache Angstsituation:
  »Im Kino am Rande sitzend oder in einem Vortragssaal mit wenigen Personen. Gefühle: Leichtes Unbehagen, Unruhe, Kopfdruck.«

- Angst eines Klienten mit Erythrophobie:
  »Situation: Ich bin in einer Versammlung mit etwa 20 Kollegen; die meisten kenne ich kaum. Der Leiter fragt nach unserer Meinung zur momentanen beruflichen Lage. Keiner sagt etwas. Der Leiter schaut einzelne an. Ich befürchte, daß er auch mich anschaut und ich dann erröte. Gedanke/Bewertung: Mir fällt nichts ein. Vor so vielen Leuten kann ich sowieso nicht reden. Am liebsten möchte ich mich verkriechen. Gefühle/körperliche Wahrnehmung: Innere Unruhe, Herzklopfen, Blutandrang zum Kopf, kalte Hände.«

- Eine andere angstbesetzte Situation des gleichen Klienten: »Wir sitzen mit Bekannten im Restaurant. Als wir über Schlankheitskuren sprechen, schaut Frau E. mich an und sagt: Du könntest ruhig ein bißchen dünner sein. Gedanke/Bewertung: Alle schauen mich an, mir ist das peinlich. Ich erröte, möchte im Boden versinken. Gefühl/körperliche Wahrnehmung: Ich spüre sowohl Wut als auch Ohnmacht. Das Herz schlägt bis zum Halse.«

- Angst eines Klienten mit Herzphobie (Todesangst):
  »Situation: Ich sitze im Café und lobe den guten Kaffee. Gedanken/Bewertungen: Plötzlich denke ich daran, daß starker Kaffee bei mir zu Herzrasen führt. Gefühle/körperliche Wahrnehmungen: In mir steigt ein Angstgefühl auf, und es kommt tatsächlich zu Herzrasen und Schweißausbruch.«

- Eine andere angstauslösende Situation des gleichen Klienten:
  »Ich gehe spazieren. Plötzlich bemerke ich, daß keine Häuser mehr in der Nähe sind. Gedanke: Was wäre, wenn ich jetzt umkippen würde? Gefühle/körperliche Wahrnehmungen: Ich bekomme Angst, Schwindelgefühle und Herzrasen.«

Die Beschreibungen sollen sowohl kurz als auch umfassend sein. Wenn Sie die Beschreibung lesen oder hören, soll Ihnen die Situation sofort plastisch vor Augen sein.
Die Beschreibung kann auf folgendem Musterblatt erfolgen.

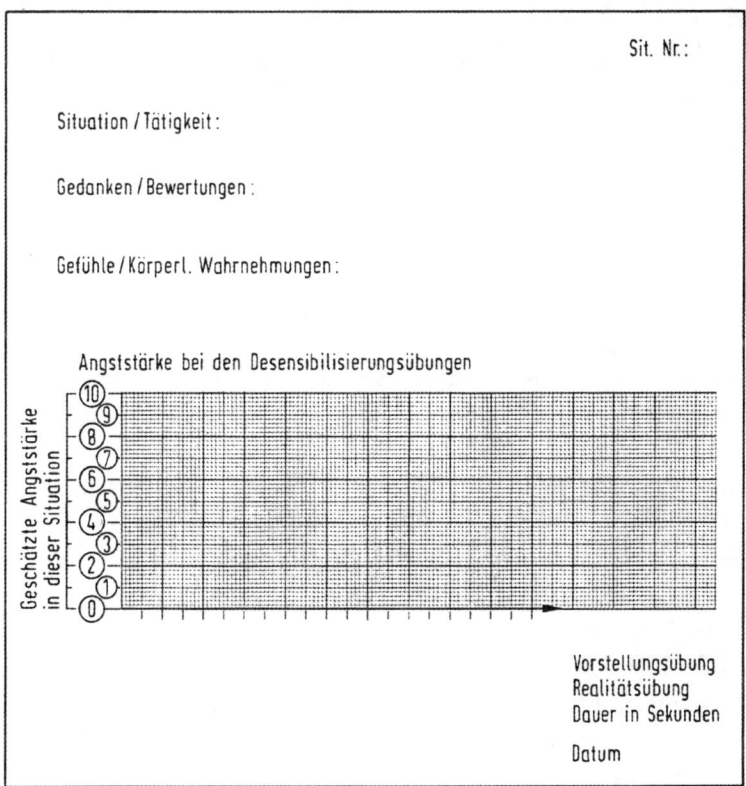

Abb. 42: Arbeitsblatt für systematischen Angstabbau

Nun versuchen Sie, die Angststärke einzuschätzen, die die notierte Situation in der Realität auslöst. Sie können dafür die zehnstufige Skala links neben der eingerahmten Zahlenreihe (siehe Abb. 42 am linken Rand) verwenden. Die Nr. 10 soll für die stärkste bisher erlebte Angst gegeben werden, die Nr. 5 für mittlere Angst und 0 bei absolut keiner Angst. Wenn Ihnen die Vorstellung einer Temperaturskala lieber ist, können Sie die Zahlen auch verzehnfachen. Dann bedeutet 100° siedendheiße Angst, 50° mittlere Angst und 0° keine Angst. Markieren Sie den Angstwert der Situation mit einem Kreuz auf der Skala am linken Rand (vgl. die Arbeitsblätter auf den Seiten 155, 156 und 157).

Es bereitet normalerweise keine großen Schwierigkeiten, die Angststärke einzuschätzen. Überlegen Sie und empfinden Sie nach, wie stark innere Anspannung und psychovegetative Symptome ausgeprägt sind. Orientieren Sie sich an den extremen Situationen.

Tragen Sie für jede Ihrer Situationen die entsprechende Angststärke ein und ordnen Sie die Situationskarten nach ihrer Angststärke. Karten mit gleichen Zahlen legen Sie untereinander. Für fehlende Zahlen lassen Sie eine Lücke.

Sie sollten für jede Angststärke eine Situation beschrieben haben, damit bei den Übungen zum Angstabbau keine zu großen Sprünge zwischen den Angstintensitäten entstehen. Haben Sie Lücken in Ihrer Angstrangreihe, beschreiben Sie jetzt weitere Situationen. Wenn Ihnen keine neuen mehr einfallen, können Sie auch die vorhandenen Situationen durch Erschwerung oder Erleichterung von Einzelkomponenten ergänzen.

Beispiel: »Ich gehe einen Schritt näher auf das angstmachende Objekt zu« oder »In dem Raum, in dem ich starke Angstgefühle habe, sind statt 50 Leute 5 Leute.«

Insgesamt sollten Sie schließlich 10–30 Situationen vor sich liegen haben, die Sie jetzt durchnumerieren können. Die Situation, die die geringste Angst auslöst, bekommt die Rangzahl 1, die schwierigste Situation, die den höchsten Angstwert erhalten hat, bekommt die letzte Nummer. Auf dem Musterblatt (siehe Abb. 42) soll die laufende Nummer oben rechts eingetragen werden. Damit ist die Angsthierarchie erstellt.

Diese Vorarbeiten sind notwendig, damit Sie ein schrittweises, systematisches Vorgehen zur Überwindung der Angst durchführen können. Sie beginnen dabei mit der Situation, die in Ihrer Angsthierarchie an unterster Stelle steht; d. h., die den geringsten Angstwert hat.

Sie sollen zunächst Vorstellungsübungen durchführen, um sich zuerst in der Vorstellung an die ängstigenden Situationen annähern zu können. Wenn die Angst in der Vorstellung abgebaut ist, ist der schwierigste Schritt getan, weil Angst in der Hauptsache ein Vorstellungsphänomen ist, d. h., von Gedanken und Empfindungen ausgelöst wird. Die Übertragung in die Realität ist dann nicht mehr schwierig und wird zur Absicherung des Erreichten durchgeführt. Ich sage Ihnen dies, damit Sie verstehen, warum auf die Desensibilisierung in der Vorstellung so großer Wert gelegt wird.

Bei den Vorstellungsübungen versuchen Sie, sich in die Angstsituation möglichst intensiv hineinzuversetzen. Lesen oder hören Sie die Situationsbeschreibung, stellen Sie sich die Situation möglichst bildhaft vor und versetzen Sie sich, so gut es eben geht, in die dabei aufkommenden Gedanken, Angstgefühle und körperlichen Wahrnehmungen hinein.

Dieses Vorgehen wird Ihnen vom ersten Anschein her sicherlich paradox erscheinen: Sie rufen bewußt und gezielt die Angstgefühle hervor, die Sie abbauen wollen. Der entscheidende Unterschied zu sonstigen Angstsituationen liegt darin, daß Sie versuchen, die Angstgefühle selbst aktiv hervorzurufen und nicht passiv davon überfallen werden. Schon diese Selbststeuerung wirkt angstreduzierend, da sie dosiert und schrittweise geschieht.

Das Entscheidende bei diesem Vorgehen ist, daß im Anschluß an die Vorstellung der Angstsituation eine Entspannung folgt. Die Angst wird also sofort wieder gezielt abgebaut, und zwar durch eigene Handlung.

Angst ist mit Entspannung unvereinbar. Beginnen Sie deshalb vor den Vorstellungsübungen mit dem Entspannungs-Training, damit Sie aus einem optimal entspannten Gefühl heraus mit den Desensibilisierungsübungen beginnen können. Die Entspannungs-Übungen führen Sie so lange durch, bis das allgemeine Angst- und Spannungsniveau einen Wert von 0 bis 1 erreicht. Dazu werden Sie 2 bis 10 Minuten benötigen.

Wenn Sie einigermaßen gut entspannt sind, stellen Sie sich auf Ihre Situation Nr. 1 ein; versetzen Sie sich intensiv in diese hinein und versuchen Sie, die innere Spannung und Erregung hervorzurufen, die Sie in dieser Situation schon einmal erlebt haben. Bleiben Sie

15–30 Sekunden bei dieser Vorstellung . . . beenden Sie dann diese Vorstellung und stellen Sie sich auf Entspannungs-Übungen ein. Führen Sie aktiv oder in der Vorstellung eine oder mehrere Übungen aus dem Tiefmuskel-Entspannungs-Training durch. Bleiben Sie so lange bei den Entspannungs-Übungen, bis das allgemeine Angst- und Spannungsniveau wieder auf 0–1 gesunken ist; dies ist normalerweise nach 30–60 Sekunden geschehen. Stellen Sie sich dann wieder auf genau die gleiche Situation ein, aktivieren Sie die Angstgefühle und führen Sie nach 15 oder 30 Sekunden wieder Tiefmuskel-Entspannungs-Übungen durch. Wiederholen Sie diesen Vorgang so oft, bis die Spannungsstärke bei 0 bleibt oder höchstens bis 1 ansteigt, obwohl Sie sich wirklich intensiv bemühen, die früher erlebten Angstgefühle wieder hervorzurufen. Dies ist normalerweise nach 5 bis 10 Vorstellungsübungen erreicht. Beenden Sie dann Ihre Vorstellungsübung oder wenden Sie sich der nächsten Situation zu:

Beginnen Sie mit einigen Entspannungs-Übungen . . . stellen Sie sich dann möglichst intensiv auf die nächste Situation ein . . . und entspannen Sie wieder. . . . Wiederholen Sie dies, bis Sie auch die zweite Situation angstfrei oder fast angstfrei erleben. . . . usw.

Beenden Sie Ihre Vorstellungsübungen möglichst nur dann, wenn die Angst in der jeweiligen Situation fast vollständig abgebaut ist.

Die erlebte Angststärke kann bis zur 3. oder 4. Vorstellungsübung u. U. ansteigen. Sollte sie danach nicht nachlassen, dann ist wahrscheinlich der Angststärkesprung zwischen zwei Situationen zu groß, und Sie sollten einen Zwischenschritt einlegen. Erst wenn die Angst in der neu formulierten Situation abgebaut ist, sollten Sie mit der Situation weitermachen, die Ihnen vorher Schwierigkeiten bereitet hat.

Mit den sich abwechselnden Vorstellungs- und Entspannungs-Übungen arbeiten Sie Ihre ganze Angsthierarchie durch.

Sobald die Angst in der Vorstellung abgebaut ist, werden die betreffenden Situationen in der Realität aufgesucht. Wenn dies nicht möglich ist, werden entsprechende Situationen arrangiert oder in der Realität simuliert.

Arrangieren und Simulieren von Angstsituationen kann auch als Zwischenschritt verwendet werden, falls gegen die Realitätsübungen wider Erwarten noch zu große Bedenken bestehen. In solchen Fällen ist es aber wahrscheinlich, daß die Desensibilisierung in der

Vorstellung noch nicht genügend weit fortgeschritten ist oder »tiefersitzende« psychische Störungen, wie Selbstunsicherheit oder Depressionen, noch nicht genügend aufgearbeitet und damit abgebaut sind. Dies sollte dann mit psychotherapeutischer Hilfe nachgeholt werden.

Sobald die Ängste in der Vorstellung und eventuell vorhandene Hintergrundängste abgebaut sind, werden die Situationen der Angsthierarchie systematisch in der Realität aufgesucht. Sie fangen dabei auch mit der leichtesten Situation an und suchen möglichst ähnliche Situationen auf. Zur Vorbereitung führen Sie wieder einige Entspannungs-Übungen durch. Zur Nachbereitung führen Sie wieder Entspannungs-Übungen durch und gehen die soeben erlebte Situation nochmals gedanklich durch. Bei Situationen, die sich nicht, wie in der Vorstellung, in Schritte unterteilen lassen, bleibt es Ihrer Phantasie überlassen, zunächst geeignete Simulationen durchzuführen. In der Realität sollten Sie dann immer wieder Entspannungs-Übungen in den gerade ablaufenden Prozeß einfügen, damit auch dort auf einen Angstreiz nicht Angst, sondern Abbau von Angst und zunehmende Entspannung folgen kann.

Bei den Realitätsübungen suchen Sie eine bestimmte Situation Ihrer Angsthierarchie auch so lange auf, bis keine oder kaum noch Angst auftritt. Erst dann gehen Sie zur nächsten Situation über.

Wenn die Angstintensität nicht nachläßt, war der vorgenommene Schritt zu groß. Kehren Sie zur letzten angstfrei bestandenen Situation zurück und formulieren Sie einen oder mehrere Zwischenschritte. Wenn diese fast angstfrei erlebt werden, können Sie mit dem vormals schwierigen Schritt weitermachen. Achten Sie stets darauf, daß Sie sich nicht überfordern. Wenn Sie Bedenken haben, zum nächsten Schritt überzugehen, fügen Sie einen Zwischenschritt ein. Mit kleineren Schritten kommen Sie sicherer zum Ziel.

Führen Sie Ihre Desensibilisierungsübungen möglichst täglich und wenigstens zweimal in der Woche etwa eine halbe Stunde bis zu einer Stunde lang durch.

Der gesamte zeitliche Aufwand wird sich auf etwa 10 bis 50 Stunden, in schweren Fällen auf rund 100 Stunden belaufen. Fragen Sie sich vor Beginn, ob die Beseitigung Ihrer Ängste Ihnen diesen Aufwand wert ist. Wenn Sie sich zur Durchführung dieses Programms entschließen, sollten Sie nämlich möglichst konsequent die einzelnen Schritte hintereinander durchführen.

Behandlung einer Phobie

Abschließend möchte ich Ihnen zur weiteren Veranschaulichung die Behandlung der Tremorphobie (Angst vor Zittern) bei Frau S. schildern. Bei der Besprechung der Verhaltensanalyse habe ich auf diesen Fall bereits Bezug genommen.

Frau S. leidet seit 15 Monaten unter Zitterangst; ärztlicherseits ist geklärt, daß dem Zittern keine organische Erkrankung zugrundeliegt. Das erstmalige Auftreten des (inneren) Zitterns geht auf den Geburtstagsempfang des neuen Chefs zurück. Das zweite Mal trat es einen Monat später bei einem anderen Geburtstagsempfang auf. Dabei kam es zu sichtbarem Zittern der rechten Hand. Das dritte Ereignis folgte kurz darauf beim Kaffeetrinken mit Kollegen. Ein Jahr später hat sich Erwartungsangst vor Zittern und Angst vor Tremor ausgebildet. Situationen, in denen es zum Zittern kommen könnte, werden weitgehend gemieden; trotzdem kommt es 3—4 mal in der Woche zum Zittern der Hand.

Die ersten Schritte der Entstehungsgeschichte wurden auf Seite 142 bereits dargestellt; deshalb genügt hier die Darstellung der weiteren Entwicklung:

4. Glas/Tasse/Gegenstand in der Hand haltend, sich beobachtet fühlen ⇗ Angst vor Blamage, innere Unruhe, Zittern

5. Gedanke: »Hoffentlich zittere ich nicht!« vor dem Anfassen eines Gegenstandes ⇗ Angst vor Blamage, innere Unruhe, Zittern

6. Einladung erhalten ⇗ Angst vor Blamage, innere Unruhe, Angst vor Zittern

Vermeidung von kritischen Situationen (weniger Gegenstände anfassen bzw. mit zwei Händen anfassen, zu Hause bleiben. . . .) ⇗ Kurzfristiger Wegfall der Blamage- und Zitterangst. Kein Zittern
Diese Konsequenzen verstärken das Vermeidungsverhalten, so daß eine Aufarbeitung der Phobie verhindert wird.

Die Ängste haben sich inzwischen auf andere Gegenstände und Situationen ausgeweitet. Erwartungsängste und Vermeidungsstrategien sind hinzugekommen. Die mitmenschlichen Kontakte werden weiter eingeschränkt. Selbstunsicherheit und soziale Unsicherheit, die latent vorhanden waren, treten offen zutage und verstärken sich.

Aus dieser Verhaltensanalyse lassen sich folgende Therapieziele ableiten:
1. Stärkung des Selbstwertgefühls mittels Selbstsicherheits- und Kommunikationstraining. (Auf diese Aspekte wird hier nicht näher eingegangen.)
2. Abbau der phobischen Angst mit Hilfe systematischer Desensibilisierung.

Nachdem die Verhaltensanalyse abgeschlossen ist, wird der Klientin das Vorgehen bei der systematischen Desensibilisierung und beim Entspannungs-Training erklärt und die Notwendigkeit der aktiven Mitarbeit deutlich gemacht. Sie ist zur intensiven Mitarbeit bereit, beginnt mit der Einübung des Entspannungs-Trainings und mit dem Notieren der angstmachenden Situationen.
Dann schätzt sie die einzelnen Situationen nach ihrer Angststärke ein, bildet eine Hierarchie der Situationen, ergänzt fehlende Stufen und gibt den einzelnen Situationen Rangnummern.

In der Situationshierarchie steht die am wenigsten angstmachende Situation an erster Stelle. (Siehe Situation Nr. 1 auf dem Arbeitsblatt Seite 156). Die Angststärke bei den einzelnen Vorstellungs- bzw. Realitätsübungen wird mit Punkten markiert. Die Dauer und das Datum der Übungen werden unten im Formblatt eingetragen.
Die Situationen 2–4 stellen Erschwerungen der 1. Situation dar und werden an den gleichen Tagen mit ähnlichem Erfolg wie Situation 1 desensibilisiert.
Die einzelnen Situationen sind folgendermaßen formuliert:
Nr. 1: Siehe Diagramm.
Nr. 2: Ich bin alleine im Eßzimmer und gieße Kaffee in eine Tasse.
Nr. 3: Ich sitze mit meinem Mann am Tisch, und wir trinken Kaffee.
Nr. 4: Ich sitze mit meinem Mann und den Eltern am Tisch, und wir trinken Kaffee.

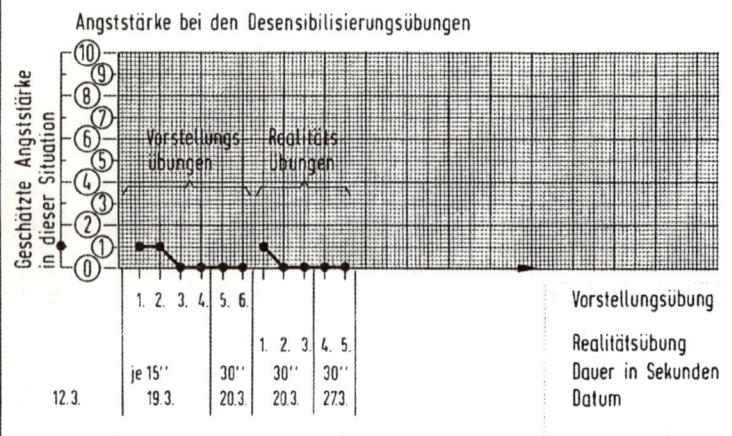

Sit. Nr.: 1

Situation/Tätigkeit: Ich stehe alleine in der Küche
und hebe eine Kaffeetasse.

Gedanken/Bewertungen: Das wird ja noch gerade gutgehen.

Gefühle/Körperl. Wahrnehmungen: Leichte Unruhe.

Angststärke bei den Desensibilisierungsübungen

Geschätzte Angststärke in dieser Situation

Vorstellungsübungen   Realitätsübungen

1. 2. 3. 4. 5. 6.

1. 2. 3. 4. 5.

je 15''   30''   30''   30''

12.3.   19.3.   20.3.   20.3.   27.3.

Vorstellungsübung
Realitätsübung
Dauer in Sekunden
Datum

Bei den nächsten beiden Situationen mit den Rangplätzen 5 und 6 treten weder bei den Vorstellungsübungen noch bei den anschließenden Realitätsübertragungen Angst- bzw. Spannungsgefühle auf.

Nr. 5: Ich bin in der Bank und unterschreibe einen Beleg.

Nr. 6: Ich bin im Rathaus und unterschreibe ein Formular.

Als Zwischenschritt vor der relativ schwierigen Situation Nr. 8 wird Nr. 7 eingefügt.

Nr. 7: Wir haben Familie X zu Besuch und trinken Kaffee. Die geschätzte Angststärke in dieser Situation liegt beim Wert 6.

Nr. 8: Siehe Diagramm.

Die Situationen Nr. 9 und 10 beinhalten weitere Erschwerungen. Die Ängste und Spannungen werden in ähnlichen Schritten wie bei Situation Nr. 8 abgebaut.

156

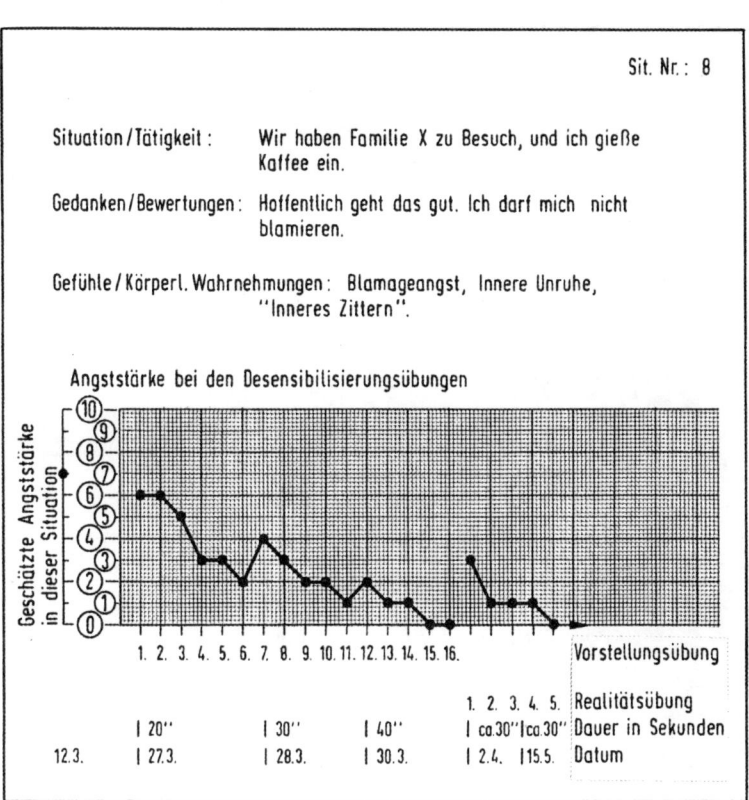

Situation/Tätigkeit: Wir haben Familie X zu Besuch, und ich gieße Kaffee ein.

Gedanken/Bewertungen: Hoffentlich geht das gut. Ich darf mich nicht blamieren.

Gefühle/Körperl. Wahrnehmungen: Blamageangst, Innere Unruhe, "Inneres Zittern".

Angststärke bei den Desensibilisierungsübungen

Nr. 9: Der Besuch schaut mich an, während ich die Tasse hebe.
Nr. 10: Der Besuch schaut mich an, während ich Kaffee eingieße.

Ab Nr. 11 folgen die Situationen aus der Vergangenheit, die als besonders ängstigend erlebt wurden und auch heute noch starke ängstigende Wirkung haben.
Nr. 11: Neujahr: Die Gläser werden gehoben. Gedanke/Bewertung: Ich muß jetzt zuprosten und ein gutes Neues Jahr wünschen. Gefühle/Körperliche Wahrnehmungen: Ich merke, daß meine Hand kribbelt. Eine kurze Panik steigt in mir auf. Die Nervosität nimmt zu. Beim Zuprosten zittert meine Hand.

Nr. 12: Betriebsfest . . .
Nr. 13: Geburtstag von A. . . .
Nr. 14: Geburtstag des neuen Chefs . . .

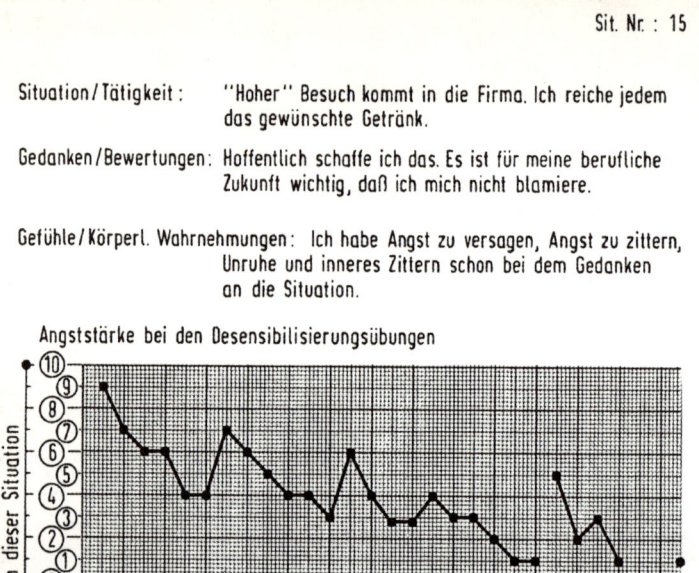

Situation / Tätigkeit :   "Hoher" Besuch kommt in die Firma. Ich reiche jedem
                              das gewünschte Getränk.

Gedanken / Bewertungen: Hoffentlich schaffe ich das. Es ist für meine berufliche
                              Zukunft wichtig, daß ich mich nicht blamiere.

Gefühle / Körperl. Wahrnehmungen : Ich habe Angst zu versagen, Angst zu zittern,
                              Unruhe und inneres Zittern schon bei dem Gedanken
                              an die Situation.

Angststärke bei den Desensibilisierungsübungen

Die Angstintensitäten reichen bis zum Wert 9 und werden in der Vorstellung kontinuierlich abgebaut. Da die Vergangenheitssituationen als solche nicht in der Realität wiederholt werden können, wurden bevorstehende Familientreffen und Geburtstage als Übungssituationen genutzt. Wo sich solche Gelegenheiten nicht ergaben, wurden sie herbeigeführt bzw. simuliert, wie z. B. die Neujahrssituation.

Die Situation mit dem höchsten Rangplatz (siehe Situation Nr. 15 auf dieser Seite) gehört nicht der Vergangenheit an. Hierbei handelt es sich um einen bereits vor einigen Wochen angekündigten Besuch von Vorgesetzten in der Firma.

Während des systematischen Arbeitens mit der Situation Nr. 15 macht sich am 11. 4. ein Stagnieren des Angstabbaues bemerkbar. Die störende Selbsteinrede »Das ist für meine berufliche Zukunft wichtig« ist der Grund für die Klippe. Nachdem dieser hinderliche Gedanke hinterfragt und verarbeitet ist, geht die Desensibilisierung ohne größere Schwierigkeiten weiter. Die erste und zweite realitätsnahe Situation wird mit Bekannten simuliert. Die vorletzte und letzte Simulation wird im Firmenalltag durchgeführt. Die am stärksten ängstigende Situation ereignet sich zwei Wochen später. Die Klientin hat sich mit Hilfe von erneuten Vorstellungsübungen, nachfolgender Entspannung und gezielten Selbstbehauptungsübungen auf diese Situationen vorbereitet und kann diese mit relativ geringen Spannungsgefühlen durchleben. Die Angst ist in den Monaten danach über einen Spannungsgrad 1 hinaus nicht mehr angestiegen, und die Klientin kann sich heute kaum noch vorstellen, daß sie in den beschriebenen Situationen Angst entwickelt hatte.

Die Desensibilisierung von Phobien kann weniger Zeit in Anspruch nehmen als bei dem hier beschriebenen Fall, bei komplexen Ängsten ist sie allerdings langwieriger. Der Zeitfaktor sollte aber nur eine Nebenrolle spielen, da mit Hilfe des Angstabbauprogramms und des Entspannungs-Trainings Ängste in wenigen Monaten abgebaut werden können, die u. U. seit Jahren das Wohlbefinden und die Bewegungsfreiheit des betroffenen Menschen eingeschränkt haben.

Sollten sich Schwierigkeiten bei der systematischen Desensibilisierung oder beim Entspannungs-Training ergeben, die Sie nicht selbst ausräumen können, empfiehlt es sich, den Kontakt zu einem Verhaltenstherapeuten aufzunehmen. Die Deutsche Gesellschaft für Verhaltenstherapie, Friedrichstraße 5, 7400 Tübingen, kann Ihnen Verhaltenstherapeuten in Ihrer Region nachweisen. Der Psychologische Arbeitskreis für Autogenes Training und Progressive Relaxation (= Tiefmuskel-Entspannungstraining), Koogstraße 96, 2212 Brunsbüttel, kann Ihnen Diplom-Psychologen nachweisen, die in Ihrer Region Entspannungsverfahren lehren.

Allen Lesern wünsche ich, daß das Tiefmuskel-Entspannungs-Training zu einem Bestandteil ihres Lebens wird. Erleben Sie, wie durch zunehmende Gelassenheit Ihre Lebensqualität ansteigt.

Autogenes Training

*Autogenes Training macht gelassen,
aber nicht gleichgültig.
J. H. Schultz*

Was ist Autogenes Training?

Die Bedeutung von Autosuggestion und Körperspürung

Haben Sie schon einmal überlegt, was der Begriff »autogen« bedeutet? Sie denken an das Auto und das Gen. Ihnen fällt ein: »Auto« bedeutet »Selbst« und »Gen-« bedeutet »Entstehen«. Autogenes Training ist ein im Selbst, d. h. in meiner Person entstehendes Entspannungstraining. In mir entstehende Entspannung bedeutet also nicht, daß von einer anderen Person her irgend etwas gegeben oder eingetrichtert wird, sondern daß die angestrebten Entspannungszustände durch eigenes Üben hervorzurufen sind. Erklärungen und Anleitungen sind natürlich notwendig; das eigentliche Trainieren ist Ihre Aufgabe.

Im Autogenen Training lernen Sie Selbstentspannung und machen sich dazu brachliegende innere Fähigkeiten zunutze. Ich meine die Fähigkeit zur Autosuggestion, also zur Selbstbeeinflussung, die in jedem Menschen vohanden ist, also auch in Ihnen. Wie sie dabei konkret vorgehen, wird im praktischen Teil besprochen.

Im Moment erscheint mir wichtig, daß Sie die Kraft der Autosuggestion in ihrer ganzen Tragweite erkennen. Sie haben vielleicht einmal mit einem Menschen gesprochen, der eine schwere Erkrankung überstanden hat, obwohl die Ärzte ihn bereits aufgegeben hatten. Dieser Mensch war in seiner lebensbedrohlichen Lage derart vom Willen zum Leben beseelt, daß er seinen Wunsch zu leben in den oftmals wiederholten Gedanken »Ich will leben« faßte – und er lebt tatsächlich.

Ein anderer verlor in einer ähnlichen Situation seinen Lebensmut, seine Widerstandskräfte schwanden, er gab sich auf und redete sich ein, daß es mit ihm zu Ende sei – er lebt nicht mehr. An diesen beiden Beispielen sehen Sie, daß Autosuggestionen auch außerhalb des Autogenen Trainings anzutreffen sind. Sie sind selten so dramatisch, wie gerade geschildert; sie gehören vielmehr zu unseren täglichen Verhaltensweisen. Wer hat sich nicht irgendwann suggeriert, daß er diese oder jene Aufgabe schafft, und sich damit Mut gemacht? Wer hat sich nicht irgendwann eingeredet, daß er diese oder jene Aufgabe nicht schafft, und damit das Versagen vorprogrammiert?

Sie können auch jetzt, in diesem Augenblick, Ihre autosuggestiven Fähigkeiten überprüfen. Stellen Sie sich ganz intensiv und bildlich vor, daß Sie eine Zitrone aufschneiden, zum Munde führen und hineinbeißen... Spüren Sie die Speichelabsonderung im Mund, oder haben Sie sich gar vor Widerwillen geschüttelt?

Sie sehen an diesen Beispielen sehr deutlich, welche körperlichen und seelischen Veränderungen kraft unserer Vorstellungen möglich sind. Diese suggestiven Fähigkeiten des Menschen werden im Autogenen Training auf eine wissenschaftlich nachprüfbare Grundlage gestellt und systematisch angewendet. Empfindungen, die beim Autogenen Training wahrgenommen werden, können jeweils mit Vorgängen im Organismus erklärt werden. Die Übungen des Autogenen Trainings beziehen sich auf Zustandsänderungen in unserem Körper. Denken wir z. B. an die Wärmeübung: Die Wärmeempfindung kommt dadurch zustande, daß sich Blutgefäße in den entsprechenden Körperregionen erweitern. Um diese Erweiterung willentlich zu erreichen, ist zunächst einmal die Autosuggestion nötig und zum zweiten die »Einfühlung« oder »Einspürung« z. B. in den rechten Arm. Wie dies im einzelnen vor sich geht, erfahren Sie im praktischen Teil.

Die Fähigkeit, wohltuende körperliche Empfindungen wahrzunehmen, ist uns heute weitgehend verlorengegangen. Wir achten nur noch auf Körperfunktionen, wenn diese irgendwie gestört sind oder nicht so ablaufen, wie wir es gewohnt sind. Wir achten also nur auf negativ getönte Körpersignale.

Suggestion heißt »Beeinflussung«. Wenn wir dies ganz wörtlich verstehen, können wir damit einen guten Zugang zu unserem Selbst finden. Im Autogenen Training lernen wir, unseren Körper im positiven Sinne zu erspüren, und bewirken damit eine neue Einheit von Körper und Geist. Der Mensch ist von Natur aus eine Ganzheit. Das Autogene Training hilft, diese Ganzheit »Mensch« wiederherzustellen.

Die Verspannungen, unter denen viele leiden, beziehen sich auf den ganzen Menschen und nicht nur auf Teile. Wenn Sie sich verkrampft fühlen, sind immer mehrere Bereiche gleichzeitig betroffen: die Muskeln, der Kreislauf, verschiedene Organe, die Nerven, das hormonelle System, das geistige System und das emotionale System. Einzelne Bereiche werden jeweils in den Vordergrund treten. Beim einen mögen es Schmerzen sein, die ihn an der Entspannung hindern, beim anderen läuft das Gedanken-Räderwerk immer weiter und läßt sich nicht abstellen.

Das Autogene Training ist ein psychosomatisches Verfahren, das die Einheit von Körper und Seele wiederherstellt. Diese Verknüpfung ist so wichtig, weil die Leiden und Beschwerden des Menschen sich in allen Bereichen bemerkbar machen. Es wäre nicht gut, bei einem sogenannten körperlichen Leiden das Seelische zu vernachlässigen. Das Seelische kann sich z.B. als Angst oder Selbstunsicherheit zeigen und seinerseits mit Körpersymptomen einhergehen. Ebenso wäre es verfehlt, nur die psychische Seite des Menschen unter Mißachtung seiner Köperlichkeit zu sehen.

Eine Überbetonung des Seelischen kann zu Überempfindlichkeit und psychosomatischen Krankheiten führen. Eine Überbetonung des Geistigen kann zu Wahnvorstellungen und körperlichem Verfall führen. Eine Überbetonung des Körperlichen kann zu krankhaften körperlichen Überfunktionen und zu emotionalen Defekten, wie etwa Verleugnung des Gefühlsbereichs, führen.

Eines ist Ihnen sicherlich deutlich geworden: Wenn ein Teilbereich der Ganzheit Mensch einseitig hervorgehoben wird, führt dies zu negativen Begleiterscheinungen in diesem Bereich und zu Störungen in anderen Bereichen. Für die meisten menschlichen Leiden und Defekte hat also die willkürliche Aufspaltung des Menschen in Teile eine ungünstige Auswirkung.

Im Autogenen Training verbinden wir die geistige, gefühlsmäßige und körperliche Ebene durch autogene Selbstbeeinflussung, die sich mittels Körperspürung auf organische Zustandsänderungen bezieht. Wir werden uns unserer Ganzheit bewußt und lernen ganzheitlich zu leben.

Konzentrative Beeinflussung von Nerven-, Muskel- und Kreislaufsystem

Im Autogenen Training lernen wir, physiologisch betrachtet, die willentliche Beeinflussung des Vegetativen Nervensystems. Worum es sich hierbei handelt und was bei Aktivierung dieses Nervensystems geschieht, habe ich bereits auf den Seiten 31–35 dargelegt. Zur Erinnerung noch einmal eine schematische Darstellung der Funktionen von Sympathikus und Parasympathikus:

	Sympathikus	Parasympathikus (Vagus)
Blutdruck	Erhöhung	Senkung
Herzfrequenz	Beschleunigung	Verlangsamung
Atmung	Beschleunigung	Verflachung
Blutzucker	Vermehrung	Verminderung
Darm-Tätigkeit	Hemmung	Anregung
Harndrang	Hemmung	Anregung

Abb. 43: Funktionsrichtung von Sympathikus und Vagus

Für den modernen Menschen entfallen die Anstrengungen der Jagd, des körperlichen Kampfs und hektischer Flucht. Aber durch geistige und emotionale »Kampf«-Impulse, durch Wut, Ärger, Ehrgeiz und Streß, wird sein Nervensystem unnötig in Aufruhr versetzt, und Herz- und Atemtätigkeit werden unnötig beschleunigt. Durch Ausschüttung des Hormons Adrenalin kommt es zu einer weiteren Aktivierung. Die dadurch zur Verfügung gestellten Energien, die zu körperlicher Leistung verwendet werden sollten, werden aber nicht abgerufen. Dies führt zu einem »Energiestau« im Körper. Die Energien müssen in irgendeine Richtung gelenkt werden. Einige der möglichen Ableitungswege kennen Sie. Dazu gehören Aggressionen, Zittern, Schwindelgefühle und Kopfdruck.

Diese Erscheinungen können auch beim vollkommen gesunden Menschen auftreten, jedoch in geringerer Ausprägung als beim gehetzten Streßmenschen. Beim gesunden Menschen wirken nämlich Sympathikus und Vagus gleichzeitig und gleichberechtigt.

Diese beiden Anteile des Vegetativen Nervensystems wollen wir im Autogenen Training beeinflussen. Es mag erstaunlich für Sie sein, daß wir überhaupt lernen können, das Vegetative Nervensystem willentlich zu beeinflussen, wo doch dieses System im Deutschen »unwillkürliches Nervensystem«, also willentlich nicht beeinflußbares Nervensystem, genannt wird.

Diese begriffliche Schwierigkeit hat zwei Ursachen: Zum einen bezeichnete man alle Funktionen, die nicht der muskulären Willkür zugänglich sind, als »unwillkürlich«. Es ist in der Tat nicht möglich, das Herz oder die Nerven ähnlich willkürlich zu bewegen wie die Arm- oder Beinmuskeln. Man war zum andern früher der Auffassung, das Vegegtative Nervensystem sei überhaupt nicht willentlich zu beeinflussen. Die Erfahrung, daß dies doch möglich ist, und zwar mit Hilfe der autosuggestiven Fähigkeiten, die im Autogenen Training geübt werden, breitet sich immer mehr aus.

Mit Hilfe »formelhafter Vorsatzbildungen«, wie J. H. SCHULTZ, der Begründer des Autogenen Trainings, die Selbstbeeinflussungsformeln genannt hat, können Sie lernen, über die Bahnen des Sympathikus und des Parasympathikus gezielt und willentlich Entspannungsimpulse zu senden. Sie können übrigens auch lernen, Anspannungsimpulse zu senden, nur sehe ich darin keinen rechten Sinn. Was den Menschen am meisten zu schaffen macht, sind gerade Überanspannung und Verkrampfungen im Muskelsystem, im Kreislaufsystem und in den übrigen Organen.

Wenn Sie lernen, das Vegetative Nervensystem gezielt zu beeinflussen, lernen Sie gleichzeitig die willentliche Beeinflussung anderer Körpersysteme. Kreislauf-, Muskel- und Organsysteme sind nämlich über konzentrative Beeinflussung des Vegetativen Nervensystems erreichbar. Das Kreislaufsystem ist zwar nicht direkt autosuggestiv beeinflußbar, sondern nur über das Vegetative Nervensystem. Die Nerven steuern die Ausdehnung und Verengung der Blutgefäße. Da wir lernen können, über Nervenbahnen willentlich Entspannungsimpulse zu senden, können wir auch lernen, Blutgefäße zu entspannen und so für eine bessere Durchblutung des Körpers zu sorgen.

Dies sollten Sie sich ab und zu vergegenwärtigen, damit Sie den physiologischen Zusammenhang kennen, der bei den Übungen des Autogenen Trainings angesprochen wird. Wenn Sie sich z. B. mit der Wärmeübung befassen, denken Sie daran, daß die Wärmeempfindung durch Entspannung der Blutgefäße und durch verbesserte Durchblutung zustande kommt. Mit der Autosuggestionsformel stellen Sie sich also auf Körperempfindungen ein, die in einem tieferen Entspanntheitszustand erlebt werden.

Die Zustände und die Empfindungen, die Sie mit Autogenem Training erreichen können, haben Sie größtenteils bereits als unwillkürlich ablaufende Prozesse erlebt, etwa kurz vor dem Einschlafen, beim Fernsehen oder Lesen. Das Neue beim Autogenen Training ist lediglich, daß Sie die Entspannungsempfindungen nach entsprechender Übung auch willentlich und gezielt herbeiführen können.

Obwohl es die Möglichkeiten der Selbststeuerung durch Entspannungsverfahren gibt, steigt der Verbrauch von Psychopharmaka, besonders von Beruhigungsmitteln, ständig in erschreckender Weise.

Auch blutdrucksenkende Mittel können zu einer Entspannungsempfindung führen, wenn die im Körper vorhandenen Erregungsimpulse durch chemischen Eingriff an der Weiterleitung gehindert werden. Dies gelingt allerdings nur bei weniger als 50 Prozent der mit blutdrucksenkenden Mitteln behandelten labilen Hochdruckpatienten. In diesen erfolgreichen Fällen werden die bereits gesendeten Erregungsimpulse unterdrückt. Dies kann andere Störungen hervorrufen. Zwar werden weniger Impulse fühlbar, im Laufe der Zeit kommt es jedoch eher zu psychosomatischen Erkrankungen, eben weil die bereits gesendeten Erregungsimpulse unterdrückt und folglich nicht verarbeitet werden.

Im Autogenen Training wählen wir ein günstigeres Vorgehen. Einerseits lernen wir die bereits ausgesendeten Erregungsimpulse durch gezielte Entspannung besser zu verarbeiten. Andererseits lernen wir, durch fortgesetztes Trainieren die Körperfunktionen immer weiter zu normalisieren.

Wozu Autogenes Training?

Ausgangssituation

Versuchen Sie einmal, sich zurückzuerinnern, in welcher Reihenfolge sich die Störungen und Beschwerden, mit denen Sie zu tun haben, entstanden sind. Wahrscheinlich hat es bei Ihnen mit leichten Verspannungen und Verkrampfungen der Muskelstränge im Schulterbereich begonnen, denen Sie zunächst keine Bedeutung beigemessen haben. Danach stellten sich wahrscheinlich Schlafstörungen in Form von Einschlaf- oder Durchschlafschwierigkeiten ein.

Bei Klienten, die das Autogene Training erlernen wollten, habe ich gehäuft diese Abfolge von Verkrampfungen im Schulternackenbereich und Schlafstörungen feststellen können. Der Schluß liegt nahe, daß dies Beschwerden sind, die das Psychovegetative Syndrom einleiten oder, bildhaft gesprochen, »den Stein ins Rollen bringen«. Wer beim Auftreten dieser Symptome nicht lernt, sich gezielt zu entspannen und sich zusätzlich den möglicherweise vorhandenen Problemen zu stellen, wird bald mit Konzentrationsschwierigkeiten, Gedächtnisschwäche, Leistungsabfall und Angstgefühlen reagieren. Er schafft seine Arbeit und seine übrigen Verpflichtungen immer schlechter, er leidet unter Überbelastung, er fängt immer mehr Dinge an, ohne eins zu Ende zu führen, er wird immer reizbarer und unbesonnener. Ist er an diesem Punkt angelangt und hat er noch nicht den Weg zu einem Entspannungsverfahren gefunden, kommt es je nach Persönlichkeitsstruktur zu unterschiedlichen Weiterentwicklungen. Der eine wird unbeherrscht und aggressiv; der andere resigniert und wird depressiv. Die Weiterentwicklung in eine dritte Richtung ist die häufigste: Hierbei stellen sich weitere und verstärkte psychovegetative und psychosomatische Leiden ein, also Kopfschmerzen, Schwindelgefühle,

Schweißausbrüche, Zittrigkeit, Beklemmungsgefühle oder auch Magenschmerzen, Magengeschwüre, Zwölffingerdarmgeschwüre, Herzbeschwerden, Herzinfarkt, Gallenleiden, Leberleiden.

Damit möchte ich nicht gesagt haben, daß alle genannten organischen Störungen auf diesem Hintergrund entstehen. Für den größten Teil jedoch dürfte dies zutreffen. Es gibt rein somatisch (körperlich) bedingte Erkrankungen, die mit der Psyche kaum etwas zu tun haben. Aber auch zusammen mit oder als Folge von somatischen Erkrankungen treten oft Verspannungen, Verkrampfungen, Schlafstörungen, Konzentrationsschwäche, innere Unruhe, körperliche und seelische Erschöpfung und gegebenenfalls neue organische Beschwerden auf. Auch diese Folgeerscheinungen rein somatischer Erkrankungen sind mit Autogenem Training zu beeinflussen. Mit dem Autogenen Training lernen wir, in den Kreisprozeß oder Teufelskreis der sich verschlimmernden Symptome einzugreifen.

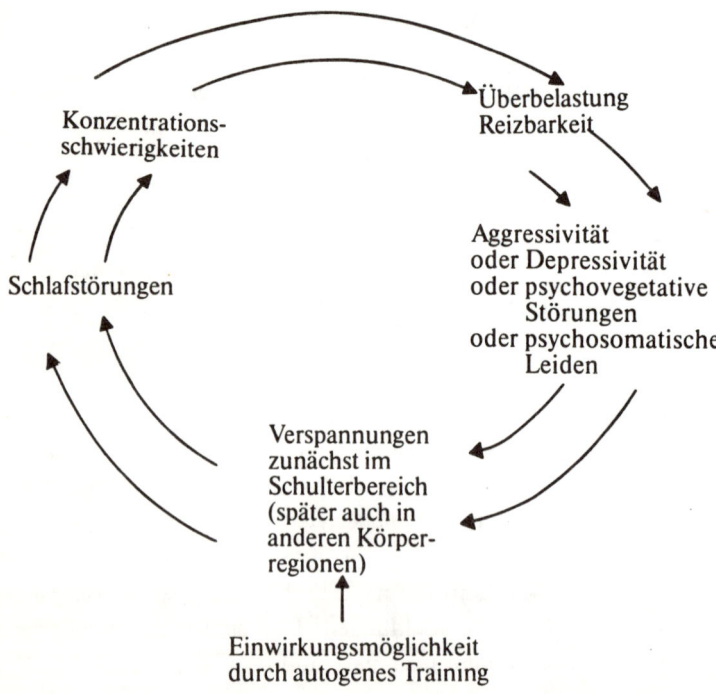

Abb. 44: Kreisprozeß der Verspannungen

Wenn Sie sich den Kreisprozeß bildlich vorstellen, ergibt sich eine Spirale, die immer engere Kreise zieht (siehe Abb. 44).

Gesundheitsvorsorge und allgemeine Entspannung

Wir wollen mit Autogenem Training lernen, den Teufelskreis der Verspannungen und Verkrampfungen zu unterbrechen und die aus den Fugen geratene Ganzheit, die wir sein und nach der wir leben wollen, wieder zusammenzufügen. Wir können mit Hilfe des Autogenen Trainings lernen, das ursprüngliche Ordnungsgefüge wiederherzustellen.

Dabei ist weniger entscheidend, durch welche Einflüsse jemand in den Teufelskreis hineingeraten ist. Es können Erziehungs- und Umwelteinflüsse eine Rolle spielen; Konflikte in Beruf und Familie können sich belastend auswirken. Trotz der Probleme läßt es sich lernen, die psychovegetativen Steuerungsmechanismen wieder stärker zu koordinieren.

Das Autogene Training kann Ihnen nicht auf direktem Wege Belastungen, Probleme oder Konflikte abnehmen. Mit seiner Hilfe können Sie jedoch günstigere Voraussetzungen schaffen, mit anstehenden Belastungen fertig zu werden. Sie können lernen, sich aus der konflikthaften Verstrickung zu lösen, mehr Abstand zu den unbewältigten Problemen zu bekommen. Ist das erreicht, gilt es, ein aktives Konfliktlösungsverhalten zu übernehmen (Abb. 45).

Eine gelassenere Einstellung auf die Konflikte und Probleme bedeutet aktive Gesundheitsvorsorge, mehr Selbstsicherheit und mehr Entspannung. Das Autogene Training kann helfen, die gelassene Grundhaltung zu erwerben, die es ermöglicht, mit den Alltagsbelastungen und den eigenen Schwächen leichter fertig zu werden.

Gesundheitsvorsorge beinhaltet auch die Möglichkeit, vorsorglich ein Verfahren zu erlernen, das sich immer dann, wenn eine Situation schwierig wird, hilfreich anwenden läßt.

Manchmal ist es so, daß anstehende Probleme nicht zu lösen sind, zum Beispiel wenn Sie einen sterbenskranken Partner zu pflegen

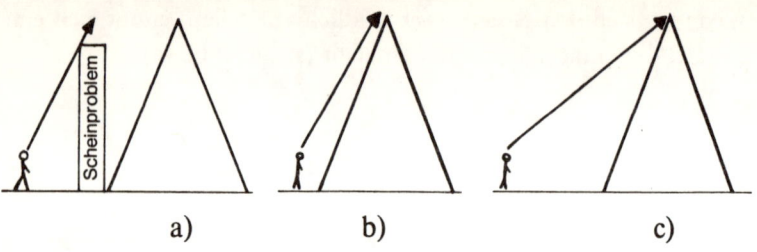

Abb. 45: Blickwinkel für Problemsicht

a) Das eigentliche Problem, das sich zum Berg aufgetürmt hat, wird gemieden. Es wird ein Scheinproblem als abschirmende Mauer vor das ursprüngliche Problem gestellt. Auswirkung: Das eigentliche Problem kann nicht bewältigt werden, weil der Betroffene es nicht wahrnimmt. Außerdem türmt sich das Scheinproblem so steil vor ihm auf, daß er auch dieses nicht bewältigen kann.
b) Der Betroffene sieht zwar das Problem, es ist aber derart hautnah und erdrückend, daß er sich wie gelähmt fühlt und keine Lösungsmöglichkeit findet.
c) Mit Hilfe des Autogenen Trainings hat er gelernt, etwas mehr Abstand vom Problem zu gewinnen. Der Blickwinkel ist weniger steil geworden; er fühlt sich freier und findet vielleicht Lösungs- oder Linderungsmöglichkeiten, die er vorher überhaupt nicht gesehen hat. Zumindest ist er besser in der Lage, das Problem aktiv anzugehen.

haben. Sie sollten sich aber in solchen Fällen unbedingt mit einer vertrauten Person oder Gruppe besprechen. Vielleicht gibt es noch Teilaspekte, in denen Lösungen oder bessere Arrangements möglich sind. Sollte dies nicht der Fall sein, wirkt sicherlich die Aussprache entlastend und führt eventuell zu einer Einstellungsänderung. Die weitere Entspannung können Sie durch Autogenes Training unterstützen.

Klienten, die mit Hilfe von Autogenem Training wieder einen zunehmenden Entspannungsgrad erreicht haben, berichten über ruhigeren Schlaf, geringere Nervosität, weniger Muskelverspannungen, geringere Hetze und weniger Zeitdruck. Äußerungen wie »Das Warten fällt mir nicht mehr so schwer«, »Die Fliege an der Wand stört mich nicht mehr« oder »Ich fühle mich jetzt rundherum wohl« sind Umschreibungen für das, was wir mit Entspannung meinen.

Gezieltes Ansprechen einzelner Körperregionen

Das Autogene Training hat ein allgemeines und ein spezifisches Ziel. Zum einen wird eine allgemeine Entspannung sowie eine dauerhaft-bessere Regulation der Körpersysteme angestrebt; dies entspricht einer allgemeinen Senkung des Erregungsniveaus. Zum anderen können Sie die Möglichkeit erwerben, sich in jeder belastenden Situation sofort zu helfen.

Eindrucksvolle Berichte stammen von Himalaja-Expeditionen. Nach Lawinenzwischenfällen war eine Expeditionsgruppe eingeschlossen. Nur diejenigen, die Autogenes Training oder ein entsprechendes Entspannungsverfahren gelernt hatten, konnten überleben und sich vor größeren Erfrierungen schützen, weil sie die Durchblutung ihres Körpers durch die Wärmeübung gezielt anregen konnten.

Eine andere eindrucksvolle Schilderung stammt von H. LINDEMANN, der allein in einem Faltboot den Atlantik überquerte; er hielt die damit verbundenen Strapazen nur mit Hilfe von Autogenem Training durch. Autogenes Training half ihm bei Angstzuständen, Magenkrämpfen, Salzwasserwunden und Erschöpfungszuständen. LINDEMANN ist ein Mensch, der die Gefahr und das Risiko sucht, um sich selbst zu beweisen. Sein Verhalten erinnert mich an manche Klienten mit Herzinfarkten, die sich wie aus einem inneren Zwang heraus überfordern und dann erstaunt sind, daß ihr Organismus extreme Belastungen über längere Zeiträume hinweg nicht erträgt.

Aber auch die Belastungen, die tagtäglich von außen auf uns zukommen, sind bereits so groß, daß mancher keinen Ausweg mehr sieht und dankbar die Selbstentspannungsmethode des Autogenen Trainings annimmt. Anderen Belastungen unterwerfen wir uns aufgrund übersteigerter Eigenanforderungen. Sollte dies auch für Sie zutreffen und sollte es Ihnen allein oder mit Hilfe des Autogenen Trainings nicht gelingen, eine Verhaltensänderung herbeizuführen, besteht noch die Möglichkeit, dies mit psychotherapeutischer Unterstützung zu erreichen. Die Anschriften einiger Psychotherapieverbände finden Sie am Schluß des Buches.

In jedem Fall ist das Autogene Training günstig, auch bei ursprünglich körperlichen Leiden. Die Besserungsmöglichkeiten durch Autogenes Training sind entsprechend der Ursache beziehungsweise Herkunft der Beschwerden unterschiedlich. Wenn es sich bei Kopfschmerzen zum Beispiel um Spannungskopfschmerzen handelt, können diese vollkommen beseitigt, tumorbedingte Kopfschmerzen dagegen lediglich etwas gelindert werden. An diesem Beispiel dürfte Ihnen auch deutlich werden, daß Sie bei Schmerzzuständen unklarer Herkunft einen Arzt konsultieren sollten, der dann eventuell notwendige Untersuchungen veranlassen kann. Wenn ärztlicherseits, um ein Beispiel zu nennen, eine Mittelohrentzündung bekannt ist und behandelt wird, können Sie noch zusätzlich Autogenes Training üben. Bei anderen Schmerzzuständen, wie etwa Wirbelsäulenleiden, ist die Medizin weitgehend machtlos; das Autogene Training bietet Ihnen eine Möglichkeit, die Schmerzen zu lindern.

Ein Magengeschwür wird bei einem autogen Trainierten wesentlich schneller abklingen als bei einem Untrainierten. Außerdem wird die Auftrittswahrscheinlichkeit eines neuen Magengeschwürs erheblich verringert.

Die Spannbreite der Hilfen durch Autogenes Training ist also recht groß. Abgesehen von der allgemeinen Entspannung lernen Sie für die wichtigsten Organbereiche besondere Übungen kennen und können im Bedarfsfall, wenn Beschwerden auftreten, die Herzübung, die Atemübung, die Bauchübung oder die Kopfübung gezielt einsetzen.

Gelassenheit und Konzentrationssteigerung

Die Ziele des Autogenen Trainings faßt J. H. SCHULTZ folgendermaßen zusammen:

1. Erholung

2. Selbstruhigstellung

3. Selbstregulierung sonst unwillkürlicher Körperfunktionen, wie zum Beispiel des Blutkreislaufes

4. Leistungssteigerung, zum Beispiel des Gedächtnisses

5. Schmerzabstellung

6. Selbstbestimmung

7. Selbstkritik und Selbstkontrolle durch Innenschau in der Versenkung.

Er fomuliert:

»Die konzentrative Selbstentspannung des Autogenen Trainings hat also den Sinn, mit genau vorgeschriebenen Übungen sich immer mehr innerlich zu lösen und zu versenken und so eine von innen kommende Umschaltung des gesamten Organismus zu erreichen, die es erlaubt, Gesundes zu stärken, Ungesundes zu mindern oder abzustellen. Wie der Mensch, der lesen gelernt hat, nun lebenslänglich lesen ›muß‹, wenn er Schriftzeichen sieht, ›muß‹ dem autogen Trainierten eine entspannt gelassene Haltung zur zweiten Natur werden.«*

Versuchen wir, uns am Beispiel des Lesens und Lesenlernens den autogenen Trainingsprozeß weiter zu verdeutlichen. Erinnern Sie sich an eine Fahrt auf der Autobahn: Vor den Autobahnausfahrten pflegen Sie alle angegebenen Städtenamen zu lesen, selbst wenn Sie noch einige hundert Kilometer weiterfahren wollen. Sie spüren einen Drang, die Buchstaben, die Sie sehen, zu Worten zusammenzusetzen. Das gleiche passiert Ihnen, wenn Sie in einer Stadt sind und Geschäftsnamen oder Reklameschilder sehen. Auch hier können Sie gar nicht anders, als die Worte zu lesen. Sie haben dies einmal gelernt und tun es in der Folgezeit immer wieder.

Dieses Beispiel können Sie auf das Autogene Training übertragen: Wenn die Formeln und die angestrebten Entspannungszustände eingeübt sind, treten durch Denken oder Lesen der Formeln des Autogenen Trainings die mittrainierten Entspanntheitszustände zwangsläufig ein. Sie können die Entspannung in diesem Fall nur durch die konzentrative Gegeneinstellung auf einen Spannungszustand verhindern. Ich wüßte jedoch keinen Grund, weshalb Sie sich auf Spannung einrichten sollten, allenfalls auf eine konzentrierte Aufmerksamkeit. Konzentration ist jedoch am wirkungsvollsten,

---

* J. H. SCHULTZ: Übungsheft für das Autogene Training (Stuttgart, 1973) S. 10

wenn sie ohne besondere Anspannung der Körpersysteme stattfindet.

Der gestreßte Hochleistungsmensch kann sich dies schwer vorstellen. Er hat noch nicht erfahren, wie die Konzentrationsfähigkeit mit dem steigenden Grad der Gelassenheit zunimmt. Er ist davon überzeugt, daß er in Spannung sein muß, um sich konzentrieren zu können, und er handelt entsprechend. Er verwechselt Gelassenheit mit Gleichgültigkeit, und er befürchtet, ihm könnte irgendwann Gleichgültigkeit oder Trägheit vorgeworfen werden. Ein solcher Mitmensch verdeckt oft eine Selbstwertproblematik. Er findet in sich selbst keinen festen Pol, sondern macht sich von der Beurteilung anderer abhängig. Er hat in der Folgezeit Angst, daß aus Beurteilung eine Verurteilung wird. Wenn die Beurteilung an die Arbeitsleistung geknüpft wird, befürchtet er zum Beispiel eine Abwertung seiner Leistungsfähigkeit. Er übernimmt erneut zusätzliche Arbeiten; er wartet auf Anerkennung, die ausbleibt; er macht Überstunden; und er kommt langsam, aber sicher ins »Trudeln und Schleudern«, denn inzwischen werden auch die psychovegetativen Begleiterscheinungen immer stärker.

Durch den Einsatz des Autogenen Trainings streben wir keine totale Umkehrung der bisherigen Verhaltensweisen an. Dies ist nicht möglich und auch nicht sinnvoll. Erstrebenswert ist ein Gefühl des Wohlbefindens. Um dies zu erreichen, können Sie lernen, Verhaltensweisen und Persönlichkeitszüge, die zu stark ausgeprägt sind, abzuschwächen beziehungsweise die Spitzen und Auswüchse zu glätten. Auch hier hat das SCHULTZ-Zitat Gültigkeit: »Autogenes Training macht gelassen, aber nicht gleichgültig.« Autogenes Training will Ihnen keine Ihrer liebgewonnenen Angewohnheiten oder allzumenschlichen Schwächen nehmen. Sie erlangen vielmehr die Fähigkeit, Ihre Schwächen zu kontrollieren – wenn Sie dies wollen. Autogenes Training nimmt Ihnen keine Möglichkeiten, sondern es gibt Ihnen neue dazu: In einer gelassenen Atmosphäre wird Ihr Entscheidungsspielraum erweitert; Sie finden besser zu sich selbst, und Ihre schöpferische Gestaltungsfähigkeit nimmt zu.

Mit innerer Sammlung und Gelassenheit können Sie den Alltagsbelastungen gelöster gegenüberstehen und sie leichter bewältigen.

Wenn Ihnen trotzdem einmal nach Ärger oder Erregung zumute ist, sollten Sie sich keinen Zwang auferlegen. Geben Sie ruhig Ihren Impulsen nach, zumindest, wenn die momentane Situation dies ohne negative Konsequenzen erlaubt. Ich denke hierbei z. B. an ein Fußballspiel oder eine Fernsehsendung.

Manche Klienten kommen mit der Vorstellung zu mir, sie müßten sich zur Ruhe zwingen. Daß dies nicht der richtige Weg sein kann, dürfte Ihnen nach der bisherigen Lektüre bereits deutlich geworden sein. Zwang bedeutet Spannung und damit das Gegenteil von Entspannung.

Ihre zukünftige Freiheit soll unter anderem in der Wahlmöglichkeit zwischen Spannung und Entspannung bestehen. Bisher hatten Sie keine Wahl. Die Spannung hatte von Ihnen Besitz ergriffen, und Sie hatten kein geeignetes Mittel, etwas dagegen zu tun.

Fragebogen zur individuellen Notwendigkeit von Autogenem Training

Sofern Sie überprüfen wollen, inwieweit Autogenes Training für Sie sinnvoll beziehungsweise wichtig ist, füllen Sie bitte den umseitigen AT-Fragebogen aus. Gleichzeitig können Sie ihm eine Auswahl von Beschwerden entnehmen, die durch Autogenes Training zu beseitigen beziehungsweise zu lindern sind.
Eine Auswertungsanleitung finden Sie im Anschluß an den Fragebogen auf Seite 179.

AT-Fragebogen

Im folgenden finden Sie eine Liste von Leiden und Beschwerden. Kreuzen Sie bitte das jeweils für Sie zutreffende Feld an.

	häufig/ stark	selten/ manchmal	nicht/ niemals
1. Reizbarkeit	☒ 2	☐ 1	☐ 0
2. Nervosität	☐ 2	☒ 1	☐ 0
3. Einschlafschwierigkeiten	☐ 2	☐ 1	☒ 0
4. Durchschlafschwierigkeiten	☐ 2	☐ 0	☒ 0
5. Abgespanntheit	☒ 2	☐ 0	☐ 0
6. Muskelverspannungen	☐ 2	☒ 1	☐ 0
7. Kalte Hände/Füße	☒ 2	☐ 1	☐ 0
8. Innere Unruhe	☒ 2	☐ 1	☐ 0
9. Aufsteigende Hitze	☐ 2	☒ 1	☐ 0
10. Schweißausbrüche	☐ 2	☒ 0	☐ 0
11. Schwindelgefühle	☐ 2	☐ 1	☒ 0
12. Zittrigkeit	☐ 2	☐ 1	☒ 0
13. Kopfschmerzen	☐ 2	☐ 1	☒ 0
14. Echte Migräne	☐ 2	☐ 1	☒ 0
15. Mattigkeit	☐ 2	☒ 1	☐ 0
16. Konzentrations- schwierigkeiten	☐ 2	☒ 1	☐ 0
17. Beklemmungsgefühle	☐ 2	☒ 1	☐ 0
18. Berufliche Sorgen	☐ 2	☒ 1	☐ 0
19. Private Sorgen/Konflikte	☐ 2	☒ 1	☐ 0
20. Angstzustände	☐ 2	☒ 2	☐ 0
21. Schwere Träume	☐ 2	☒ 1	☐ 0
22. Grundloses Weinen	☐ 2	☒ 2	☐ 0
23. Kloß-Würgegefühl im Hals	☐ 2	☒ 2	☐ 0
24. Herzschmerzen	☐ 2	☐ 1	☒ 0
25. Herzjagen, Herzstolpern	☐ 2	☐ 2	☒ 0
26. Kreislaufbeschwerden	☐ 2	☒ 1	☐ 0
27. Magenbeschwerden	☒ 2	☐ 2	☐ 0
28. Verdauungsbeschwerden	☐ 2	☒ 1	☐ 0
29. Atembeschwerden	☐ 2	☒ 1	☐ 0
30. Grübeln über die Krankheit	☐ 2	☒ 1	☐ 0

Wie verhalten Sie sich in Konfliktsituationen (wenn es zu einer Auseinandersetzung kommt)?

— im Betrieb: ....

— zu Hause: ....

Welche Probleme belasteten Sie in letzter Zeit? .... *Arbeit*

....

Auswertung des Fragebogens

1. Addieren Sie die hinter Ihren Kreuzen stehenden
   Zahlen   _23_ Punkte

2. Bewerten Sie das Verhalten in den Konfliktsituationen nach folgendem Schema:
   a) besonnenes u. ä. Verhalten: je 0 Punkte
   b) hektisches u. ä. Verhalten: je 2 Punkte
   c) „in-sich-hineinfressendes"
      Verhalten: je 4 Punkte   _2+2_ Punkte

3. Bewerten Sie jedes Problem nach der von Ihnen
   empfundenen Belastungsstärke mit 1–3 Punkten
   nach folgendem Muster:
   a) etwas belastend: je 1 Punkt
   b) belastend: je 2 Punkte   _2_
   c) stark belastend: je 3 Punkte   ____ Punkte

                                           gesamt: _35_ Punkte

Bewertung

Wenn Sie weniger als 15 Punkte errechnet haben, können Sie sich
über Ihre relative psychovegetative Stabilität freuen. Das Autogene
Training hat bei Ihnen vor allem vorbeugende Wirkungen. Sie können damit rechnen, daß sich die Beschwerden, die Sie angegeben
haben, bessern oder beseitigen lassen. Konsequentes Trainieren ist
natürlich Voraussetzung.

Wenn Sie 15–30 Punkte errechnet haben, befinden Sie sich bereits
im Kreis der Verspannungen und der psychovegetativen beziehungsweise psychosomatischen Störungen. Sie sollten möglichst
bald mit dem Autogenen Training beginnen. Nach etwa zwei Monaten konsequenten Trainierens und nach vollzogener Problembearbeitung können Sie eine wesentliche Besserung beziehungsweise
die Beseitigung der Beschwerden erreichen.

Wenn Sie über 30 Punkte errechnet haben, stecken Sie bereits tief
im Kreis der Verspannungen und Belastungen. Sie sollten einge-
hend die Hinweise zur Problem- und Konfliktverarbeitung lesen
und entsprechend handeln. Parallel dazu sollten Sie konsequent die
Übungen des Autogenen Trainings durchführen. Auch Sie können
eine Linderung beziehungsweise die Beseitigung mancher Beschwerden erreichen, nur wird dies länger dauern als bei den anderen Gruppen.

Die Frage der Eignung

Positive Einstellung und Durchhaltevermögen

Sie haben bereits einiges über die Anwendungsbereiche des Autogenen Trainings erfahren. An dieser Stelle sei nochmals genauer auf die Voraussetzungen eingegangen, die Sie mitbringen sollten, wenn Sie Autogenes Training erlernen möchten. Manche haben die Vorstellung, sie müßten ein gutes »Medium« sein, und denken an okkulistische Veranstaltungen. Damit hat Autogenes Training jedoch nichts zu tun, wie Sie den Anfangskapiteln bereits entnehmen konnten.

Die wichtigste Voraussetzung ist eine positive Einstellung zu diesem Entspannungsverfahren. Sie sollen Autosuggestion, also Selbstbeeinflussung üben, und das gelingt nur, wenn Sie dies auch wollen. Selbst eine Hypnose kann nur dann funktionieren, wenn der Klient dies möchte und die Fremdsuggestion als Eigensuggestion übernimmt. Die Fachleute sind sich heute darüber einig, daß Fremdsuggestion nur über Selbstsuggestion wirken kann.

Eine positive Einstellung ist zum Erlernen eines Entspannungsverfahrens notwendig, weil eine negative Voreinstellung Abwehr und damit Spannung bedeuten würde. Wer nicht bereit ist, Abwehr beziehungsweise Spannung aufzugeben, kann keine Entspannung lernen. Dies bedeutet jedoch nicht, daß eine kritische Anfangshaltung ungünstig wäre. Sie ist sogar begrüßenswert, denn Sie sollen sich nicht überreden, sondern überzeugen. Dazu ist es allerdings notwendig, dem Verfahren einen gewissen Kredit in Form von positiver Voreinstellung zu geben, denn überzeugt werden können Sie nur durch Ihre eigenen positiven Erfahrungen mit der Entspannungsmethode. Ein Klient schreibt: »Die Mühe und die Überwindung der Skepsis haben sich gelohnt, und ich möchte diese Möglichkeit der Entspannung nicht mehr missen. Die Übungen gelingen mir jetzt in jeder Lage, auch im Stehen.« Ein anderer schreibt: »Obwohl ich anfangs sehr skeptisch war, habe ich mich von der Richtigkeit und Wichtigkeit des Autogenen Trainings überzeugt und eine größere Bereitschaft zur inneren Offenheit erzielt. Meine Innenschau wurde bereichert, und meine Toleranz hat zugenommen.«

Die mangelnde Konzentrationsfähigkeit macht vielen Übenden am Anfang zu schaffen, und sie ziehen daraus den Schluß, sie seien für Autogenes Training nicht geeignet. Dies ist sicher falsch. Das Autogene Training führt sogar zu einer Steigerung der Konzentrationsfähigkeit, nur bedarf es des intensiven Übens, bevor dieser Erfolg erreicht wird.

Es gibt nur einen echten Hinderungsgrund: Sie wollen Autogenes Training nicht erlernen beziehungsweise Sie sträuben sich dagegen. Jeder, bei dem dies nicht der Fall ist, ist grundsätzlich geeignet. Entsprechend der Vorbelastung werden die angestrebten Empfindungen bei dem einen zwei Wochen früher, bei dem anderen zwei Wochen später erreicht.

Etwas Durchhaltevermögen ist zum Erlernen des Verfahrens günstig. Dies bedeutet nicht, daß eine verbissene Hartnäckigkeit von Ihnen gewünscht wird, sondern eine lockere Ausdauer. Man könnte das Erlernen des Autogenen Trainings mit dem Lesen- oder Rechnenlernen vergleichen. Das Rechnen haben Sie auch nur durch ständiges Üben erlernt. Sie haben mit ganz leichten Aufgaben angefangen und hatten nicht gleich den überhöhten Anspruch, nach der ersten Rechenstunde bereits alle Rechenarten zu beherrschen. An das Autogene Training stellen gerade Erwachsene solche überhöhten Erwartungen. Vielen Menschen ist mit der Kindheit auch die Geduld verlorengegangen. Sollten Sie der Auffassung sein, alles müsse entweder sofort oder gar nicht erledigt werden, neigen Sie also zu extremen Standpunkten, sollten Sie sich von vornherein auf mögliche Enttäuschungen bezüglich der Trainingsfortschritte einstellen. Wenn Sie sich hingegen im täglichen Training nicht beirren lassen, werden Sie Ihr Ziel erreichen.

Wenn Sie von sich wissen, daß Sie recht wankelmütig und wenig ausdauernd sind, sollten Sie dies durch eine Verstärkung der Motivation auszugleichen versuchen. Fragen Sie sich, was Sie durch Autogenes Training erreichen wollen. Gehen Sie dabei von Ihren Beschwerden oder Ihrem Befinden aus. Wenn Sie leicht reizbar sind, könnte Ihr Ziel lauten: Ich möchte erreichen, daß ich nicht bei jeder Auseinandersetzung die Fassung verliere. Wenn Sie an häufigen Magenbeschwerden leiden, könnte Ihr Ziel lauten: Ich möchte durch diese Entspannungsübungen lernen, die täglichen Einflüsse leichter zu verkraften. Setzen Sie sich die Ihrer Person entsprechenden Nah- und Fernziele und sehen Sie die einzelnen Übungen als Bausteine auf dem Wege zu diesen Zielen. Auch bei einem Hausbau beginnen Sie mit dem Fundament.

Fragebogen zur Eignung

Kreuzen Sie bitte das jeweils für Sie zutreffende Feld an. Überlegen Sie nicht lange, sondern antworten Sie möglichst spontan.

	stimmt genau	stimmt in etwa	stimmt gar nicht
1. Ich kann mich gut in andere hineindenken	☐ 2	☑ 1	☐ 0
2. Man hält mich für einen optimistischen Menschen	☐ 2	☑ 1	☐ 0
3. Wenn ich ein Ziel erreichen will, gebe ich so schnell nicht auf	☑ 2	☐ 1	☐ 0
4. Ich kann mich wenigstens 10 Sekunden auf ein Thema konzentrieren	☑ 2	☐ 1	☐ 0
5. Ich habe ein gutes, bildhaftes Vorstellungsvermögen	☑ 2	☐ 1	☐ 0
6. Ich weiß, was ich mit autogenem Training erreichen möchte	☑ 2	☐ 1	☐ 0
7. Man sagt mir Gründlichkeit und Ordnungsliebe nach	☑ 2	☐ 2	☐ 0
8. Bei mir muß alles schnell erledigt sein	☑ 0	☐ 1	☐ 2
9. Ich bin empfindsam	☑ 2	☐ 2	☐ 0
10. Ich bin für meine Ausdauer bekannt	☑ 2	☐ 1	☐ 0

Auswertung des Fragebogens

Addieren Sie die hinter Ihren Kreuzen stehenden Zahlen.

Bewertung

Unter 5 Punkte:
Wer weniger als 5 Punkte erreicht hat, sollte sich zunächst nicht mit dem Autogenen Training beschäftigen. Die Voraussetzungen zum Erlernen eines autosuggestiven Verfahrens sind zu ungünstig, als daß Sie berechtigte Hoffnung auf einen Trainingserfolg haben könnten. Günstigere Entspannungsverfahren sind momentan Biofeedback oder Tiefmuskel-Entspannungstraining. Nach entsprechender Vorbereitung können auch Sie das Autogene Training erlernen.

Ab 5 Punkte:
Sie sind grundsätzlich für Autogenes Training geeignet. Sie sollten jedoch damit rechnen, daß Sie bis zur Beherrschung des Verfahrens etwas länger brauchen werden als der Durchschnitt. Das Wichtigste ist für Sie das regelmäßige Üben. Unwichtig ist in den ersten Wochen, ob die angezielten Empfindungen eintreten.

Ab 10 Punkte:
Sie sind für das Autogene Training voll geeignet. Konzentrationsschwierigkeiten wird es bei Ihnen zwar geben; diese werden Ihren Trainingsfortschritt jedoch nicht stärker als bei anderen bremsen.

Über 15 Punkte:
Sie sind für das Autogene Training voll geeignet. Sie werden rasche Fortschritte machen und gehören zu denjenigen, die sofort gut mit den Übungen zurechtkommen.

Notwendiger Übungseinsatz

Trainingsphase

Wir unterscheiden eine Trainings- und eine Anwendungsphase. In der Trainingsphase geht es um das Erlernen und »Einschleifen« der Übungen und noch nicht um die Anwendung in konkreten, belastenden Situationen. Das Ziel ist natürlich, später in allen anspannenden Situationen Autogenes Training mit Erfolg anwenden zu können.

Bevor das Ziel erreicht werden kann, muß jedoch der Weg zum Ziel zurückgelegt werden. Diese elementare Gesetzmäßigkeit vergessen oder mißachten manche Anfänger im Autogenen Training. Sie stellen sich vor, Entspannung erzwingen zu können, und sind enttäuscht und ärgerlich, wenn dies nicht nach der ersten Übungsstunde gelingt. Ein solches Vorgehen führt mit Sicherheit zum baldigen Aufgeben des Trainings. Der Betreffende erlebt einen Mißerfolg und wird wahrscheinlich in seiner Umgebung verbreiten, daß Autogenes Training nichts wert sei und er seinen Streß nicht einfach wegreden könne. So sagte jemand: »Ich habe mir ja solche Mühe gegeben, aber ich merke keine Erfolge. Mir kann keiner helfen. Ich muß schon so weiterkrebsen wie bisher. Wie lange ich das in der Firma noch aushalte, kann ich allerdings nicht sagen.« Auf Nachfragen ergab sich, daß der Betreffende dreimal versucht hatte, sich mit den Übungen zu befassen, und dann bereits aufgegeben hatte.

Sie können aus dieser Äußerung zumindest zwei Schlüsse ziehen:

1. Sie sollten sich nicht darauf verlassen, daß andere Ihnen »aus der Patsche« helfen; dies führt zu einer passiven Empfängerhaltung. Sie können selbst aktiv etwas tun; dies führt zur aktiven Selbstverantwortung und Selbststeuerung.

2. Entspannung erzwingen zu wollen, wäre ein Widerspruch in sich, weil es unmöglich ist, durch zusätzliche Anspannung im selben Moment Entspannung zu erreichen. Sie brauchen also eine Entlastung vom bisher gewohnten Leistungs- und Erfolgsdruck.

Diese Entlastung erreichen Sie im Autogenen Training durch die Trennung von Übungs- und Anwendungsphase. In der Übungsphase geht es einzig und allein um die Durchführung der Übungen. Versuchen Sie, soweit es Ihnen gelingt, sich jeweils für einige Minuten auf die Formeln einzustellen. Dies wird zu Anfang nur ansatzweise gelingen. Zur Trainingserleichterung werden im nächsten Kapitel weitere Hinweise gegeben. In der ersten Woche können Sie mit größeren Konzentrationsschwierigkeiten rechnen. Dies ist zu erwarten, weil fast alle, die mit dem Training beginnen, bereits vorher unter Konzentrationsmangel gelitten haben. Wieso sollte diese Schwäche verschwunden sein, wenn Sie gerade mit dem Autogenen Training begonnen haben? Sie müssen also mit dem vorübergehenden Weiterbestehen aller bisher vorhandenen Beschwerden rechnen. Für die Konzentrationsschwierigkeiten bedeutet dies: Wenn Sie sich auf die Formeln einstellen, gelingt Ihnen das zu Anfang wahrscheinlich nur einige Sekunden lang, ehe Sie zu einem anderen Thema abschweifen. Sobald Sie dies bemerken, kehren Sie zur Übung zurück und freuen sich über die Übungssekunden, die sich nach einigen Wiederholungen zu Minuten zusammenfügen. Sie können sich beglückwünschen, wenn es Ihnen gelingt, von 5 Minuten Übungszeit etwa 2 Minuten beim Thema Autogenes Training zu bleiben. Sollten Sie es nur 1 Minute lang geschafft haben, ist dies auch in Ordnung. Durch wiederholtes Üben erreichen Sie eine längere Konzentrationsdauer.

Sie haben dem Gesagten sicher schon entnommen, daß Sie von nun an möglichst oft üben sollen. Drei Übungen täglich stellen dabei die Minimalanforderung dar; zehn Übungen täglich sind günstiger, etwa 15 Übungen täglich sollen die obere Grenze darstellen. Diese Begrenzung schlage ich vor, damit Sie nicht der Versuchung erliegen, durch zu häufiges Üben in neuen Streß zu geraten. Davon abgesehen gibt es keinen Grund, die Übungshäufigkeit nach oben hin zu begrenzen.

Drei Übungen sollten Sie von nun an fest in Ihren Tagesplan eingliedern. Überlegen Sie sich, wo sie am besten einzuordnen sind. Am Morgen empfiehlt sich die Zeit nach dem Aufwachen beziehungsweise vor oder nach dem Waschen. Vielleicht ist Ihnen die Zeit vor dem Frühstück oder nach dem Frühstück angenehmer. Wählen Sie einen Zeitpunkt am Morgen und bleiben Sie für die nächste Zeit bei diesem Termin. Am Mittag wählen Sie auch einen festen Zeitpunkt, am besten vor dem Essen. Am Abend empfiehlt sich der Zeitpunkt des Zubettgehens oder Ruhenwollens.

Die Trainingsgesetzmäßigkeit ist sinnvoll, denn damit spielt sich ein Trainingsrhythmus ein. Um den Rhythmus zu gewährleisten, ist es bei morgendlichem Zeitdruck günstiger, ein paar Minuten früher aufzustehen. Dieses Vorgehen hat gezieltere Trainingsfortschritte zur Folge. Außerdem haben feste Termine den Vorteil, daß man sich eher an sie erinnert als an wechselnde Termine; sie haben einen höheren Aufforderungscharakter.

Ich schlage Ihnen vor, sich jeweils 2–10 Minuten mit den Entspannungsübungen zu befassen, der Mittelwert wird sich zwischen 4 und 5 Minuten einpendeln.

Über die drei regelmäßigen Übungsperioden hinaus sollten Sie möglichst viele Gelegenheiten im Tagesablauf für Autogenes Training verwerten. Sie können jede Gelegenheit benutzen, bei der Sie sich nicht auf ein anderes Thema konzentrieren müssen. Eine Klientin berichtet: »Es gelingt mir auch beim Warten auf ein Verkehrsmittel oder unterwegs im Bus oder auch beim Friseur unter der Trockenhaube kurze AT-Entspannungsübungen zu machen.«

In der Anfangsphase ist es vollkommen unwichtig, ob sich die Schwere- oder Wärmeempfindung einstellt. Wichtig ist lediglich, die Übung durchzuführen. Sie sammeln auf diese Weise Trainingspunkte, die sich zu Entspannungsfortschritten summieren. Nutzen Sie Wartesituationen, in denen Sie sich bisher innerlich erregt haben, für Entspannungsübungen. Nutzen Sie auch einen Spaziergang, eine Gesprächspause oder die Abwaschzeit für Entspannungsübungen. Sie brauchen dazu keine besondere Körperhaltung einzunehmen. Bleiben Sie in der Haltung, in der Sie sich gerade befinden, und versuchen Sie lediglich, die Muskeln etwas mehr zu lockern.

Wenn die jeweilige Situation es erlaubt, eine der im nächsten Kapitel beschriebenen speziellen Haltungen einzunehmen, sollten Sie dies tun. Es ist jedoch vorteilhaft, wenn Sie sich nicht nur auf eine Haltung festlegen, weil Sie ja später das Gelernte in den unterschiedlichsten Haltungen und Situationen anwenden wollen.

Im Moment sind wir jedoch noch in der Übungsphase. Diese ist für die einzelnen Trainingsteile unterschiedlich lang. Für Schwere oder Wärme dauert es etwa drei Tage, bis Sie etwas empfinden; nach etwa einer Woche können Sie in einer ruhigen Situation die Schwere- oder Wärmeempfindung gezielt hervorrufen, nach einer weiteren Woche schaffen Sie dies auch in einer relativ belastenden Situation.

Ich gebe Ihnen hier Mittelwerte, die nach regelmäßigem Üben erreicht werden. Regelmäßiges Üben definieren wir mit wenigstens drei Übungsperioden pro Tag.

Wenn Sie weniger üben, brauchen Sie wesentlich länger, und es besteht dann die Gefahr, daß Sie wegen der mangelnden Erfolge bald aufgeben. Bei regelmäßigem Üben sind Sie nach rund zwei Monaten soweit, daß Sie das gesamte Training beherrschen.

Wem dies lang erscheint, der möchte sich klarmachen, daß nur wenige Monate benötigt werden, um Beschwerden lindern und beseitigen zu können, unter denen Sie schon lange Zeit gelitten und denen gegenüber Sie sich bisher ohnmächtig gefühlt haben.

Anwendungsphase

Nach einigen Wochen konsequenter, regelmäßiger Übung haben Sie es geschafft: Sie können sich zu jeder Zeit und Gelegenheit auf die Übungen einstellen, es gelingt Ihnen bereits, in der Mehrzahl der früher belastenden Situationen zu innerer Entspannung, Ruhe und Gelassenheit zu kommen.

Von nun an ist nur noch ein Aufrechterhaltungstraining notwendig. Zu Trainigszwecken genügt bereits ein zweimaliges Üben pro Woche. Wenn Sie eine Vorliebe für bestimmte Übungen entwickeln, so ist dagegen nichts einzuwenden.

Über das Trainieren hinaus sollen Sie von nun an das Gelernte konkret anwenden. Sobald Sie merken, daß sich irgendwo in Ihnen Spannungen einschleichen wollen, stellen Sie sich kurz auf eine Entspannungsübung ein. Sie können dabei gezielt das Gebiet ansprechen, in dem Sie Spannungen verspüren. Kopfschmerzen sprechen am ehesten auf die Stirnübung an, Schlafstörungen auf die Schwere- und Wärmeübung. Hierzu finden Sie in den einzelnen Seminarstunden noch weitere Erläuterungen.

Sie können natürlich nicht erwarten, durch Anwendung des Autogenen Trainings von einer hochgradigen Erregung unvermittelt in Schläfrigkeit zu verfallen. Schläfrig werden Sie, wenn Sie bereits etwas entspannt sind und sich noch weiter entspannen. Von der hochgradigen Erregung führt die Anwendung des Autogenen Trainings zu einer gewissen Besonnenheit, d. h. es kommen jeweils Gradunterschiede zustande. Das Autogene Training ist kein Verfahren, das Sie zwischen Extremen hin- und herpendeln läßt. Es führt schrittweise zur Gesamtentspannung und Gelassenheit. Dieser Prozeß schreitet nach Erreichen der Anwendungsphase noch weiter fort.

Ein Büroangestellter schreibt zwei Monate nach Trainingsbeginn: »Es ist mir noch nicht möglich, mich in meinem Büro, das ich mit mehreren Kollegen teile, zu konzentrieren. Folglich ist die Anwendung nur zu Hause möglich. Dort gelingt mir die Entspannung des Körpers im Sitzen auf Anhieb, in 2–3 Minuten bin ich eingeschlafen und erwache von selbst und erfrischt nach 15–30 Minuten. Das gleiche gelingt mir auch am Abend, wenn ich mich zur Ruhe begebe.«

Ein Polizist schreibt nach drei Monaten Übungszeit: »Nach dem Training bemerke ich besondere Entspannung, Gelassenheit und innere Ruhe, was zum Durchstehen meiner häufigen Nachtdienste sehr nötig ist.«

Ein Reisender berichtet nach einem halben Jahr: »Bei längeren Autofahrten habe ich in den Pausen das Autogene Training aufgenommen und besonders durch die Schwereübung die zum Autofahren erforderliche Frische schnell wiedererlangt.«
An anderer Stelle heißt es: »Ich bin toleranter geworden, was meine Umgebung dankbar aufnimmt.«

Ein Technischer Zeichner schreibt nach einem Jahr: »In Zeiten großer Belastung führe ich die Übungen mehrmals am Tag durch. Dadurch ist es mir möglich, die innere Ruhe und Gelassenheit zu bewahren. Vieles ist dadurch leichter geworden. Aufgrund meiner guten Erfahrungen, die auch nach außen sichtbar werden, haben einige Kollegen ebenfalls mit dem AT begonnen beziehungsweise Kurse besucht. Gewiß kann das AT keine Arthrose der Kniegelenke beseitigen, mit Sicherheit kann es jedoch die ›Seelenarthrose‹ verhindern.«

Die Beispiele lassen sich für alle Anwendungsbereiche beliebig fortsetzen. Ein Diplomingenieur faßte seine Erfahrungen mit dem Autogenen Training in Versform. Er formulierte unter anderem:

»Dies alles wird ihm nicht geschenkt.
Doch einmal auf das Ziel gelenkt,
Trainiert der Mensch mit großem Fleiß,
Weil er um jene Wirkung weiß,
Die Autogenes Training schafft:
Gelöst zu sein durch eigne Kraft.

Gelassen sieht er nun die Welt,
Nicht mehr schockiert, wenn sie mißfällt.
Probleme bleiben – auch der Kampf.
Doch konzentriert und ohne Krampf
Trägt leichter sich des Tages Last!
Dies hat nun unser Mensch erfaßt.«*

---

* K.-H. KRUSE: Autogenes Training – im Herzrhythmus zu lesen (unveröff., 1977)

Trainingserleichterungen

Günstige Übungshaltungen

Das Autogene Training wird zu Übungszwecken in bestimmten Haltungen durchgeführt. Sollten Sie mitunter keine Gelegenheit haben, eine der im folgenden beschriebenen Haltungen einzunehmen, üben Sie in der Haltung, in der Sie gerade sind. In der Anwendungsphase ist es nicht mehr nötig, bestimmte Haltungen einzunehmen. Allerdings werden die Entspannungsempfindungen in einer speziellen Übungshaltung immer intensiver sein als etwa im Stehen oder Gehen. Die Übungshaltungen sind nämlich so konzipiert, daß von der Haltung her bereits ein Optimum an muskulärer und kreislaufmäßiger Entspannung gewährleistet ist.

Ich schlage Ihnen vor, die einzelnen Haltungen jetzt auszuprobieren. Erproben Sie, welche Ihnen am angenehmsten ist.

Setzen Sie sich auf einen Stuhl oder in einen Sessel mit dem Gesäß weit nach hinten. Nehmen Sie dann eine aufrechte Oberkörperhaltung ein, so daß der Rücken Kontakt mit der Rückenlehne hat. Die Beine stehen senkrecht nebeneinander oder sind leicht ausgestreckt (Abb. 46). Lassen Sie die Arme locker auf die Oberschenkel fallen. Lösen Sie jetzt die Muskelspannung in Ihrer Halsmuskulatur; dadurch sinkt der Kopf etwas nach vorn. Senken Sie den Kopf so weit, bis Sie keine Muskelspannungen mehr zum Hochhalten des Kopfes benötigen.

Diese Haltung läßt sich durch Anlehnen des Kopfes an eine Kopfstütze abwandeln. Besonders günstig ist hierzu ein Ohrensessel mit möglichst gerader Rückenlehne. Auch auf einem beliebigen Stuhl läßt sich diese Haltung einnehmen. Setzen Sie sich dazu mit dem Stuhl nahe an eine Wand, legen Sie sich eine Nackenrolle, ein Kis-

Abb.46

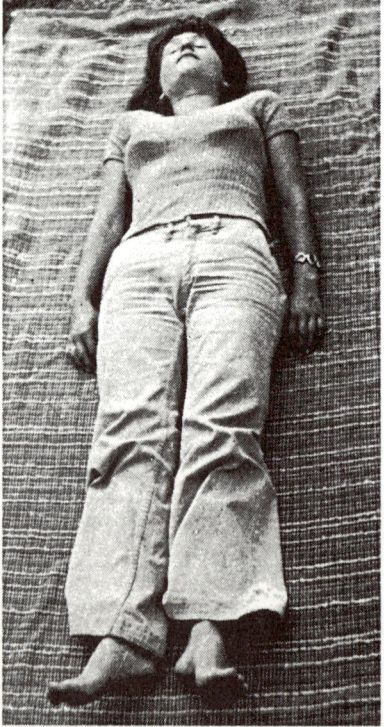

Abb. 47 ▲

Abb. 49 ▶

Abb. 48

192

sen oder etwas Ähnliches in den Nacken und lehnen Sie den Kopf an (Abb. 47).

In bequemen, flachen Sesseln kann eine halb liegende Haltung eingenommen werden. Der Kopf liegt hinten auf, die Arme liegen locker neben dem Körper, die Beine können ausgestreckt werden. Achten Sie in dieser Haltung darauf, daß das Kreuz Halt hat und keine »Brückenfunktion« übernimmt (Abb. 48).

Bei der eigentlichen Liegehaltung liegen Sie flach auf dem Rücken, die Arme liegen locker neben dem Körper, der Kopf liegt entweder mit oder ohne Nackenrollenabstützung auf der Unterlage (Abb. 49).

Klienten mit Wirbelsäulenbeschwerden sollten eine der bisher erklärten Übungshaltungen einnehmen. Klienten, die in diesem Bereich keine Beschwerden kennen, können auch die folgenden Sitzhaltungen einnehmen:

Setzen Sie sich dazu mit dem Gesäß in die Mitte eines Schemels oder Stuhls, machen Sie ein rundes Kreuz und lassen Sie dabei den Kopf nach vorn fallen. Die Arme liegen locker auf den Oberschenkeln (Abb. 50).

Für die letzte Haltung setzen Sie sich in die Mitte oder auf das vordere Drittel Ihres Stuhls oder Schemels und nehmen zunächst eine aufrechte Oberkörperhaltung ein. Die Beine stehen rechtwinklig oder sind ausgestreckt. Heben Sie dann die Rückenspannung auf. Sie sacken dabei in sich zusammen, Schultern und Kopf fallen nach vorn, die Arme bleiben auf den Oberschenkeln liegen oder hängen locker herunter (Abb. 51).

Manche AT-Neulinge befürchten, sich bei ihren Mitmenschen lächerlich zu machen, wenn sie eine der Übungshaltungen einnehmen. Solange Sie sich von dieser Befürchtung nicht freigemacht haben, führen Sie die Übungen bei Anwesenheit Dritter in einer Ihnen gewohnten Haltung durch. Sie werden bald feststellen, daß Ihre Mitmenschen vollstes Verständnis für Ihre Übungen haben, auch wenn Sie das Training in einer der hier vorgeschlagenen Haltungen durchführen (Abb. 52).

Sollte jemand kein Verständnis zeigen, lachen Sie einfach darüber (Abb. 53).

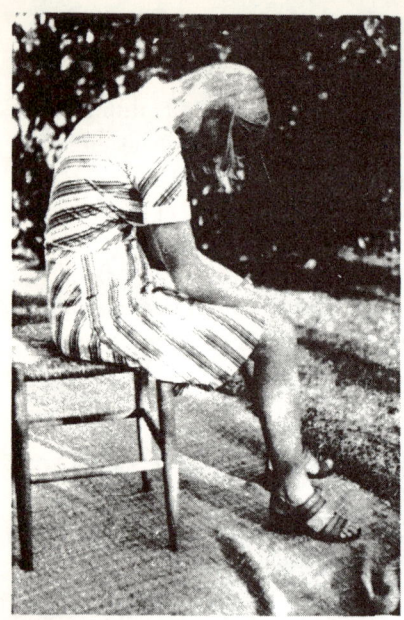

Abb. 50

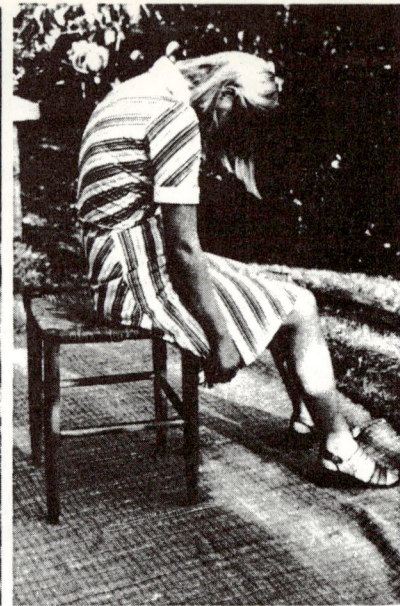

Abb. 51

Abb. 52

Abb. 53

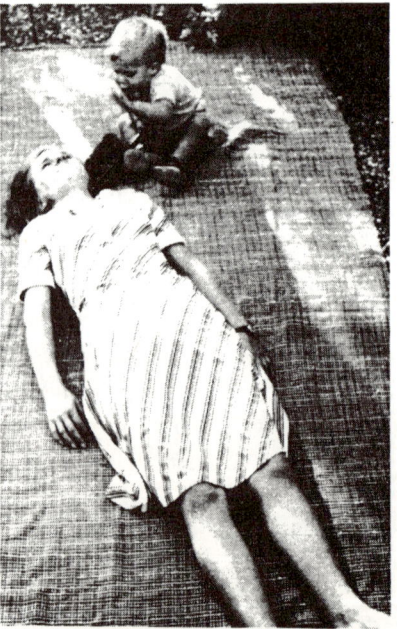

194

Am besten gelingen Ihnen die Übungen beim gemeinsamen Trainieren in einer Gruppe. Das Gemeinschaftsgefühl und das Bewußtsein, sich um das gleiche Ziel zu bemühen, ist für den Trainingsfortschritt besonders förderlich (Abb. 8 auf Seite 58).

Zum Abschluß der Übungen soll wieder eine muskuläre Aktivität hervorgerufen werden. Ballen Sie dazu die Hände zu Fäusten und ziehen Sie die Arme ruckartig zum Körper hin. Schlagen Sie dann die Arme einmal oder mehrmals ruckartig vom Körper weg. Öffnen Sie die Augen und atmen Sie einmal tief durch. So wird auch das ab Seite 17 beschriebene Tiefmuskel-Entspannungstraining abgeschlossen. Dieses *Zurücknehmen* hat einen erfrischenden Effekt (Abb. 9 auf Seite 60).

Neben der Körperhaltung erleichtert auch eine entspannte innere Haltung und Einstellung die Trainingsfortschritte. In fast allen Fällen kann die gelassene innere Haltung nicht vorausgesetzt werden, sondern muß im Training erworben werden. Sie können jedoch die äußeren Gegebenheiten so gestalten, daß sie zu Ihrer inneren Ruhe beitragen. Sie können zu Übungszwecken einen Raum aufsuchen, in dem Sie nicht gestört werden. Wer keine andere Möglichkeit findet, weicht notfalls auf die Toilette aus. Sie können beengende Kleidungsstücke lockern oder bequemere anziehen beziehungsweise die Schuhe ausziehen.

Von Tonkonserven zum Autogenen Training halte ich nichts. Sie widersprechen dem selbstsuggestiven Vorgehen und führen nicht zu dauerhaften Erfolgen. Wer meint, ohne eine vorgesprochene Anleitung nicht auszukommen, befaßt sich besser mit dem Tiefmuskel-Entspannungs-Training, wie es im ersten Teil dieses Buches vorgestellt wird.

Bildhafte Unterstützung

Es hat sich als vorteilhaft erwiesen, die Augen locker zu schließen, ohne sie zuzukneifen, wenn man die Übungen durchführt. Mit geschlossenen Augen ist Ihnen die ganze Bilderwelt der Phantasie offen. Sie können dabei Ihre eigenen Phantasiebilder und Ihre Vorstellungskraft zur bildhaften Unterstützung des Autogenen Trainings einsetzen. Sie können sich die einzelnen Übungen veranschaulichen, indem Sie sich etwa Ihren Arm vorstellen, wie er gerade von der Sonne beschienen wird. Sie können sich auch die einzelnen Formeln auf ein Plakat geschrieben vorstellen.

Sollte Ihnen selbst eine kurzfristige Einstellung auf die Übungen nicht gelingen, können Sie mit der Einstellung auf ein »Standardbild« anfangen: Betrachten Sie mehrmals täglich ein beruhigendes Bild und stellen Sie sich jedesmal zu Beginn Ihres Trainings vorstellungsmäßig darauf ein. Durch Wiederholung prägt sich das Bild ein und wird schließlich stärker als ablenkende Störbilder. Ich schlage folgende Motive zur Auswahl vor: Wolken, Abendhimmel, untergehende Sonne, Meeresstrand, Wiese, Waldrand oder Blume. Das Standardbild soll für Sie angenehm sein und möglichst nicht intensive Erinnerungen wachrufen; ein Phantasiebild ist am besten geeignet. Legen Sie sich möglichst auf ein Bild fest und stellen Sie es sich immer wieder vor.

Ein Übender notiert nach einer Woche: »Meine anfängliche Skepsis gegenüber der Erfolgsmöglichkeit durch Autogenes Training ist schnell einer positiven Einstellung gewichen.
Bereits die ersten Wärmeübungen haben mich überzeugt – die zuvor trainierte ›Schwere‹ gelang noch nicht zu meiner Zufriedenheit. Nunmehr kann ich den Erfolg beider Übungen sehr schnell feststellen. Ich unterstützte mich durch die Vorstellung von Bildern. Bei der Schwere-Übung trage ich – im Geiste – einen vollen Korb schöner Blumen und Früchte. Die Wärme-Übung gelingt mir mühelos durch das Bild: Ich stehe vor einem Kamin, sehe die hellen Flammen des offenen Feuers und höre die Buchenscheite prasseln und platzen.«

Andere Trainierende haben festgestellt, daß sie das Abschweifen der Gedanken verhindern, wenn sie die Übungsformeln ohne Unterbrechung weiterdenken. Einige finden eine rhythmische Betonung der Formeln hilfreich, wieder andere stellen sich auf eine wellenförmige Bewegung ein. Für die meisten hat sich eine monotone Wortfolge auf gleichmäßiger Tonhöhe bewährt. Störgeräusche, die Sie beim Üben behindern, können Sie durch angenehme Gegenvorstellungen entkräften. Wenn Sie z. B. ein vorbeifahrendes Auto stört, stellen Sie sich vor, Sie sitzen in diesem Auto und fahren geruhsam ins Blaue hinein.

Protokollbogen der AT-Übungen

Es hat sich als sehr hilfreich erwiesen, Erlebnis- und Übungsprotokolle zu führen. Wie ein Erlebnisprotokoll aussehen kann, zeigt Ihnen das folgende Beispiel: »Ich lege mich mit kühlem Körper ins Bett, um mich zu entspannen. Ich spüre, wie sich Spannungen im Gesicht lösen, der Unterkiefer fällt leicht nach unten. Leichtes Einatmen. Bildfetzen gehen an mir vorbei. Ich stelle mich auf die Schwereübung ein. Bereits nach kurzer Zeit sind andere Bilder da, ruhigere Bilder. Mehrfach wiederhole ich langsam die Schwereformel, die Ablenkungen werden geringer. Sobald ich etwas Unruhe verspüre, konzentriere ich mich auf die allgemeine Ruheformel. Ich bekomme nach einiger Zeit das Gefühl völligen Fallenlassens und spüre die Schwere wie Blei; es ist angenehm.«

Versuchen Sie, Ihre Trainingserlebnisse und -schwierigkeiten schriftlich festzuhalten. Beim Durchlesen Ihrer Notizen fällt Ihnen vielleicht auf, was Sie anders oder intensiver machen sollten. Im eben zitierten Beispiel sehen Sie, daß die mehrfache langsame Wiederholung der Schwereformel weiterführt.

Mit dem folgenden Diagramm haben Sie eine zusätzliche Möglichkeit, Ihr Training schriftlich zu begleiten. Ich schlage Ihnen vor, Ihre jeweiligen Übungen mit einem Zeichen im Diagramm festzuhalten. Wenn Sie Montag morgens Ihre Übungen wie besprochen durchgeführt haben, können Sie ein Ausrufezeichen oben in den ersten Kasten eintragen. Dabei ist nicht entscheidend, ob Sie eine der angestrebten Empfindungen gespürt haben. Sollte es Ihnen am Montagmittag oder -nachmittag gelungen sein, die Übungen wie besprochen durchzuführen, oder sollten Sie unzufrieden sein, weil Ihnen die Einstellung auf die Übungen früher bereits besser gelungen war, tragen Sie in der Mitte des ersten Kastens ein Fragezeichen ein. Sollten Sie wider Erwarten die Übungen am Abend nicht durchgeführt haben, tragen sie unten im ersten Kasten ein Minuszeichen ein. Im Diagramm finden Sie noch ein weiteres Beispiel.

In der Spalte »Übungshäufigkeit und Empfindungen« können Sie zum Schluß der jeweiligen Woche Ihr Training beurteilen. In der ersten Spalte könnte folgendes stehen: Fast regelmäßig geübt. Seit Mitte der Woche ein Prickeln im Unterarm.

In der letzten Spalte können Sie die auf das Autogene Training und die auf andere Bereiche bezogenen Vorsätze für die kommende Woche notieren. Dort könnte etwa stehen: AT konsequent weiter-üben. Mit N das bisher gemiedene Problem X besprechen.

Es ist ratsam, das folgende Protokollblatt (S. 199) zu kopieren und ständig mit sich zu führen.

Protokoll der AT-Übungen

Tragen Sie in dieses Diagramm jeweils ein Ausrufezeichen (!) ein, wenn Sie die Übungen wie besprochen durchgeführt haben. Tragen Sie ein Fragezeichen (?) ein, wenn Sie mit Ihrer Übung nicht zufrieden waren. Tragen Sie ein Minuszeichen (—) ein, wenn Sie zu einer Tageszeit nicht geübt haben.

		Mo.	Di.	Mi.	Do.	Fr.	Sa.	So.	Übungshäufigkeit und Empfindungen (Beurteilung)	Vorsätze für die komm. Woche (hinsichtlich AT o. anderer Bereiche)
1. Woche	morgens mittags abends	Beisp. !??? ?!!								
2. Woche	morgens mittags abends									
3. Woche	morgens mittags abends									
4. Woche	morgens mittags abends									
5. Woche	morgens mittags abends									
6. Woche	morgens mittags abends									
7. Woche	morgens mittags abends									
8. Woche	morgens mittags abends									
9. Woche	morgens mittags abends									
10. Woche	morgens mittags abends									

ab 11. Woche 1x tgl.
ab 15. Woche 1x wöchentl.

1. Seminarstunde: Schwere

Psychosomatik der Muskeln

In der Psychosomatik werden die Wechselbeziehungen von Psyche und Körper betrachtet. Es handelt sich hierbei um die Wechselbeziehungen von Gefühlen, Empfindungen, Erleben und Verhalten auf der einen Seite und von Körpervorgängen auf der anderen Seite. Sie alle kennen solche Zusammenhänge; allerdings werden Sie sich nicht besonders gern daran erinnern, denn die entsprechenden Empfindungen sind meist unangenehmer Art. Wer ist nicht schon einmal errötet, wenn er bei einer Unwahrhaftigkeit ertappt wurde, und wer kennt nicht das Gefühl, daß die Beine wacklig werden, wenn er auf dem Wege zum verärgerten Vorgesetzten ist.

Sie sehen an diesen beiden Beispielen den Einfluß von Empfindungen auf Körpervorgänge. Im ersten Fall war es wahrscheinlich Schamgefühl und im zweiten Fall Ohnmachtsgefühl, das die Durchblutungsänderung beziehungsweise die Muskelspannungsveränderung hervorrief. Es handelt sich in beiden Fällen um unwillkürliche Vorgänge, die eintreten, ohne daß die Betreffenden dies wollen; sie treten sogar gegen ihren Willen ein.

Die wechselseitige Beeinflußbarkeit ist jedoch nicht an allen Körperstellen von gleicher Art. Arm-, Schulter- und Beinbewegungen sind willkürliche muskuläre Aktivitäten. Je zentraler jedoch die Organe im Körper liegen, desto weniger unterliegen sie einem willkürlichen muskulären Einfluß. Das gilt auch für die Nahrungsaufnahme, die Verdauung und die Ausscheidung. Mund und Rachen sind muskulär-willkürlich zu beeinflussen, ebenso Mastdarm und After. Die dazwischenliegenden Abschnitte des Verdauungstraktes hingegen sind muskulär-willkürlich nicht zu beeinflussen.

Sowohl im Bereich der willkürlichen als auch im Bereich der unwillkürlichen Muskulatur kann es zu psychosomatischen Störungen kommen. So sind bei Schulterverspannungen die Emotionen beteiligt; Ekelgefühle lösen Mißempfindungen im Magen oder Erbrechen aus. Es gibt unwillkürliche Muskelverkrampfungen in der Speiseröhre, im Magen und im Darm. Die geschwürige Dickdarmentzündung ist in der Hauptsache eine unwillkürliche Verkrampfungsfolge.

Die Ringmuskeln des Afters sind willkürlich und unwillkürlich zu beeinflussen. Willkürliche Verzögerung oder Beschleunigungsversuche des Stuhlgangs führen zu Unregelmäßigkeiten in Form von Verstopfung oder Durchfall. Die gleichen Erscheinungen stellen sich ein, wenn die Analfunktion tabuisiert wird. Sozio-kulturelle Forderungen wie bestimmte Essenszeiten, -häufigkeiten oder -mengen bewirken, daß sich die Körpervorgänge in unnatürlicher und ungesunder Weise anpassen.

Im Autogenen Training können wir lernen, unwillkürlich sich vollziehende Prozesse willentlich zu beeinflussen. Wir erlernen die Kontrolle über die unwillkürlichen Abläufe und können später Spannungsänderungen gezielt herbeiführen. Zwar ist es grundsätzlich möglich, autosuggestiv auch Verspannungen zu erlernen; da dies jedoch nicht sinnvoll ist, werden wir nur von Entspannung sprechen.

Die Entspannung ist nicht durch einen rein geistigen »Befehl« zu erreichen. Die Autosuggestion spielt sich hauptsächlich im Bereich der Empfindungen ab, und auf dieser Ebene wollen wir Entspannung erlernen.

Sie brauchen sich nicht den Befehl zur Muskelentspannung zu geben, sondern konzentrieren sich auf das korrespondierende Gefühl, nämlich auf das Schweregefühl. Wenn Sie ein angenehmes Gefühl der Schwere erleben, fühlen Sie sich müde und schläfrig. Die Schwereübung wird deshalb gern zur **Schlafförderung** eingesetzt. Sie sollten sich jedoch dabei nicht auf das Schlafen konzentrieren, sondern auf die Schwereübung. Sobald Sie an das Schlafen denken, verhindern Sie das Einschlafen. Formeln wie »Ich will jetzt schlafen, ich will jetzt schlafen!« werden Sie wacher anstatt müder machen. Wenn Sie den Schlaf herbeizwingen wollen, verhindern Sie ihn. Darüber hinaus betreiben Sie bei bewußten Schlafförderungsversuchen eine ständige Wachkontrolle. Sie fragen sich immer wieder: »Schlafe ich denn schon?«, und jedesmal müssen Sie diese Frage verneinen. Sie können überhaupt nicht zu dem Punkt kommen, an dem Sie diese Frage bewußt bejahen können, denn wenn es soweit ist, schlafen Sie bereits.

Versuchen Sie also ohne Nebengedanken an das Einschlafen-Wollen die Schwereübung durchzuführen. Dies wird Ihnen sowohl bei gesundem als auch bei nervösem Schlafrhythmus eine Hilfe sein.

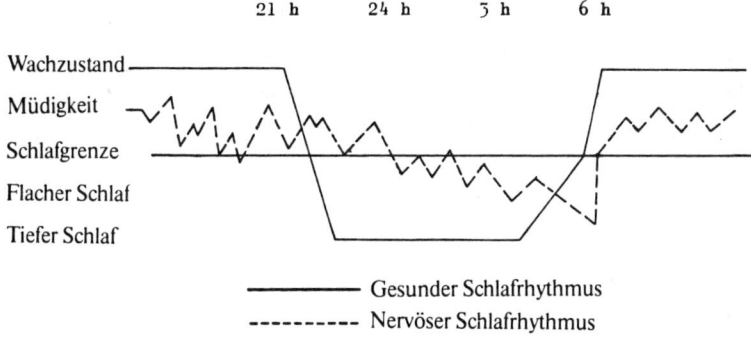

Abb. 54: Schematische Darstellung von Schlafrhythmen

Wie Sie der Abb. 54 entnehmen können, ist Autogenes Training zur Schlafförderung bei Menschen mit nervösem Schlafrhythmus besonders sinnvoll. Diese Menschen sind zwar müde, jedoch nicht wohlig müde. Sie fühlen sich zerschlagen und können nicht zur Ruhe finden. Sie kommen des öfteren an die Schlafgrenze, es gibt auch kurze Schlafperioden, sie schrecken jedoch bald wieder auf.

Durch Autogenes Training können Sie lernen, die Entspannungsvoraussetzungen zu schaffen, die es erlauben, in den Schlaf hineinzugleiten. Nehmen Sie außerdem auf die äußeren Gegebenheiten soweit wie möglich Einfluß! Das Zimmer sollte nicht zu hell und nicht zu laut sein, die Farben im Raum sollten gedämpft sein, die Lage im Bett sollte bequem sein, die Uhrzeit sollte nicht fortgeschritten sein, Probleme sollten Sie nicht belasten.

Probleme können einem wirklich den Schaf rauben. Wer häufig durch Probleme am Schlafen gehindert wird, sollte sich eine Strategie zu ihrer Lösung zurechtlegen. Probleme, die innerhalb einer Stunde zu lösen sind, sollten Sie sofort angehen und nicht ein bis zwei Stunden vor sich herwälzen. Ist eine sofortige Lösung nicht möglich, könnten Sie sich einen aufgeblasenen Luftballon vorstel-

len, in den Sie in Bild- oder Schriftform Ihre Probleme hineinpak-
ken. Wenn der Ballon mit Problemen gefüllt ist, öffnen Sie das
Luftventil und lassen langsam die Luft ausströmen. Sie beobachten
dabei, wie die Probleme immer mehr zusammenschrumpfen.
Manchen hilft es, wenn sie die Probleme kurz notieren; legen Sie zu
diesem Zweck Bleistift und Papier neben Ihr Bett! Um die Problembewältigung zu unterstützten, empfiehlt es sich, sofort oder
am nächsten Tag ein Diagramm anzulegen, in das Sie die momentanen Belastungen eintragen, und dann fünf bis zehn Änderungs-
vorschläge notieren. Bei den Änderungsmöglichkeiten ist es zunächst unwichtig, ob diese durchführbar sind. Zum Beispiel:

Problem	Änderungsansätze	
Die Doppel-belastung durch Beruf und Familie macht mich ganz fertig		1. Beruf aufgeben
	und/oder	2. Teilzeitbeschäftigung annehmen
	und/oder	3. Partner einschalten
	und/oder	4. Kinder einschalten
	und/oder	5. Haushaltshilfe einstellen
	und/oder	6. Andere Einteilung der Arbeit
	und/oder	7. Änderung von persönlichen Gewohnheiten
	und/oder	8. Hobby verstärken
	und/oder	9. Freunde besuchen
	und/oder	10. Mich bei jemandem aussprechen
Ich habe Angst, den morgigen Vortrag nicht gut zu schaffen		1. Ich mache jetzt Autogenes Training
	und/oder	2. Ich mache vor dem Vortrag Auto-genes Training
	und/oder	3. Ich mache in Diskussionspausen Autogenes Training
	und/oder	4. Ich lese jetzt noch einmal den Vortrag
	und/oder	5. Ich lese ihn morgen früh nochmals
	und/oder	6. Ich stehe morgen etwas früher auf
	und oder	7. Überlegung: Bei welchen früheren Gelegenheiten war meine Angst unbegründet?
	und oder	8. Vorsatz: Der Vortrag ist unwichtig, Ruhe ist wichtig

Abb. 55: Problem-Änderungs-Diagramm

Nachdem Sie die verschiedenen Ansatzpunkte zur Bewältigung eines Konfliktes notiert haben, entscheiden Sie sich für die Lösung, die momentan am leichtesten zu verwirklichen ist, und handeln sofort beziehungsweise am nächsten Tag. Wer ganz gründlich sein möchte, streicht zunächst die unrealistischen Vorschläge, bringt dann eine Rangordnung in die Änderungsansätze hinein und nimmt sich dann die leichten und später die schwierigen Lösungsansätze vor.

Wenn Sie sich so Ihren Problemen stellen, können Sie diese schrittweise bewältigen. Ihr Ohnmachtsgefühl schwindet, und Sie sind wieder frei für die Entspannung und für den Schlaf.

In vielen Fällen beruhen die Schlafstörungen ganz einfach auf einem falschen Schlaf-Wach-Rhythmus. Schlafgestörte sollten sich hüten, tagsüber zu schlafen, auch wenn sie noch so müde sind. Sie müssen ihren Schlafrhythmus wieder auf den Tag-Nacht-Rhythmus umstellen. Bemühen Sie sich tagsüber mehr um körperliche Aktivität und verfallen Sie nicht in den Fehler, abends das Einschlafen erzwingen zu wollen. Am günstigsten wäre es, wenn Sie Einschlafschwierigkeiten akzeptieren und dem Einschlafen gegenüber eine innere Gelassenheit entwickeln könnten. Sie können dies durch die autogene Ruhe- und Schwereformel unterstützen.

Sollten diese Hilfen alle nicht zum gewünschten Erfolg führen, handelt es sich bei Ihnen wahrscheinlich um eine neurotische Angst vor dem Schlafen. Möglicherweise setzen Sie unbewußt Schlaf und Tod gleich und haben deswegen Angst vor dem Schlafen. In einem solchen Fall sollten Sie sich um psychotherapeutische Hilfe bemühen. Die Gesprächspsychotherapie erscheint mir hier als die geeignetste Therapieform, aber auch die analytische oder Verhaltstherapie könnte hilfreich sein.

Das Autogene Training wirkt einschlaffördernd, weil wir uns dabei gezielt entspannnen. Die vollkommene Entspannung von Muskel-, Kreislauf- und Nervensystem können wir mit Schlaf gleichsetzen. Umgekehrt heißt dies, daß Schlaf ohne vollkommene Entspannung dieser Systeme nicht möglich ist. Die Empfindung, die bei intensiver Muskelentspannung auftritt, ist die der Schwere.

Stellen Sie sich bitte unter dem Begriff »Schwere« nichts Dramatisches vor. Jeder hat in irgendeiner Form dieses Gefühl schon erlebt, zum Beispiel einige Sekunden vor dem Einschlafen. Es ist ein Gefühl der Mattigkeit, des Sinkens, Schwebens oder Schwerespürens. Wenn Sie ähnliches noch nicht gespürt haben, können Sie sich trotzdem vorstellen, daß wir kein extremes Gefühl der Schwere erwarten; dies wäre auch mit unangenehmen Begleiterscheinungen verbunden.

Mit Hilfe des Autogenen Trainings wollen wir lernen, normale Muskel-, Kreislauf- und Nervenregulationen herbeizuführen. Die erreichten Zustände sollen weder zu stark noch zu schwach sein; wir wollen einen Normalzustand erreichen. Das beste Regulativ ist, sich zu fragen, ob die jeweils erreichten Empfindungen angenehm sind.

Das Gefühl der Schwere wird besonders von denjenigen empfunden, bei denen zu Trainingsbeginn Muskelanspannungen vorliegen. Das Gefühl wird um so intensiver, je weiter Sie vorher vom Normalzustand, also vom Muskel-Entspanntheitszustand, entfernt sind. Wahrnehmen können Sie jeweils Zustandsänderungen; das Schweregefühl nehmen Sie nur dann wahr, wenn verspannte Muskelpartien sich lockern oder wenn bereits entspannte Muskeln sich noch etwas weiter lockern.

Schwereübung

Wenn Sie die Anfangskapitel gründlich gelesen haben, können Sie nun mit der ersten Übung anfangen.

Wir beginnen mit den motorisch und suggestiv am einfachsten zu beeinflussenden willkürlichen Bewegungsmuskeln und lernen, die Schwereempfindung zunächst im rechten Arm hervorzurufen. Dabei verwenden wir die autosuggestive Formel *Der rechte Arm ist ganz schwer*. Wir beginnen mit dem rechten Arm, weil dies bei Rechtshändern die meistgebrauchte und »bekannteste« Extremität ist. Linkshänder beginnen entprechend mit dem linken Arm; für sie lautet die erste Formel *Der linke Arm ist ganz schwer*. Achten Sie bitte auf die Gegenwartsform *ist*. Wir benutzen bewußt diese Aussageform, weil sie eine besondere suggestive Wirkung hat und weil wir ständige Kontrollfragen vermeiden wollen. Bei Gebrauch der Zukunftsform würden Sie sich ständig fragen: Wird der Arm denn jetzt schwer? – Wird er immer noch nicht schwer? – Wann wird er denn schwer?

Auch bei Benutzung der Gegenwartsform stellt sich der Schwerezustand nicht sofort ein; die Kontrollgedanken treten jedoch weniger häufig auf, und Sie brauchen die Formel nicht zu ändern, sobald das Schweregefühl da ist. In den ersten Tagen ist es allerdings gleichgültig, ob Sie das Schweregefühl spüren. Normalerweise ist nicht sofort mit ihm zu rechnen; bei regelmäßigem Üben dauert es ungefähr eine Woche, ehe die ersten Schwereempfindungen eintreten. Dies ist bei einem *Training* auch nicht anders zu erwarten.

Nehmen Sie jetzt eine der Entspannungshaltungen ein. Kontrollieren Sie, ob sich in den Schultern noch Muskelverspannungen festhalten, und lockern Sie sich weiter. Senken Sie die Augenlider; am besten schließen Sie die Augen. Tun Sie dies aber nicht krampfhaft. Wenn Sie die Augen noch nicht schließen möchten, schauen Sie ruhig auf einen Punkt in etwa zwei Meter Entfernung oder betrachten Sie Ihren rechten Arm. Bei geschlossenen Augen empfiehlt sich die bildhafte Vorstellung des rechten Armes. Entwerfen Sie sich ein Bild Ihres rechten Armes vor Ihrem inneren Auge. Dies gelingt Ihnen am besten dadurch, daß Sie nachempfinden, wo der Arm aufliegt, wo Berührungsstellen mit dem Körper sind. Sie bekommen dadurch eine immer deutlichere Vorstellung und Empfindung Ihres rechten Armes. Wenn Sie Ihren rechten Arm ganz deutlich vor Augen haben und ihn fühlen, denken Sie für diesen Arm die Formel *Der rechte Arm ist ganz schwer*. Denken Sie mit kurzen Zwischenpausen immer wieder diese Formel *Der rechte Arm ist ganz schwer*. Wünschen Sie sich diesen Zustand *Der rechte Arm ist ganz schwer* und beobachten Sie, wie im Laufe der nächsten Tage dieser Zustand eintritt. Versuchen Sie, das Bild des rechten Armes festzuhalten, und denken Sie weiter *Der rechte Arm ist ganz schwer*. Zwischendurch denken Sie einmal die allgemeine Ruheformel *Ich bin ganz ruhig* und fahren dann fort mit der ersten Formel *Der rechte Arm ist ganz schwer*.

Hören Sie nach einigen Minuten mit der Übung auf.

Die Schwereempfindung soll tagsüber, wie in Abb. 9 dargestellt, zurückgenommen werden: Ziehen Sie ruckartig die Arme zum Körper hin und strecken Sie dann die Arme einmal oder mehrmals ruckartig aus. Öffnen Sie die Augen und atmen Sie einmal ganz tief bis in den Bauch hinein ein und wieder aus. Für das Zurücknehmen wird auch eine Formel benutzt. Sie lautet:

Arme fest –
Augen auf –
tief durchatmen.

Die Schwereempfindung wird tagsüber zurückgenommen, um die normale Spannkraft, die zur Bewegung des Körpers notwendig ist, in die Muskeln zurückzubringen.

Denken Sie stets daran, die Schwere zurückzunehmen, wenn Sie nach den Übungen wieder aktiv sein wollen. Eine Klientin mit niedrigem Blutdruck berichtete mir von einem Kreislaufkollaps, den sie bekam, als sie nach den im Liegen durchgeführten Übungen plötzlich aufstand, ohne die Schwereempfindung zurückzunehmen.

Im Zustand völliger Entspannung haben Sie überhaupt keine Lust, irgendeine Muskelpartie zu bewegen. In diesem Zustand können Sie so lange bleiben, wie es Ihnen Freude macht oder die Zeit es erlaubt. Sollten Sie nach den Übungen noch einige Zeit ruhen oder einschlafen, brauchen Sie danach nicht unbedingt die Rücknahmeformel anzuwenden. Sollten Sie jedoch kurz nach Beendigung der Übungen wieder frisch sein und arbeiten wollen, nehmen Sie ruckartig die Muskelentspannung zurück.

Wir haben die Entspannung im Autogenen Training mit dem Entspanntheitszustand im Schlaf verglichen. Sie sollten den Übergang vom tiefen autogenen Entspannungszustand zu anderen Tätigkeiten ähnlich gestalten wie den Übergang vom Schlafen zum Wachsein. Die meisten strecken und recken sich nach dem Erwachen zunächst und stehen dann erst auf. Das gleiche tun wir zum Schluß der Übungen, um die Spannkraft der Muskeln wiederherzustellen und um wieder frisch zu sein. Je kräftiger Sie die Arme anziehen und ausstrecken, um so frischer und erholter werden Sie sich nach den Übungen fühlen. Bei manchen Gelegenheiten, z. B. bei Besprechungen, ist es Ihnen vielleicht unangenehm, die Arme ruckartig anzuziehen und wieder auszustrecken. In solchen Fällen genügt es auch, die Armmuskeln anzuspannen, ohne die Arme besonders zu bewegen, und dabei tief durchzuatmen.

Beim Zurücknehmen vergegenwärtigen Sie sich bitte, daß Sie nur die Schwereempfindung und nichts anderes zurücknehmen wollen.

Auch wenn Sie später mehrere Übungen hintereinander durchführen, stellen Sie sich immer darauf ein, nur das Schweregefühl, also die Muskelentspannung, zurückzunehmen. Alle anderen Entspannungszustände sollen soweit wie möglich bestehen bleiben. Mit der Zurücknahme der Muskelentspannung werden andere entspannte Systeme wieder teilweise in Anspannung versetzt, wir wollen diesen Prozeß jedoch nicht autosuggestiv unterstützen. Ein Maximum an Entspannung soll auch nach den Übungen bestehen bleiben. Ein Minimum an Anspannung soll zurückgeholt werden, um nicht gleichgültig, aber gelassen den anstehenden Aufgaben gerecht werden zu können.

Zurück zur Schwereübung: Für diejenigen unter Ihnen, die besonders schnell abschweifen, empfiehlt sich eine bildhafte Unterstützung der Übungsformeln. Sie können sich dabei die Formel als Plakat, das Sie vor sich halten, oder als Spruchband vorstellen. Sie können sich auch vorstellen, daß ein Gewicht auf Ihrem Arm lastet beziehungsweise daß ein Blumenkorb an ihm hängt, der ihn sanft nach unten zieht. Oder stellen Sie sich eine bleierne Schwere vor, sofern Ihnen ein solches Bild angenehm ist. Sicher fallen Ihnen noch andere unterstützende Bilder ein. Von den verwendeten Bildern wird verlangt, daß sie Ihnen angenehm und nicht zu sehr mit Erinnerungen verknüpft sind. Aufsteigende Erinnerungen sind nämlich ein sicherer Weg, um von den Übungen abzuschweifen. Wie im Kapitel »Trainingserleichterungen« beschrieben, können Sie sich bei größeren Konzentrationsschwierigkeiten auch auf Phantasiebilder oder Standardbilder einstellen.

Sie arbeiten beim Erlernen des Autogenen Trainings mit Vorstellungen, Konzentration, Autosuggestion und Willenskräften. Denken Sie stets daran, daß sich der Schwerezustand nicht über Kraftanstrengung oder Willensanspannung erreichen läßt. Durch solches Vorgehen würden Sie sogar die angestrebten Zustände verhindern. Stellen Sie sich auf Ruhe ein und übersetzen Sie Wille und Wollen mit Wunsch. Sie möchten Entspannung erreichen, also wünschen Sie sich diesen Zustand, und Sie werden erfahren, wie dieser im Laufe der nächsten Tage eintritt.

Ich möchte Sie an dieser Stelle daran erinnern, Ihre Erlebnisse, Empfindungen und Gedanken aufzuzeichnen. Versuchen Sie, diese in ein paar Worte zu fassen, und beschreiben Sie in Stichworten, was Sie während der Übungen erlebt haben. Welche Gedanken, Erlebnisse und Empfindungen stellten sich ein? Diese Aufzeichnungen gelingen Ihnen am besten, wenn Sie den Gefühlszustand vor beziehungsweise nach den Übungen mit den Gefühlen während des Übens vergleichen.

Erlebnisbeschreibungen sind wichtig, um eventuelle Störungsstellen bei Ihrem Training aufzuspüren, die das Vorwärtskommen verhindern oder beeinträchtigen. Es könnten sich auch Fehler durch falsches Trainieren oder durch Mißverständnisse einschleichen. Solche Fehler führen leicht zu Mißempfindungen oder Fortschrittsbehinderungen. Einige Fehler können Sie sicher selbst erkennen, wenn Sie Ihre eigenen Erlebnisprotokolle aufmerksam durchlesen und verschiedene Protokolle miteinander vergleichen. Sollte Ihnen dies nicht gelingen, halten Sie bitte mit Ihrem Trainer Rücksprache oder wenden Sie sich an einen das Autogene Training lehrenden Arzt, Psychologen oder Psychotherapeuten.

Benutzen Sie auch die Selbstkontrollmöglichkeit durch Führung eines Verhaltensprotokolls. Einen Formvorschlag hierzu finden Sie auf Seite 199. Der Erfahrung nach ist die Übungshäufigkeit und Übungskonsequenz bei Personen, die mit einem solchen Verhaltensdiagramm arbeiten, höher als bei anderen.

Erfolgskontrolle

Es ist nicht ganz einfach, jemandem das Schweregefühl zu beschreiben, der es noch nicht erlebt hat. Die Schwierigkeit liegt darin, daß kaum zwei Menschen dieselbe Vorstellung von Schwere haben und darüber hinaus die Gefühle, die auf die Muskelentspannung hinweisen, recht unterschiedlich sind. Sie können sicher sein, die Schwereübung zu beherrschen, wenn regelmäßig eine der folgenden Empfindungen eintritt: Der rechte Arm zieht nach unten; der Oberkörper, besonders die Schultern, ziehen nach rechts; der Arm scheint zu sinken oder höher zu liegen; der Arm scheint sich auszudehnen oder dicker zu werden; Schwere und Schlaffheit; Unwilligkeit, den Arm zu heben; eine der eben genannten Empfindungen scheint im linken Arm oder in den Beinen oder im ganzen Körper aufzutreten.

Zunächst machen sich diese Erscheinungen bei richtigem Trainieren im rechten Arm bemerkbar; meist beginnt das Gefühl in der Hand und dehnt sich in den folgenden Tagen auf Unterarm und Oberarm aus. Manche spüren die Muskelentspannung zunächst im Oberarm und später im Unterarm und in den Händen, auch dagegen ist nichts einzuwenden. Sollte im linken Arm die Schwere auftreten, kann das an Ihrer jetzigen oder früheren Linkshändigkeit liegen. Sie sollten sich in Zukunft auf den linken Arm konzentrieren. Wenn dann der rechte Arm reagiert, sollten Sie einmal überlegen, ob Sie die Entspannungsübungen als Leistungsaufgabe ansehen und **unbedingt** das zu erwartende Gefühl im rechten Arm hervorrufen wollen. Sollte dies der Fall sein, dann gehen Sie, wie sie es von anderen Situationen gewohnt sind, mit Anspannung und Verbissenheit an diese Aufgabe heran und verhindern dadurch natürlich das Schweregefühl.

Es ist nicht möglich, durch Anstrengung Entspannung zu erlernen, folglich können Sie auf diese Weise auch keine Schwere im rechten Arm empfinden. Da die Empfindungen jedoch eine Tendenz zur Generalisierung oder Ausbreitung haben, können Sie die Schwere oder ein der Schwere entsprechendes Gefühl im nichttrainierten Arm spüren. Verstehen Sie diese Erklärung als Hinweis, nicht mit Leistungsabsichten, sondern mit Ruhegedanken oder ruhegetönten Bildern an die Übungen heranzugehen.

Im Anfang wird es Ihnen nur kurzzeitig gelingen, eine der beschriebenen Empfindungen hervorzurufen, und anfangs brauchen Sie Ruhe in Ihrer Umgebung, um etwas zu spüren. Nach einigen Wochen können Sie die Empfindungen wesentlich länger und intensiver wahrnehmen, und die Übungen gelingen Ihnen auch inmitten einer früher unangenehmen Geräuschkulisse.

Die Messung der Muskelentspannung ist abgesehen von der Protokollierung der entsprechenden Empfindungen nur mit komplizierten Apparaten möglich. Bei der nachfolgenden Wärmeübung wird die Messung einfacher sein. Die Muskelentspannung bei der Schwereübung kann am einfachsten durch die Aufzeichnung der Muskelaktivitäten mit einem Elektromyographen (EMG) gezeigt werden (vgl. Abb. 56).

Frühere Muskelverletzungen können sich im EMG zeigen; sie können sich aber auch beim Autogenen Training in Form von unangenehmem Ziehen oder Reißen in der entsprechenden Muskelpartie melden. Wenn dies auftritt, ist die zurückliegende Verletzung mit besonders unangenehmen Erinnerungen verbunden, und das Ereig-

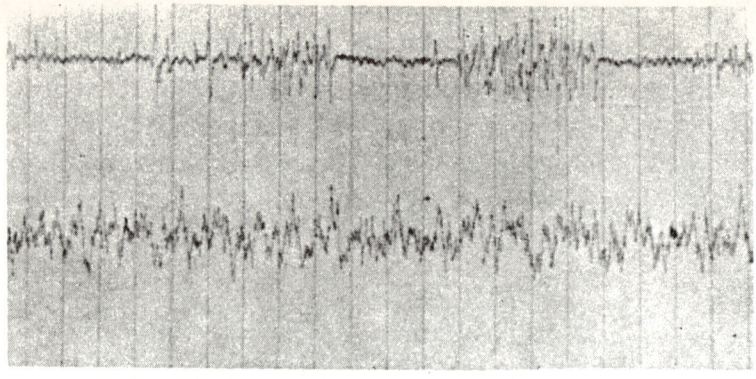

Abb. 56: EMG (Elektromyogramm, Muskelschrift). Je flacher die Kurve ist, desto entspannter ist die gemessene Muskelpartie

nis ist emotional noch nicht verkraftet. Am häufigsten tritt dies bei Kriegserlebnissen, Autounfällen und Sportverletzungen auf.

Ich erinnere mich an eine 40jährige frühere Leistungssportlerin, die wegen einer Armverletzung den Leistungssport frühzeitig aufgeben mußte.

Sie bekam während der Schwereübung starke Zugschmerzen im rechten Arm. Sie konnte sich diese Mißempfindung nicht erklären. Erst bei dem Stichwort »Verletzung« kam ihr zum Bewußtsein, daß es sich um genau die Stelle handelte, die vor über 20 Jahren verletzt wurde. Ihr wurde wieder bewußt, wie stark sie damals unter dem Abbruch ihrer sportlichen Karriere gelitten hatte und daß ihr ganzes Selbstvertrauen ins Wanken geraten war. In diesem Fall handelte es sich um verdrängte Erlebnisse, die im Autogenen Training in Organsprache wieder auftauchten. Sie spürte den verdrängten seelischen Schmerz in dem Arm, der auch damals betroffen war und den seelischen Schmerz hervorgerufen hatte.

Wir wollen eine bildhafte Darstellung versuchen: Oft werden bedrängende Erlebnisse in einen durch Hochspannung abgesicherten Käfig eingesperrt und nicht mehr herausgelassen. Die Hochspannung muß ständig gewährleistet sein, damit die unangenehmen Erinnerungen nicht wieder zum Vorschein kommen.

Durch ein solches Vorgehen ist es tatsächlich möglich, Probleme totzuschweigen.

Ist dies aber sinnvoll? Sicherlich nicht, denn bei dieser Technik benötigen Sie einen ungeheuren und immerwährenden Energienachschub, um die Hochspannung aufrechtzuerhalten. Sie verbrauchen für Ihren seelischen Käfig die Energien, die Sie in anderen Bereichen viel dringender benötigen würden. Es mangelt Ihnen an Abwehrenergien; Infektionskrankheiten und Organerkrankungen werden sich leicht einschleichen.

Bei der oben beschriebenen Klientin hatte sich seit dem Abbruch des Leistungssports eine krampfhaft vorgespielte Selbstsicherheit und ein psychovegetatives Syndrom ausgebildet; in den letzten Jahren war noch eine Herzerkrankung hinzugekommen.

Der Klientin wurden während des Seminars diese Zusammenhänge immer klarer. Sie lernte, sich selbst mit ihren Schwächen zu akzeptieren, sie holte die emotionale Verarbeitung der damaligen Kränkung ihrer Leistungsehre nach und übt jetzt regelmäßig Autogenes Training, um die noch nicht vollständig aufgelösten inneren Verkrampfungen weiter und weiter zu lockern. Die schmerzhaften Erscheinungen im rechten Arm traten übrigens nach einigen Tagen nicht mehr auf. Auch in anderen Fällen verschwinden körperliche Mißempfindungen nach kurzer Zeit, wenn der in ein Organ abgedrängte seelische Schmerz von der Ganzheit Mensch wieder wahrgenommen und neu verarbeitet wird.

Für das Autogene Training bedeutet auch ein Muskelschmerz eine positive Erfolgskontrolle; die schmerzhafte Empfindung sollte allerdings nach einigen Trainingstagen verschwinden. Sollte dies nicht der Fall sein, besprechen Sie Ihre Wahrnehmungen mit Ihrem Trainer.

Beobachten Sie während der Übungen Muskelzuckungen, so bedeutet dies, daß sich die jeweiligen Muskelpartien in einem starken Spannungszustand befinden, der sich auf diese Weise löst. Wenn diese Empfindungen unangenehm sind, können Sie vorübergehend eine abgeschwächte Schwereformel benützen: *Der rechte Arm ist etwas schwer.* Bei den Betroffenen kommt es auch vor dem Einschlafen zu ähnlichen Empfindungen; ebenso werden Sie in anderen Situationen, in denen Sie zur Ruhe kommen, ab und zu dieses Zucken spüren. Sollte dieser Zusammenhang mit Entspannungssituationen nicht bestehen, ist eine weitere Klärung anzustreben.

Sobald sich ein allgemein entspannterer Muskelzustand durch das Training eingestellt hat, wird im Normalfall das Zucken während der Übungen und in anderen Ruhesituationen nachlassen und schließlich verschwinden.

Manchmal kommt es nach den ersten Übungen zu spontanem Weinen. Werten Sie dies als positiven Hinweis auf eine sich lösende und in Tränen abfließende Überanspannung. Weinen nach autogenen Übungen wirkt befreiend, erlösend und entlastend. Es sollte so lange andauern, bis der »Überdruck« abgeflossen ist.

Zur Erinnerung: Um Ihre Übungen besser kontrollieren zu können, führen Sie bitte Buch über Ihre Empfindungen und bedienen Sie sich zusätzlich des Protokollbogens der eigenen AT-Übungen. Dieses Verhaltensdiagramm finden Sie auf Seite 199.

Anwendungsbereiche der Schwereübung

In den ersten Wochen befinden Sie sich in der Übungsphase, und Sie sollten möglichst nicht versuchen, die Übungen bereits in kritischen Situationen anzuwenden. Es ist zwar möglich, daß Sie frühzeitige Erfolge erzielen, und Sie sollten sich freuen, wenn Sie dies ohne direkte Zweckgesichtspunkte erleben. Das Vorhaben, Kopfschmerzen oder Schlafstörungen nach den ersten Übungen bereits angehen zu können, muß im Normalfall scheitern. Sie erleben dann das erste Mißerfolgserlebnis mit dem Autogenen Training, was Ihre Trainingsmotivation mit Sicherheit beeinträchtigen wird.

Bleiben Sie zunächst bei den »Trockenübungen«. Ins Nasse können Sie springen, wenn Sie die Übungen im Trockenen beherrschen. Behalten Sie bis dahin das Ziel im Auge, bereiten Sie sich aber keine unnötigen Mißerfolgserlebnisse. Bedenken Sie, daß es sich beim Autogenen Training um ein »**Training**« handelt, das heißt, es muß geübt werden. Auch zum Lesen- und Rechnenlernen haben Sie mehr als einen Tag gebraucht.

Nach der Übungsphase können Sie folgende Störungen mit der Schwereübung positiv beeinflussen:

Alle Muskelverspannungen können gelockert werden, zunächst im rechten Arm, später im ganzen Körper; Handzittern und Armzittern sind behebbar, später auch Verspannungszittern in anderen Körperbereichen; Migräne bessert sich vielfach bei Anwendung der Schwereübung; innere Unruhe und Beklemmungsgefühle werden durch die Schwereübung abgeschwächt; Weinen kann in der Übungsphase provoziert werden, verschwindet jedoch in der Anwendungsphase; die negativ empfundene Abgespanntheit wird geringer, Ruhe und Entspannung nehmen zu; Schlafstörungen lassen nach, zur Schlafförderung benötigen Sie keine äußeren Hilfsmittel mehr; dadurch kann Ihr Alkohol- und Tablettenkonsum sinken.

Verwenden Sie, entsprechend Ihrem Trainingsfortschritt, die folgenden Formeln:

Der rechte Arm ist ganz schwer oder *Der linke Arm ist ganz schwer* oder *Beide Arme sind ganz schwer* oder *Arme und Beine sind ganz schwer*. Sie können später auch Abkürzungen der Standardformeln benutzen: *Rechter Arm ganz schwer* oder *Linker Arm ganz schwer* oder *Beide Arme ganz schwer* oder *Arme und Beine ganz schwer* oder *Der ganze Körper ist ganz schwer* oder *Ganzer Körper ganz schwer*.

Bestimmte Abwandlungen sind auch möglich. Sollte das Schweregefühl später zu stark werden, könnten Sie die Formel *Arme und Beine sind etwas schwer* oder *Arme und Beine sind leicht* gebrauchen. Bei Beklemmungsgefühlen in der Kehle oder der Brust könnten Sie zusätzlich zur Schwereübung die Formel *Die Kehle ist ganz locker* oder *Die Brust ist ganz gelöst* anwenden. Zusätzliche Übungen versprechen jedoch nur Erfolg, wenn sie vorher genauso intensiv geübt wurden wie die Grundübungen. An zusätzliche Formeln werden einige Anforderungen gestellt. Wenn Ihnen weitere Formulierungen einfallen, sollten Sie diese im Zweifelsfall mit Ihrem Trainer besprechen.

Beschränken Sie sich bei der Schwereübung und bei den noch folgenden Übungen auf jeweils eine Formulierung und bleiben Sie bei der Formulierung, für die Sie sich entschieden haben. Das »Einschleifen« der Übungen verzögert sich unnötig durch wiederholtes Wechseln der Formel. Die ersten beiden Formeln müssen ohnehin zweimal erweitert werden, wenn Sie den linken Arm und dann die Beine in die Übung miteinbeziehen.

Auch mit Zusatzformeln sollten Sie sparsam sein. Im allgemeinen kommen Sie ganz ohne Zusatzübungen aus, weil die meisten Störungen durch die Standardübungen zu lindern oder zu beseitigen sind. Wenn Sie jedoch nicht darauf verzichten wollen, sollten Sie sich insgesamt auf ein bis zwei Zusatzformulierungen beschränken. Dieses Thema wird im letzten Teil des Buches nochmals aufgegriffen.

2. Seminarstunde: Wärme

Psychosomatik der Blutgefäße

Die vom Herzen wegführenden Gefäße werden Arterien genannt. Sie haben widerstandsfähige Wände, die mit starken Muskelfasern durchsetzt sind. Die zum Herzen hinführenden Blutgefäße, die Venen, sind dünnwandig, mit schwachen Muskelfasern. Die Arterien haben eine größere Fähigkeit, sich bei den verschiedenen Reizeinflüssen zusammenzuziehen oder auszudehnen. Sie reagieren auf emotional anspannende Signale, indem sie sich verengen, und zwar stärker als die Venen. Bei Tieren findet dieser Vorgang bei der Einstellung auf Kampf und Abwehr statt, beim Menschen auch bei Angstgefühlen, Schreck oder Wut. Bei diesen Emotionen werden über vegetative Nervensteuerung die Arterien augenblicklich verengt; dadurch wird der Blutdruck erhöht und die Kampfbereitschaft dokumentiert. Noch bevor sich Herz und Atmung auf die notwendige Mehrarbeit eingestellt haben, sind die Blutgefäße bereits aktiviert und in Anspannung versetzt. Sobald eine körperliche Aktivität einsetzt, wird die Notfallverengung der Gefäße wieder aufgehoben, und das Herz stellt durch schnelleres Pumpen eine der Leistung entsprechende Blutmenge zur Verfügung. Die aufwendige Aktivierungssteuerung durch vegetative Nerven wird dann eingeschränkt und hormonell mit Hilfe des Nebennierenhormons Adrenalin fortgesetzt. Bleibt der Betroffene körperlich inaktiv, besteht für das Vegetative Nervensystem die Anspannung fort und der Blutdruck steigt weiter an. Unter Dauerbelastung kann sich ein psychosomatischer Bluthochdruck in der Form essentieller Hypertonie oder labiler Hypertonie einstellen.

Erst wenn sich der Betroffene über den Gegenstand der Angst oder des Ärgers klargeworden ist und sich diesem aktiv stellt beziehungsweise sich entspannt, läßt die nervöse Aktivierung nach.

Mit der Gefäßentspannung geht ein Wärmegefühl einher. Körperlich spielt sich folgendes ab: Verengte Blutgefäße erweitern sich, dadurch wird ein größerer Bluttransport und eine vermehrte Durchblutung ermöglicht. Am stärksten macht sich dies in den kleinen Arterien, den sogenannten Kapillaren, der Arme und Beine bemerkbar. Diese Gefäße sind wegen ihres geringen Durchmessers am leichtesten zu verengen und sogar zu schließen. Wie Sie bereits wissen, können solche Verengungen durch äußere oder innere Einwirkungen zustande kommen. Bei äußeren Einwirkungen handelt es sich meist um niedrige Außentemperaturen, bei inneren meist um seelische Spannungen, wie Ärger, Streß oder Angst, die akut und langfristig zu Zustandsänderungen der Gefäße führen.

Wer ein Lichtmikroskop zur Verfügung hat, kann folgenden Versuch zur Demonstration durchführen. Legen Sie einen Finger unter das Mikroskop und beobachten Sie die blaßrote Färbung im Fingerinneren. Legen Sie dann einen Eiswürfel an den Finger und beobachten Sie, wie in wenigen Sekunden die Rotfärbung verschwindet und das Fingerinnere weiß wird. Dieser Vorgang findet nicht nur bei äußerer Kälteeinwirkung statt, sondern auch bei Emotionen, die von Spannungsgefühlen begleitet sind.

Die Körperwärme ist ein deutlicher Hinweis auf körperliche Lebendigkeit. Auch für die Seele gebrauchen wir Begriffe der Wärme, um seelische Lebendigkeit zu beschreiben. Wir sagen, »Dieser Mensch ist warmherzig« oder »Ich kann mit jenem kühlen Menschen nicht warm werden«. Einen gefühllosen Menschen bezeichnen wir als kalt oder eiskalt. Beim Anblick eines solchen Menschen »läuft uns ein kalter Schauer über den Rücken«. Der gleiche kalte Schauer kann uns auch beim Anblick eines Toten erfassen. Im letzteren Fall handelt es sich um die Widerspiegelung der nachempfundenen körperlichen Kälte des Toten im eigenen Körper. Angst spielt häufig eine Rolle. Im Falle des gefühlskalten Menschen spiegelt sich die empfundene Seelenkälte in uns, und wir erleben diese als einen kalten Schauer.

Wir stellen fest, daß die Wechselwirkungen von körperlichen und seelischen Vorgängen nicht nur im eigenen Körper, sondern auch in den Wechselbeziehungen zwischen verschiedenen Personen wirksam sind. Der Mensch ist kein isoliertes Einzelwesen, das auf sich allein gestellt leben kann. Der Mensch ist ein Gemeinschaftswesen wie die meisten seiner tierischen Artgenossen. Die Tiere haben den

»Vorteil«, daß ihre Gemeinschaftsbeziehungen nach festen vorgegebenen Regeln ablaufen. Beim Menschen wäre dies ebenso, wenn er keine zusätzlichen Verstandesfähigkeiten hätte, die er oft höher einschätzt als seine Instinkt- und Gefühlsausstattung. Nur so ist die Bewunderung zu verstehen, die dem eiskalten Rechner entgegengebracht wird. Der kalte Schauer, der bei seinem Anblick entsteht, wird von vielen zurückgedrängt, und mancher hofft, von diesem seelisch Toten noch etwas lernen zu können.

Wie ist dieser mitunter auftretende Wunsch, die Seelenwärme abzuschwächen, zu verstehen? Wir nannten bereits den Verstand als Stichwort und sind auch in diesem Augenblick versucht, die Gefühlswärme auf der Verstandesebene zu erläutern. Wir wollen verstehen und vermeiden damit, zu fühlen. Es gelingt uns sehr schwer, Verstand und Gefühl gemeinsam zum Tragen kommen zu lassen. Das gleichberechtigte Wirkenlassen beider Bereiche ist für den »kopflastigen« Menschen schwierig. Wird aber der Verstand dem Gefühl vorgezogen, fühlen wir dies sofort als störendes Ungleichgewicht. Sofort folgt ein typischer »kopflastiger« Fehlschluß: »Das Gefühl bewirkt das Ungleichgewicht, also beschneide ich den Gefühlsbereich noch stärker.« Dies hat zur Folge, daß die Seelenwärme entweder weiter abnimmt oder aus dem aktuellen Gefühlsbereich verdrängt wird. Sie taucht als Neurose auf oder manifestiert sich als psychosomatische Erkrankung. Zwangsneurosen, psychogene Kopfschmerzen oder Herzbeschwerden sind mögliche Ausprägungsformen.

Ein weiterer Beweggrund für das Zurückdrängen der Gefühle: Meist sind es unangenehme Empfindungen, die registriert und behalten werden. Dies gilt auch für das Wärmegefühl. Hierbei prägen sich extreme Wärmeempfindungen wie Erröten oder Hitzewallungen schnell ein. Auch die unangenehmen Empfindungen beim Erblassen, bei kalten Händen und kalten Füßen setzen sich als negative Erfahrungen fest und führen auf Dauer gesehen zum Zurückweichen gegenüber Gefühlen.

Im Autogenen Training lernen wir, den **angenehmen** Gefühlsbereich verstärkt zu erleben. Wir lernen, wohlige Wärmegefühle hervorzurufen und uns an diesen zu erfreuen. Dadurch erreichen wir ein Stück Integration in unserer Person und lernen zugleich, auf bestimmte Körperfunktionen gezielt Einfluß zu nehmen. Wir lernen Gesamtentspannung von Seele und Körper.

Wärmeübung

Bevor Sie mit der zweiten Übung beginnen, sollten Sie Gelegenheit gehabt haben, sich über Ihre Erfahrungen, Erlebnisse und Empfindungen bei der ersten Übung auszusprechen und Schwierigkeiten zu klären. Dies ist für einen geregelten Fortgang des Trainings und zur Vermeidung von Trainingsfehlern wichtig.

Mit der Wärmeübung wenden wir uns der gezielten Entspannung des Kreislaufsystem zu. Wir erleichtern uns auch bei der Wärmeübung den Einstieg in das autosuggestiv erzeugte Wärmeerleben, indem wir uns zunächst auf den rechten Arm einstellen. Als Erleichterung ist auch die Wahl einer der Schwereformel ähnlichen Wortwahl anzusehen. Die Wärmeformel lautet: *Der rechte Arm ist ganz warm.*

Mit der Wärmeübung wollen wir lernen, im Arm eine angenehme Wärmeempfindung hervorzurufen; ihr entspricht eine Hauttemperatur von etwa 35° Celsius. Sie brauchen die Grade allerdings nicht nachzumessen; es sollte Ihnen genügen, wenn Sie die Wärme als angenehm erleben. Unangenehm wäre eine Hitzeempfindung.

Zur bildhaften Unterstützung empfehlen sich die Vorstellungen, in einer warmen Badewanne zu liegen oder den rechten Arm in ein Armbad zu legen. Hilfreich sind auch die Vorstellungen, daß von außen die Sonne auf den Arm scheint oder von innen Wärme über die Schultern in den rechten Arm hineinfließt.

Sie können jetzt wieder mit der ersten Übung beginnen. Nehmen Sie dazu eine entspannte Haltung ein. Stellen Sie sich Ihren rechten Arm vor Ihrem inneren Auge vor, und denken Sie die erste Formel *Der rechte Arm ist ganz schwer.* Denken Sie diese Formel mehrmals hintereinander und stellen Sie sich dann auf die Ruheformel *Ich bin ganz ruhig* ein. Wenn Sie wollen, können Sie die Schwereübung durch die Vorstellung eines die Schwere veranschaulichenden Bildes unterstützen. Es folgt eine erneute mehrmalige Einstellung auf die Schwereformel *Der rechte Arm ist ganz schwer* und eine einmalige Einstellung auf die Ruheformel *Ich bin ganz ruhig.* Sie können diese Folge noch einmal oder mehrmals wiederholen.

Gehen Sie dann zur Wärmeformel über und denken Sie mehrmals *Der rechte Arm ist ganz warm* und anschließend einmal *Ich bin ganz ruhig.* Auch diese Folge können Sie mehrmals wiederholen. *Der rechte Arm ist ganz warm – Ich bin ganz ruhig.*

Gebrauchen Sie bei Bedarf eines der vorgeschlagenen unterstützenden Bilder.

Nach einigen Minuten stellen Sie sich auf die Rücknahme der Schwereempfindung ein. Auch wenn die Schwereempfindung nicht vorhanden war, stellen Sie sich auf die Erhöhung der Muskelspannkraft ein. Verwenden Sie die Ihnen bereits bekannte Formel *Arme fest – Augen auf – tief durchatmen.*

Denken Sie daran, stets nur die Schwereempfindung beziehungsweise die Muskelentspannung zurückzunehmen. Die Wärmeempfindung sowie die übrigen Entspannungsempfindungen sollen nicht zurückgenommen werden; der allgemeine Entspanntheitszustand soll ja bestehen bleiben. Es empfiehlt sich, das Schweregefühl zurückzunehmen, um nach dem Training wieder muskuläre Aktionen ausführen zu können und um sich wieder frischer zu fühlen.

Mit der Zurücknahme der Schwereempfindung wird auch die Wärmeempfindung wegen des Zusammenwirkens der Körpersysteme teilweise aufgehoben. Sie sollten diesen Effekt jedoch nicht vorstellungsmäßig unterstützen.

Obwohl es sich auch beim Wärmegefühl um eine ganz natürliche und bekannte Empfindung handelt, erstaunt es Trainingsneulinge immer wieder, wenn es ihnen erstmals gelingt, diese Empfindungen autosuggestiv hervorzurufen. Ein Klient meint: »Das ist doch irgendwie verblüffend. Im Grunde genommen ist das ja eine ganz einfache Sache, nicht schwierig; man ist nur nie darauf gekommen. Etwas Ähnliches habe ich schon mal bei Müdigkeit gespürt; das ist ja eigentlich eine ganz natürliche Reaktion.«

Manche Klienten sind nicht sofort bereit, die gelungene Selbstbeeinflussung zu akzeptieren. Jemand äußert: »Ich versuche, den Anleitungen zu folgen und alles nachzuempfinden. Ich schaffe dies auch teilweise. Ich frage mich bloß, ob die Empfindungen Einbildung sind oder ob es sich um tatsächliche Zustände handelt. Ich glaube eigentlich, es ist tatsächlich so.«

Klienten, die zu solch intensiven Empfindungen (wieder) fähig sind, brauchen keine weitere äußere Bestätigung. Für Menschen, die nur Zahlen Glauben schenken, befindet sich im Abschnitt Erfolgskontrolle eine entsprechende Versuchsanordnung.

Sie sollten jetzt etwas über die möglichen Schwierigkeiten erfahren, die sich im Zusammenhang mit dem Erlernen der Wärmeübung ergeben können. Oft sind mangelnde Fortschritte bei der Wärme-übung auf die vorstellungsmäßige Vermischung von Wärme und Hitze zurückzuführen. Wer sich bei der Wärmeübung Hitze verge-genwärtigt, wird die Wärmeempfindung aus zwei Gründen nicht erreichen können: Zum ersten verhindert er unbewußt die Wärme-empfindung, weil er mit Hitze ein unangenehmes Gefühl verbindet. Zum zweiten wird er ein erreichtes Wärmegefühl nicht als solches wahrnehmen, weil er sich auf ein Hitzegefühl eingestellt hat und zwiespältig darauf wartet. Wenn Sie dazu neigen, bei der Wärme-übung etwas Heißes oder Hitze zu erwarten, sollten Sie die Wär-meformel abändern. Ihre Formel könnte in einem solchen Fall *Der rechte Arm ist angenehm warm* lauten. Es ist auch die Verwendung folgender Formeln möglich: *Der rechte Arm ist etwas warm* oder *Der rechte Arm ist wohlig warm* oder *Der rechte Arm ist strömend warm.*

Es ist von Person zu Person unterschiedlich, ob die Wärme zu-nächst in der Hand, im Oberarm oder gleich im ganzen Arm ge-spürt wird. Am häufigsten wird die Wärme zunächst in der Hand empfunden; dies hängt sicherlich damit zusammen, daß in der Hand die wärmeempfindlichen Sinneszellen dichter angeordnet sind als im übrigen Arm. Es ist jedoch unwichtig, wo die Wärme zuerst auftritt; in jedem Fall findet eine spätere Generalisierung auf den ganzen Arm und den ganzen Körper statt.

Erfolgskontrolle

Das Empfinden der Wärme ist die einfachste Erfolgskontrolle. Gleichwertige Erfolgshinweise stellen »Kribbelempfindungen« oder »Ameisenlaufen« während der Übung dar. Auch »Prallheits-empfindungen« oder das Gefühl, daß der Arm dicker wird, sind Hinweise für die Beherrschung der Wärmeübung. Die genannten Empfindungen spiegeln die Ausdehnung von Blutgefäßen und die verbesserte Durchblutung wider.

Es ist ohne weiteres möglich, daß Sie die Wärme nicht als solche wahrnehmen. Wenn jedoch eine der genannten Empfindungen auf-tritt, können Sie sicher sein, das Übungsziel erreicht zu haben. Es genügt sogar, wenn Sie nur die Schwere- oder nur die Wärmeemp-findung oder etwas Gleichwertiges spüren. Sie können davon ausgehen, daß Schwere nicht ohne Wärme auftreten kann, und umgekehrt. Wir trennen nur zu Übungszwecken die beiden Empfindungen, um uns zu Anfang gezielter auf den Muskel- beziehungsweise Kreislaufbereich konzentrieren zu können. Muskelentspannung ist jedoch nicht ohne Kreislaufentspannung möglich und umgekehrt.

Die Erwärmung des Armes ist auch meßbar. Sie können z. B. die Zunahme des Armumfangs während der Übung messen. Dies ist in der Realität allerdings schwer durchführbar, weil Sie dadurch in Ihrer Übung gestört würden. Einfacher ist die Temperaturmessung. Sie können die Körpertemperatur in der Achselhöhle vor der Übung und bei der Übung messen und die beiden Werte miteinander vergleichen. Sie werden eine Temperatursteigerung von 0,2 bis 0,9° Celsius feststellen können. Die verschränkte Haltung des rechten Armes bei diesem Versuch ist aber für die Entspannung nachteilig.

Unkompliziert und eindrucksvoll ist der Versuch mit einem Temperaturfühler, den Sie auf der rechten Hand befestigen. Eine kalte Hand, die Sie während der Übung erwärmen, zeigt eine Temperatursteigerung von bis zu 8° Celsius.

Da wir im Autogenen Training Normalregulationen einüben, sind Temperaturen über 36° Celsius hinaus nicht angestrebt, obwohl sie erreichbar wären.

Sie können der Abb. 57 die relativ schnell eintretende Temperatursteigerung entnehmen. Bei Trainingsneulingen sinkt die Tempera-

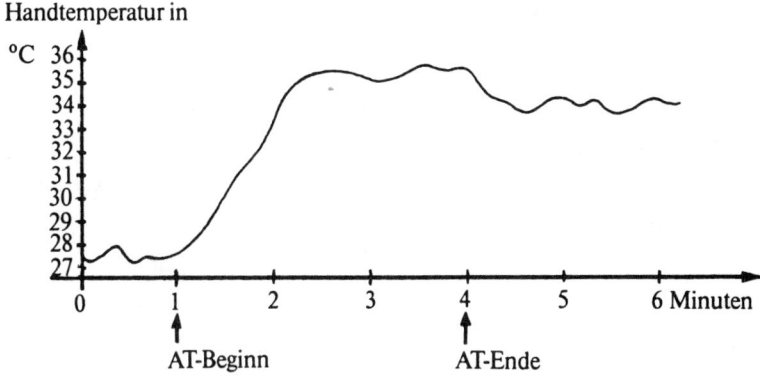

Abb. 57: Temperaturkurve einer zunächst kalten Hand bei Anwendung der Wärmeübung

tur rasch wieder um einige Grade ab. Bei Trainingserfahrenen bleibt die erreichte Wärme weitgehend bestehen; sie sinkt nach der Rücknahme nur unwesentlich ab.

Als Erfolgszeichen können Sie auch ein brennendes Gefühl werten, wenn es sich bei den betroffenen Stellen um frühere Verletzungen, Operationen oder Entzündungen handelt. Bei der Schwereübung sprachen wir in bezug auf zurückliegende Muskelverletzungen von der Bedeutung dieses Phänomens und brauchen uns hier nicht zu wiederholen.

Eine Klientin zeigt auf ihren Oberarm: »Hier wird mir bei der Wärmeübung immer ganz unerträglich heiß; das kann doch nicht richtig sein.« Sie trägt ein Kleid ohne Ärmel, so daß eine schrägverlaufende Narbe sichtbar wird. Ich spreche sie auf diese Narbe an, und sie berichtet mit gepreßter Stimme von einem Unfall, bei dem ein Angehöriger schwer verletzt wurde. Sie selbst kam mit einer Armverletzung davon, die inzwischen wieder verheilt ist. Die schockartige emotionale Verletzung ist allerdings noch nicht verheilt, wie wir an den Reaktionen im Autogenen Training sehen können.

Bei Trainierenden, die mit Durchblutungsstörungen zu tun haben, kann ein Erfolgsprotokoll nach drei Wochen regelmäßigen Übens folgendermaßen aussehen:

»In den Anfängen zeigte sich keine Wärmewirkung. Ich verspürte aber in den Fingerspitzen, und von dort ausgehend in der ganzen Handfläche, ein Gefühl des Kribbelns. Die linke Hand wurde mit in dieses Gefühl einbezogen. Bei weiteren Übungen wurde das Kribbeln sehr stark, sowohl in der rechten als auch in der linken Hand. Mit dem Kribbeln ging ein Wärmegefühl einher. Es strahlte von der Hand in den Unterarm aus. Der Oberarm blieb kühl. Bei den letzten Übungen ließ das Kribbeln nach. Dafür zeigte sich jetzt ein Wärmegefühl. Die Unterschenkel werden auch schon davon betroffen. Bemerkenswert ist, daß das Kribbeln in den Fingerspitzen sofort eintritt, sobald ich mich schon mit dem Gedanken befasse, eine Übung zu beginnen.«

Sollten Sie unter Hitzegefühlen leiden, kann sich bei Ihnen während der Wärmeübung eine vorübergehende Kühleempfindung einstellen. Diese Empfindung kann im Übergang von Hitze zu Wärme auftreten.

Wenn Sie bereits vor der Wärmeübung einen angenehm warmen Arm haben, sind während der Übung keine besonderen Empfindungen zu erwarten. Eine Empfindungsänderung kommt nur bei einer Zustandsänderung zustande. Ist und bleibt der Arm warm, bleibt auch die Empfindung gleich.

Anwendungsbereiche

Vor der Anwendung liegt auch bei der Wärmeübung die Übungsphase. Nach drei Wochen regelmäßigen Übens gelang einem Klienten die gezielte Erwärmung der Füße. Er schreibt: »Ich legte mich wie immer mit kalten Füßen zu Bett. Da ich gestern abend zum ersten Mal die Ausbreitung des Wärmegefühls auf die Beine gespürt hatte, wollte ich heute eine gezielte Erwärmung der Füße versuchen. Über Schwerwerden der Arme und Warmwerden der Arme gelang es mir tatsächlich, eine merkliche Erwärmung der Füße innerhalb weniger Minuten herbeizuführen. Mir gelang dies, indem ich mit meinen Gedanken von den Armen auf die Füße überging.« In diesem Beispiel wird bereits die Generalisierung der Wärme auf die Beine gezielt angewendet. Natürlich sind auch kalte Hände und allgemeine Kälte- beziehungsweise Kühleempfindungen mit der Wärmeübung günstig zu beeinflussen. Von der physiologischen Seite her gesehen ist es möglich, Gefäßverspannungen, verkrampfte und dadurch verengte Gefäße durch die Wärmeübung zu lockern. Somit können Durchblutungsstörungen gelindert beziehungsweise behoben werden.

Auch bei Hitzewallungen in den Wechseljahren, bei Erröten und sonstigen Hitzegefühlen ist die Wärmeübung günstig. Sie sollten allerdings nicht auf den Gedanken verfallen, in solchen Fällen eine Kühleformel zu verwenden. Kühle soll nur auf den Kopfbereich angewandt werden, wie Sie bei der Kopfübung noch genauer erfahren werden. Für den übrigen Körper führt eine Kühlesuggestion zu Unordnung; eine richtig durchgeführte Wärmesuggestion dagegen hebt die Hitzeempfindung auf und erzeugt ein angenehmes Wärmegefühl.

Bei Beklemmungsgefühlen, Angst, Stottern und anderen Hemmungen ist eine Kombination von Schwere- und Wärmeübung günstig.

Sie sollten jedoch im Einzelfall ausprobieren, ob Sie leichter mit Schwere oder Wärme oder mit beiden gemeinsam zum Entspannungsziel kommen.

Beide Übungen bewirken innere Ruhe und Erholung. Sie tragen zur Ausgeglichenheit bei und erhöhen die Merkfähigkeit. Beide Übungen dienen auch der Schlafförderung. Wenn Sie am Abend während der Übungen einschlafen, sollten Sie sich darüber freuen. Das dadurch entstehende abendliche Übungsdefizit sollten Sie jedoch durch eine zusätzliche Nachmittagsübung ausgleichen.

Wer bei den Übungen häufig einschläft, obwohl er sich vorgenommen hatte, wach zu bleiben, hat wahrscheinlich ein Nachholbedürfnis an Schlaf. Gönnen Sie sich mehr davon.

3. Seminarstunde: Atmung

Psychosomatik der Atmung

Bei psychosomatischer Betrachtungsweise der Atmung wird deutlich, wie stark Atmung mit Leben gleichgesetzt wird. In der Schöpfungsgeschichte heißt es bereits, »den Odem eingeben«. Atem eingeben und zum Leben erwecken hat hier die gleiche Bedeutung. Die enge Verknüpfung von Atmung und Leben ist heute nicht mehr so deutlich, obwohl in jedem Erste-Hilfe-Kursus die Beatmung als wichtigstes Wiederbelebungsverfahren gelernt wird.

Heute scheint das Herz wegen der häufiger werdenden Herzstörungen die erste Stelle der gefühlsmäßig wichtigsten Körperfunktionen eingenommen zu haben. Dennoch treten Atemstörungen häufiger auf als Herzstörungen.
Fast alle Anspannungen gehen mit Atemstörungen einher. Bei Angst und Schrecken erfährt der Betroffene, wie »es ihm den Atem verschlägt« oder wie »sein Atem stockt«.

Zu häufigen Atemstörungen bis hin zu asthmatischen Beschwerden kommt es besonders bei Trennungskonflikten oder bei nicht verkrafteten Trauerfällen. Hier zeigt sich die symbolische Verknüpfung von Atmung und Leben. Gerät im Bereich Leben – Tod etwas aus den Fugen, wird die Atmung als Repräsentant des Lebens gehäuft betroffen. Die geahnte Gefährdung für das eigene Leben wird auf die Atmung verschoben und als Atemnot oder Atembeklemmung empfunden.
Bereits in den ersten Lebenstagen entstehen gefühlsmäßige Bindungen. In einer gut funktionierenden Ehe entwickeln sich diese emotionalen Bindungen zwischen den Ehepartnern und den Kindern, in anderen Gemeinschaftsformen zwischen den jeweiligen Partnern.

Kommt es zu vorübergehenden oder dauernden Trennungen der Partner, wird das wie der Verlust eines Stückes vom eigenen Selbst erlebt. Wird bereits ein Abschied als Verlust von Lebensgefühl empfunden, um wieviel schmerzlicher werden wir von Todesfällen betroffen. Die Unwiederbringlichkeit des Partners schlägt eine Wunde in das eigene Leben. Manche spüren diese Wunde als Riß, andere als bodenlosen Krater und wieder andere als wüstenleere Verlassenheit. Wenn zwischen den Partnern keine innige Verbundenheit bestand, wird eine Trennung kaum Atemnot zeitigen. Es kann sogar sein, daß der in seinem Lebensgefühl vorher eingeschränkte Partner wieder freier atmen kann und auflebt.

Bei demjenigen, dem die Trennung weh tut, werden sehr wahrscheinlich Atembeklemmungen auftreten. In den Fällen, in denen das auslösende Ereignis nicht verarbeitet wird, kann es zu chronischen Atemnotzuständen und zu Beklemmungsgefühlen, nicht selten zu chronischem Asthma kommen.

Es ist auffällig, wie verbissen Asthmatiker eine psychische Verursachung ihrer Erkrankung ablehnen. Sie berufen sich auf eine Erkältung oder auf Nebel, die das Asthma auslösten, und wehren sich, andere Auslösemöglichkeiten in Erwägung zu ziehen. Ich erinnere mich an eine junge Frau, die den Beginn ihres Asthmas mit einer Erkältung in Verbindung brachte und damit dieses Thema für erledigt erklärte. Sie spürte die geballte emotionale Gewalt, die hinter dem Krankheitsbild Asthma verborgen war, und sie wollte nicht daran rühren. Durch dieses Verhalten verstärkten sich im Laufe der Zeit die asthmatischen Beschwerden, bis die Frau schließlich bereit war, sich mit den Ursachen ihrer Erkrankung auseinanderzusetzen. Auslösend war der Tod der Mutter gewesen, auf den die Klientin nach einigen Tagen mit einem asthmatischen Anfall reagierte. Sie vermied dadurch die für sie notwendige »Trauerarbeit«. Die noch nicht durchlebte Trauer konnte mit therapeutischer Hilfe nachgeholt werden, und die extreme Luftnot trat danach nicht mehr auf, weil sie keinen »Sinn« mehr erfüllte. Der Sinn der Luftnot lag in der Ablenkung vom Todesfall. Paradoxerweise nahm die Klientin dafür eigene Todesangst in Kauf.

Paradox erscheint dieser Sachverhalt allerdings nur für den Verstand. Bei der Psyche gelten differenziertere Gesetzmäßigkeiten. Sie ist nicht auf die leblose Abstraktion von $1 + 1 = 2$ zurückzuführen, und sie läßt sich nicht ungestraft in Ketten legen.

Die Psyche folgt auch einer Logik, jedoch der ihr gemäßen Form, der Psycho-logik. Es entspricht der Psychologik, daß bei fremder oder eigener Lebensunsicherheit die Atmung bevorzugt in Mitleidenschaft gezogen wird. Dies ist als Ausdruck von existentiellem Getroffensein anzusehen. Natürlich werden alle menschlichen Bereiche in Mitleidenschaft gezogen, der ganze Mensch ist das »Schlachtfeld«, auf dem der Kampf um die Bewältigung der akuten Lebensgefährdung geführt wird. Dieser Kampf in der eigenen Person ist notwendig, um nach einem Todesfall oder einer Trennung die Voraussetzungen für ein neues Ordnungsgefüge zu schaffen.

Die öffentlichen Beisetzungen können auch in diesem Sinne gesehen werden: Die Beteiligten werden dabei gezwungen, sich mit dem Todesfall auseinanderzusetzen. Beim Begräbnis wird die Öffentlichkeit zum Miterleben der Trauer zugelassen, auch wenn dies für die Trauernden unangenehm ist.

Warum verhalten wir uns bei der Bewältigung anderer emotionaler Belastungen, bei Konflikten oder Problemen, nicht ähnlich? Warum verkriechen wir uns, meiden den Mitmenschen und fliehen sogar vor unseren eigenen Gefühlen?
Die Antwort ist einfach: Weil die Beschäftigung mit dem anstehenden Thema schmerzlich ist.

Es ist verblüffend, zu beobachten, wie ehemalige Kleinigkeiten unbewußt zu Problemen aufgebauscht werden, nur um von dem ursprünglichen Problem abzulenken.

Eine verheiratete, karitativ aktive Hausfrau bekam zwei Wochen nach dem Tod der 85jährigen Mutter einen asthmatischen Anfall. Sie hätte den Tod der Mutter leichter verkraften können, wenn sie sich nicht Gewissensbisse und Selbstvorwürfe gemacht hätte. Vorausgegangen war folgendes: Es war ihr nicht möglich gewesen, die Mutter an ihrem 85. Geburtstag zu besuchen. Eine Woche später starb die Mutter, ohne daß sie sie noch einmal gesehen hatte. Um den Gedanken der Mitschuld am Tod der Mutter zu vermeiden, entwickelte die Klientin ein asthmatisches Syndrom.

Ein von seiner Frau getrennt lebender Mann litt nur am Wochenende und im Urlaub an Atemnotzuständen. Seinen Urlaub mußte er bereits mehrmals wegen anhaltenden Asthmas abbrechen. Dieser Klient hatte sich nach der Trennung von seiner Frau – in eine Scheidung hatte er nicht eingewilligt – in die Arbeit geflüchtet, um von seinem Trennnungsproblem abzulenken. Er bemühte sich auch um »aktive« Wochenenden und ebensolchen Urlaub; dies gelang ihm jedoch nicht vollständig, und so trat immer wieder die Fluchtform Asthma auf.

Eine verwitwete Sekretärin mit zwei Kindern reagierte auf den Unfalltod eines Sohnes mit einer Stimmbandlähmung, mit Migräne und mit asthmatischen Anfällen. Die ersten beiden Symptome legten sich bald, das Asthma blieb jahrelang bestehen, bis mit psychotherapeutischer Hilfe die emotionale Ablösung geschafft wurde Als es der Klientin gelang, die Illusion vom lebenden Sohn in sich selbst sterben zu lassen, verschwanden die asthmatischen Anfälle.

Asthmatiker, die bei nüchterner Auflistung beziehungsweise Gegenüberstellung lebensgeschichtlicher Daten und asthmatischer Beschwerden gewisse Gesetzmäßigkeiten feststellen, sollten sich so bald wie möglich um psychotherapeutische Hilfe bemühen. Je länger das Symptom besteht, desto schwieriger werden die Linderungsmöglichkeiten mit medizinischen und die Heilungschancen mit psychologischen Mitteln. Im Laufe der Jahre und Jahrzehnte entwickelt sich nämlich eine Automatik der körperlichen Abläufe, und schließlich ist das auslösende Erlebnismoment gar nicht mehr nötig, um einen Asthmaanfall zum Ausbruch kommen zu lassen. Es genügt dann die Wirksamkeit des fast immer nachweisbaren Allergens. Dabei handelt es sich um einen Stoff, der den Körper in eine erhöhte Abwehrhaltung versetzt und auf den der Organismus gehäuft mit Atemnot reagiert.

Auch die Erlebniskomponente kann ohne Vorhandensein des Allergens einen Asthmaanfall auslösen (vgl. Abb. 58).

S. ZEPF* belegt diesen Wirkzusammenhang durch verschiedene Untersuchungsreihen. Er berichtet unter anderem von der Sensibilisierung gegen sogenannte »Lungenallergene«, die bei etwa 70 Prozent der Bevölkerung vorliegt; zu einer Allergie kommt es jedoch nur bei 10 Prozent von diesen 70 Prozent. Beim allergischen Asthma liegen die Verhältnisse ähnlich: Bei allergensibilisierten Personen kommt es nur in einem sehr geringen Prozentsatz zum tat-

---

* S. ZEPF: Zur Theorie der psychomatischen Erkrankung (Frankfurt/M., 1973)

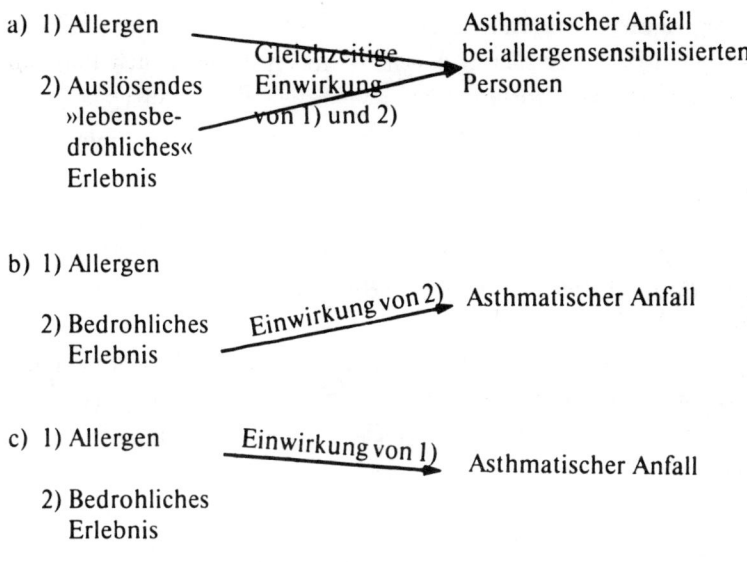

a) 1) Allergen
   2) Auslösendes »lebensbedrohliches« Erlebnis

   Gleichzeitige Einwirkung von 1) und 2)

   Asthmatischer Anfall bei allergensensibilisierten Personen

b) 1) Allergen
   2) Bedrohliches Erlebnis

   Einwirkung von 2)

   Asthmatischer Anfall

c) 1) Allergen
   2) Bedrohliches Erlebnis

   Einwirkung von 1)

   Asthmatischer Anfall

Abb. 58: Auslösebedingungen für einen asthmatischen Anfall

a) bei einem neu auftretenden Asthma,
b) und c) bei chronischem Asthma bronchiale

sächlichen Asthmaausbruch. Für das erste Auftreten von Asthma ist das gleichzeitige Einwirken von Allergen und bedrohlichem Erlebnis nötig. In diesem Sinne äußerte sich auch A. Jores.*

Asthmatiker wenden manchmal ein, diese psychosomatischen Zusammenhänge könnten allein deswegen nicht stimmen, weil sie bereits als Säugling Asthmaanfälle gehabt hätten.

Bei genauerem Nachfragen berichten sie zum Beispiel von der mangelnden Zuneigung oder Zärtlichkeit der Mutter. In einem solchen Fall spiegelt sich in Atemnot und in asthmatischen Anfällen die für den Säugling lebensbedrohliche Situation der mangelnden Zuwendung. Der Säugling ist auf die Zuwendung und den Körperkontakt mit seinen Bezugspersonen angewiesen. Das Baby ist allein nicht lebensfähig und spürt im Körperkontakt das Weiterbestehen der le-

---

* A. Jores: Der Asthmatiker (Bern/Stuttgart, 1967)

bensgarantierenden Beziehung zu seiner Bezugsperson. Auf eine häufige Mißachtung ihrer lebenswichtigen Bedürfnisse reagieren viele Babys mit Luftnot, in extremen Fällen mit Asthma.

Häufiger sind die Fälle, in denen bereits ein Familienmitglied vor dem ersten Atemnotanfall des Babys Asthma hatte. Hier sind Fachleute und Laien allzuschnell bereit, die Vererbungshypothese ohne weitere Erkundung als bestätigt anzusehen. Daß sich Asthma vererbt, ist zwar möglich, aber weit unwahrscheinlicher als allgemein angenommen wird.

Die meisten Verhaltensweisen werden von den Eltern übernommen, im Laufe des Erziehungsprozesses gelernt. Mütter mit asthmatischen Beschwerden neigen meist zur Überbehütung; sie bemühen sich, das Kind möglichst keine Sekunde aus den Augen zu lassen. Wenn sie aber dann doch einmal das Baby verlassen müssen, reagiert dieses mit Angstzuständen beziehungsweise Atemnot, weil es plötzlich einer ganz neuen Situation gegenübersteht. Das Baby hat nicht gelernt, sich in kleinen Schritten auf solche Situationen einzustellen.

Asthmatisch vorbelastete Erziehungspersonen schenken gewöhnlich irgendwelchen Atemunregelmäßigkeiten ihrer Kinder übermäßige Beachtung. Dies ist verständlich, weil sie noch stärker als andere Personen mit Atemnot Todesangst verbinden. Wegen dieses stark empfundenen Zusammenhangs werden sie bei Atemunregelmäßigkeiten des Kindes sofort aufmerksam, stürzen zum Bett oder wenden sich in anderer Form dem Kind zu.

Bereits das Baby ist fähig, aus dem Verhalten der Mutter einen oft verhängnisvollen Schluß zu ziehen, der auf der Verstandesebene folgendermaßen lauten würde: Ich bin gern im Arm der Mutter. Sie nimmt mich nicht ständig in den Arm. Wenn ich schreie, nimmt sie mich manchmal in den Arm. Wenn ich nach Luft schnappe, nimmt sie mich immer in den Arm. Also werde ich nach Luft schnappen, um sicher zu sein, in den Arm genommen zu werden.

Dieser vorbewußt ablaufende Mechanismus ist nicht so theoretisch, wie er auf den ersten Blick erscheinen mag. Es handelt sich hier um das Lernmuster des »Lernens am Erfolg«, das in allen Verhaltensbereichen wiederzufinden ist: Ein Kind, dessen Eltern sich über seine Streiche freuen, wird öfter Streiche ausführen. Ein Kind, das ein

Bonbon bekommt, damit es aufhört zu schreien, wird öfter schreien, um seine »Belohnung« zu bekommen. Ein Erwachsener, der für eine bestimmte Leistung gelobt wird, wird diese Leistung öfter erbringen.

Die positiven Konsequenzen, die ein Verhalten hat, führen zur vermehrten Ausführung des entsprechenden Verhaltens. Sie können die Wirksamkeit dieser Gesetzmäßigkeit auch beim Erlernen des Autogenen Trainings erleben: Sobald Sie einen ersten Erfolg in Form von Schwere- oder Beruhigungsgefühl spüren, sind Sie stärker motiviert, die Übungen häufiger durchzuführen.

Atemübung

Wenn Sie jetzt den Versuch machen, schnell und hektisch zu atmen, und Ihre Empfindungen dabei beobachten, werden Sie feststellen, wie die Atmung in Unordnung gerät und noch andere Störungen sich bemerkbar machen. Sie spüren zum Beispiel einen Druck im Kopf, Schwindelgefühl, Schweißausbruch, Pulssteigerung und Atembeklemmung. Dies sind möglichen Folgen einer Überatmung.

Eine verstärkte Atemtätigkeit ist nämlich nur bei körperlicher Belastung sinnvoll, um das höhere Energieangebot bereitzustellen, das bei körperlicher Arbeit benötigt wird. Bei emotionaler Belastung werden durch heftigeres Atmen ebenso zusätzliche Energien aufgebaut, aber nicht in (körperliche) Arbeit umgesetzt. Durch die Atemübung des Autogenen Trainings kann diesem Prozeß entgegengewirkt werden.

Im Autogenen Training bleiben die Art und die Technik der Atmung unbeeinflußt. Eine oberflächliche Atmung bleibt also zunächst oberflächlich und eine eingeübte Sängeratmung wird nicht mutwillig geändert. Sie lernen im Autogenen Training, sich auf Ihre gewohnte Atmung einzustellen und sie zu verlangsamen, d. h., die Häufigkeit des Ein- und Ausatmens pro Minute zu verringern.

Im Autogenen Training geht es um die Ruhe und die Regelmäßigkeit der Atmung. Sollte es darüber hinaus notwendig sein, ein gezieltes Atemtraining durchzuführen, empfiehlt sich am ehesten die Atemgymnastik. Die Erfahrung zeigt, daß dies nur in extremen Fäl-

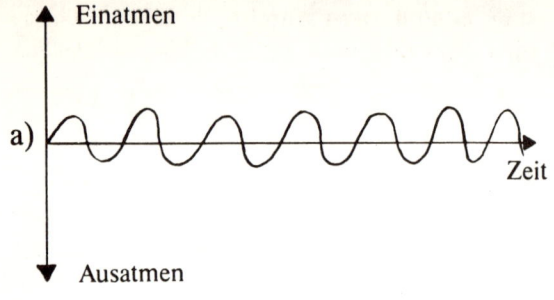

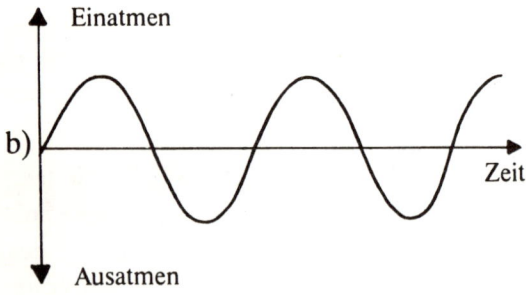

Abb. 59: Schematische Darstellung von a) hektischer Atmung und b) ruhiger Atmung

len notwendig ist, weil auch beim Erlernen der autogenen Atemübung eine langsame, aber kontinuierliche Umstellung zur richtigen, d. h. zur natürlichen Zwerchfellatmung stattfindet. Bei ruhig und regelmäßig fließendem Atem ist die bewußte Anwendung einer Atemtechnik nicht mehr notwendig. Die Atmung stellt sich wie von selbst auf natürliches Funktionieren ein.

Die Atemformel ist zweiteilig und lautet *Die Atmung ist ganz ruhig – es atmet mich.* Der erste Teil bewirkt die Einstellung auf Ruhe. Der zweite Teil *es atmet mich* soll Sie jedesmal daran erinnern, nicht aktiv beziehungsweise bewußt zu atmen, sondern es atmen zu lassen. *Es atmet mich* bedeutet, im Gegensatz zu »Ich atme«, daß Sie die Atmung nicht willkürlich, sondern autosuggestiv beeinflussen sollen. Andere Formen von »Ich atme« könnten lauten »Ich werde geatmet« oder »Es atmet in mir«. Diese Konstruktionen sind

234

in unserer Sprache nicht gebräuchlich und klingen daher zunächst ungewohnt; Sie werden sich aber nach einigen Tagen daran gewöhnt haben.

Die Atemübung können Sie natürlich wie die anderen Übungen bildhaft unterstützen. Stellen Sie sich zum Beispiel vor, Sie liegen am Meeresstrand und beobachten die leichte Brandung in ihrem rhythmischen Fluß. Vielleicht gehen Sie noch weiter und stellen sich vor, wie die Ebbe fortschreitet, wobei die Wellen immer weniger hochschlagen. Oder begeben Sie sich in Gedanken aufs Meer und lassen Sie sich von einer Luftmatratze wiegen. Wer mehr technisch interessiert ist, versetzt sich in den Rhythmus eines Blasebalgs oder eines anderen Pumpsystems. Sie sind jetzt bereit, mit Ihrem Autogenen Training zu beginnen. Zur Einleitung können Sie sich auf das Bild einstimmen: Die Gedanken kommen und ziehen weiter; sie verschwimmen und verschwinden dann wie Wolken am Abendhimmel.

Stellen Sie sich nun auf Ihren rechten Arm ein und denken Sie die erste Formel *Der rechte Arm ist ganz schwer.* Konzentrieren Sie sich weiter auf diese Formel und stellen Sie sich dann einmal auf *Ich bin ganz ruhig* ein. Machen Sie danach weiter mit der zweiten Formel *Der rechte Arm ist ganz warm.* Denken Sie mehrmals diese Formel und gehen Sie weiter mit *Ich bin ganz ruhig.* Stellen Sie sich nun auf die Atmung ein und denken Sie *Die Atmung ist ganz ruhig – es atmet mich. Die Atmung ist ganz ruhig – es atmet mich …* Nehmen Sie schließlich die Schwereempfindung wieder zurück. *Arme fest – Augen auf – tief durchatmen.*

Sollten Sie sich nach einigen Trainingstagen nicht an die Formel *Die Atmung ist ganz ruhig – es atmet mich* gewöhnt haben, können Sie auch eine abgekürzte Formel ausprobieren: *Atmung ganz ruhig – es atmet mich* oder *Atem ruhig – es atmet.* Um den ruhigen Fluß des Atems genauer zu betonen, können Sie auch die abgewandelte Formel *Der Atem fließt ganz ruhig – es atmet mich* oder *Der Atem geht ganz ruhig und gleichmäßig* verwenden.

Während der Atemübung haben manche das Gefühl einer verstärkten oder kräftigeren Atmung. Dies hängt mit der momentan größeren Bewußtheit der Atmung zusammen: Indem Sie sich auf die Atmung konzentrieren, wird Ihnen die normalerweise unbewußt ablaufende Atmung bewußter, und Sie bekommen den Eindruck, die Atmung sei tiefer oder kräftiger. Diese Empfindungen können in den ersten Tagen auftreten und hören normalerweise nach zwei bis drei Tagen wieder auf. Sollten Sie diesen Aufmerksamkeitseffekt spüren, erinnern Sie sich nochmals an den zweiten Teil der Atemformel *Es atmet mich*. Lassen Sie Ihren Atem fließen und versuchen Sie keine muskulär-aktive, sondern eine auto-suggestive Atementspannung.

In den ersten zwei Übungswochen dürfen Sie noch nicht erwarten, daß Sie die Atemübung bereits anwenden können. Stellen Sie die Übung an die dritte Stelle Ihres Trainings; befassen Sie sich damit im Anschluß an die Schwere- und Wärmeübung.

Sie haben jetzt drei Übungen kennengelernt, und es werden noch vier folgen. Ich halte es für sinnvoll, wenn Sie von nun an den Schwerpunkt auf bestimmte Übungen legen. Es empfiehlt sich, als ersten Schwerpunkt die Schwereübung zur wählen, und zwar so lange, bis Sie diese Übung beherrschen. Dann können Sie sich hauptsächlich mit der Wärmeübung beschäftigen, bis Sie diese beherrschen. Dann setzen Sie den Schwerpunkt auf die Atemübung und befassen sich zeitlich kürzer mit den anderen Ihnen bekannten Übungen. Bei diesem Vorgehen können Sie sich stets auf alle Übungen einstellen; durch die Schwerpunktbildung können Sie gleichzeitig systematisch im Training voranschreiten.

Erfolgskontrolle

Nach zwei- bis vierwöchigem regelmäßigem Üben beherrschen Sie die Atemübung; sie kann nun gezielt eingesetzt werden. Achten Sie bitte jeweils auf die Unterscheidung zwischen *Übungsphase* und *Anwendungsphase*. In der Übungsphase geht es vor allem um die autosuggestive Beschäftigung mit der Übung. Die Erfolgskontrolle ist für manche Übenden erst in der Anwendungsphase möglich. Was Sie spüren können, ist die Verflachung der Atmung, die als ruhigeres und gleichmäßigeres Fließen des Atems empfunden wird. In der ersten Zeit wird es Ihnen wahrscheinlich nicht gelingen, mit der Atemübung eine hektische Atmung ruhigzustellen; Sie werden daher kaum eine Veränderung spüren. Bei ruhiger Ausgangsatmung sind besondere Empfindungen der Atemberuhigung nicht zu erwarten, weil keine Änderung zustande kommt.

Bei allen Übungen des Autogenen Trainings können Sie momentan eintretende Zustandsänderungen wahrnehmen. Sie erleben die Einregulierung von einer Unter- oder Überfunktion auf ein ausgeglichenes Mittelmaß. Bei der Atemübung ist in der Übungsphase ein solcher Effekt nicht zu erwarten, weil Sie erstens die Übung noch nicht beherrschen und zweitens die Atmung durch die vorausgehende Schwere- und Wärmeübung bereits weitgehend einreguliert ist.

Aber bereits in der Übungsphase können Sie feststellen, wie Sie sich mit Hilfe der Atemübung allgemein vertieft entspannen. In der Anwendungsphase können Sie dann die gezielte Ruhigstellung der Atmung erleben, die nach konsequentem Training bereits nach wenigen Sekunden spürbar wird. Die gestörte Atmung normalisiert sich wieder und die mitbetroffenen Körperfunktionen pendeln sich auf ein Normalniveau ein.

Ein Klient war nach drei Übungswochen erstaunt, daß bereits bei der Einstellung auf Schwere ein Wärmegefühl und eine ruhigere Atmung eintraten. Dieser Klient hatte bereits große Fortschritte gemacht. Die Entspannung hatte sich generalisiert, so daß bei der Einstellung auf Schwere die Entspanntheitsgefühle auch in anderen Körperbereichen auftraten.

Es ist nach einigen Übungswochen ohne weiteres möglich, bei Einstellung auf eine bestimmte Übung auch Reaktionen in anderen, nicht gesondert trainierten Körperbereichen zu spüren. Solche Generalisierungen sind deutliche Hinweise für Ihre Fortschritte auf dem Weg zu allgemeiner und umfassender Entspannung.

Anwendungsbereiche der Atemübung

Die Atemübung trägt zur Gesamtentspannung bei; das allgemeine Entspannungsgefühl vertieft sich in angenehmer Weise. Als gezielte Entspannungsübung wird die Atemübung angewendet, wenn der momentane Erregtheits- oder Gespanntheitszustand hauptsächlich aufgrund einer gestörten Atmung entstanden ist. Wenn Sie schnell gelaufen sind oder nach einer hektischen Bewegung wieder in die

Ruhelage kommen, normalisiert sich die Atmung nur langsam. Mit Hilfe der Atemübung können Sie das Wiedereinpegeln unterstützen und dadurch Schweißausbrüche oder Kopfdruck abschwächen oder verhindern.

Jede körperliche Betätigung verlangt natürlich eine verstärkte Atemtätigkeit; nach körperlichen Belastungen führt die Umstellungsträgheit der Atmung jedoch zu Atemstörungen oder zu anderen Mißempfindungen.

Viel häufiger als Atemstörungen im Zusammenhang mit körperlichen Belastungen sind Atemstörungen im Zusammenhang mit seelischen Belastungen. Hauptsächlich handelt es sich um Schreck- oder Angsterlebnisse, um Trennungskonflikte oder Trauergefühle, bei denen die Atmung in Mitleidenschaft gezogen wird.

Wir haben bereits die Notwendigkeit der emotionalen Auseinandersetzung mit diesen bedrängenden Themen erörtert. Als Sofortmaßnahme können Sie in diesen Fällen mit der autogenen Atemformel arbeiten; vermeiden Sie aber nicht die notwendige gefühlsmäßige Bearbeitung der belastenden Probleme.

Wenn sich asthmatische Anfälle ankündigen, sollte die Atemübung als Soforthilfe durchgeführt werden. Viele Berichte von Betroffenen zeigen, daß sich Asthmaanfälle dadurch abfangen und verhindern lassen. Voraussetzung ist natürlich die Beherrschung des Trainings. Eine Schwierigkeit kann darin liegen, daß Ihnen zu einem Zeitpunkt, zu dem Sie sich existentiell bedroht fühlen, nicht sofort das Autogene Training einfällt. J. H. SCHULTZ berichtete von einem Erlebnis während des Krieges: Er wurde abgeführt und erlebte auf dem Weg ins Ungewisse starke Angst, die einige Zeit anhielt, bis ihm plötzlich einfiel, daß es das Autogene Training gibt. Er stellte sich auf die Übungen ein; die Angst ließ nach und eine wohltuende Gelassenheit breitete sich in ihm aus.

SCHULTZ konnte sich also helfen, nur dauerte es recht lange, bis der »Erfinder« des Autogenen Trainings sich auf diese Hilfsmöglichkeit besann.

Sie werden sagen: »Dann dauert es ja bei mir noch länger.« Das kann sein. Sie können aber aus dieser Erfahrung den Schluß ziehen, daß eine gedankliche Verknüpfung von bedrohlichen Erlebnissen und der Hilfsmöglichkeit durch Autogenes Training eingeübt werden kann, so daß bei bedrohlichen Erlebnissen fast automatisch auf Autogenes Training umgeschaltet wird.

Eine solche Verbindung kann durch gleichzeitige praktische oder gedankliche Beschäftigung mit den beiden Bereichen, die verknüpft werden sollen, erreicht werden. Wenn Sie so verfahren, können Sie die momentane Beseitigung der Atemnot erreichen und sogar eine Hyperventilationstetanie verhindern. Dabei handelt es sich um eine stark beschleunigte Atmung, die zu einem Starrkrampf führt. Bei Überatmung hat sich auch die Formel *Die Lungen sind angenehm warm* als hilfreich erwiesen. Da alle Körperbereiche zusammenwirken, können Sie mittels der Atemübung auch auf andere Funktionen regulierend einwirken. Bei ruhiger Atmung wird z. B. auch das Herz ruhiger schlagen.

4. Seminarstunde: Herz

Psychosomatik des Herzens

Das Herz scheint die heutigen Menschen ebenso stark zu beschäftigen, wie die Atmung die Aufmerksamkeit der Menschen früherer Epochen in Anspruch nahm. Wie kommt es, daß die meistbeachtete Körperfunktion heute nicht mehr die Atmung, sondern die Herztätigkeit ist?

Dieser Wandel hängt sicherlich mit der starken Zunahme der Herzstörungen zusammen, die das Herz gefühlsmäßig immer mehr aus der angenehmen Verknüpfung von persönlicher Nähe und Liebe herauslösen. Wir benutzen noch Worte wie herzlich; von Herzen kommend; sich etwas zu Herzen nehmen; jemanden von Herzen gern haben. Demgegenüber wurden Redewendungen mit negativer Bedeutung geprägt: vom Herzen kommt nichts Gutes; das geht an die Pumpe; Herz-tod und Herz-infarkt sind die neuen angstmachenden Wortverbindungen mit Herz.

Sachliche Aufklärung ist hier notwendig, um Herzneurosen und Herzrhythmusstörungen vermeiden zu helfen. In einer Tageszeitung stand bereits 1974 sinngemäß folgendes: Man muß den Menschen bewußt machen, daß die vielen Spannungen des Alltags, die ständige Hetze und die seelischen Belastungen oft die Hauptschuld tragen, wenn das Herz nicht richtig funktioniert.

Es gibt freilich Störungen, die als Folge schwerer organischer Veränderungen im Herzen auftreten, so zum Beispiel der dauernd unregelmäßige Puls, der ständiger ärztlicher Kontrolle bedarf. Aber ungleich häufiger beobachtet man in der Gegenwart nervöse Störungen, die direkt mit der Lebensführung zusammenhängen. Wenn Rhythmusstörungen des Herzens auftreten, dann ist vermutlich auch der Rhythmus des ganzen Lebens irgenwie gestört. Dann ist anzunehmen, daß ein Mensch hektisch, gejagt, unter Zeitdruck oder unter sonstigen Anspannungen lebt. Höchste Zeit, alles zu verändern, sich neu an die Umwelt anzupassen und für eine gewisse Ruhe zu sorgen.

Somit wäre die erste Aufgabe beim Auftreten von Rhythmusstörungen des Herzens, daß man einmal sorgfältig die ganze Lebenssituation überdenkt. Das Herz ist eine Art Präzisionsinstrument. Es gibt Alarmsignale und zeigt, daß etwas in der Beziehung des Menschen zu seiner Umwelt nicht in Ordnung ist!

Die Feststellung, Rhythmusstörungen des Herzens deuten auf einen gestörten Lebensrhythmus hin, ist beachtenswert. Dieser Aussage liegt das vielbeobachtete Phänomen zugrunde, daß das Herz auf Rhythmusstörungen im Leben leicht mit eigenen Unregelmäßigkeiten reagiert.

Um Ihnen einen Eindruck von der Art der Situationen zu geben, die bevorzugt zu Herzrhythmusstörungen führen, seien einige aufgezählt: Schichtarbeit; ständig wechselnde Arbeiten ohne Erledigung der vorausgegangenen Aufgaben; berufliche oder private Probleme; Scheidung oder Trennung; Wohnungswechsel; Urlaubsanfang, unregelmäßige Essenszeiten.

Hierbei spielt die Erlebniskomponente eine wichtige Rolle, so daß man von der Situation nicht geradewegs auf die Herzrhythmusstörung schließen kann. So kann etwa eine untragbare Ehesituation eine stärkere Rhythmusstörung bedingen als die darauf folgende Scheidung. Ein emotional gut vorbereiteter Urlaubsanfang wird keine Rhythmusstörung hervorrufen. Allgemein gesagt treten Rhythmusstörungen gehäuft bei nicht physiologischen Dauerbelastungen und bei unregelmäßig eintretenden Belastungssprüngen auf. Wenn Emotionen wie Ärger, Wut oder Angst hinzukommen, ist eine Störung noch wahrscheinlicher.

Die Herzstörungen können in unterschiedlichen Formen auftreten. Sofern sie Reaktionen auf Erlebnisse sind, wird die Form der Herzstörung meist die Form der Erlebnisstörung widerspiegeln. Auf ständig wechselnde Arbeitsrhythmen wird das Herz eher mit Herzstolpern reagieren; auf ständige Hetze sowie in Schreck- und Gefahrsituationen wird es eher mit Herzrasen reagieren.

Dieser Zusammenhang ist auch von der physiologischen Seite her verstehbar. Auf Schreck-, Angst- und Gefahrsituationen reagiert der sympathische Teil des Vegetativen Nervensystems mit gesteigerter Aktivität. Im ersten Teil des Buches haben Sie erfahren, daß dies zu einer Beschleunigung der Herzschlagfolge führt. Im Tierreich ist dieser Vorgang sinnvoll, weil die Tiere in Gefahrsituationen entweder kämpfen oder flüchten, in beiden Fällen also körperlich aktiv werden. Sind ihnen beide Möglichkeiten verwehrt, ergibt sich für ihr Herz eine bedrohliche Situation.

Sie kennen vielleicht die Berichte über gefangene Giraffen, die in engen Käfigen transportiert wurden und in ihren Käfigen einem Herzinfarkt erlagen.

Ähnlich kann es dem im Produktionsmechanismus und im Mehrwertstreben gefangenen Menschen ergehen. Körperliche Flucht und körperlichen Angriff verbietet er sich. In Gefahr- und Angstsituationen führt die körperliche Reglosigkeit zu einem Energiestau. Der ganze Körper wird in Hochspannung versetzt, um die gefahrvolle Lage meistern zu können; die aufgebauten Energien werden aber nicht wieder abgeführt. Dies bedeutet eine starke Belastung für Nerven, Herz und Kreislaufsystem. Situativ erhöhter Blutdruck (labile Hypertonie) und angstbesetzte Herzbeklemmung (Angina pectoris nervosa) sind mögliche Folgen. Das Vegetative Nervensystem verengt nämlich in Gefahr- und Angstsituationen die Blutgefäße, versetzt diese also in Spannung, wodurch sofort der Blutdruck steigt. Diese Verengung findet auch in den Blutgefäßen des Herzens, also den Herzkranzgefäßen statt und wird mitunter als Herzbeklemmung erlebt.

Angina pectoris kann auch durch gefäßverengende Substanzen zustande kommen, wie das bei der Gefäßverkalkung geschieht. Sie sollten bei Herzbeschwerden jedenfalls Ihren Arzt konsultieren, damit ein eventueller organischer Befund erhoben und auch von der medizinischen Seite alles Notwendige getan werden kann. Wenn ein Organbefund besteht, können Sie mit Hilfe des Autogenen Trainings die Symptome lindern beziehungsweise abschwächen. Wenn kein Organbefund vorliegt, haben Sie gute Aussichten, allein durch Autogenes Training beziehungsweise durch ergänzende Einstellungs- oder Verhaltensänderungen die Herzbeschwerden zu beseitigen.

Wir Menschen haben die Möglichkeit, neben den körperlichen auch unsere geistigen und emotionalen Kräfte in Konfliktsituationen einzusetzen. Welche verheerenden Auswirkungen die spezifisch menschlichen Fähigkeiten der geistig-seelischen Flucht und Reglosigkeit haben können, ist im nachfolgenden Schema (Abb. 60) dargestellt. Wie aktive geistige und seelische Verarbeitung, die auch zur Entlastung des Herzens führt, vor sich gehen kann, ist der Darstellung ebenfalls zu entnehmen.

Wichtig ist die wohldosierte, selbstgesteuerte Aktivität, um mit Angst oder sonstigen Problemen fertig zu werden. Wenn Sie auf eine Lösung von außen warten, machen Sie sich manövrierunfähig und hilflos. Sie verurteilen sich selbst zur Tatenlosigkeit. Eine Depression ist nicht selten die nächste Stufe, womit dann tatsächlich Aktionsunfähigkeit verbunden ist. Eine solche Blockade ist auch bei Personen zu beobachten, die sich vor den eigenen aggressiven Impulsen fürchten.

Die Verhaltenstherapie hat Trainingsprogramme entwickelt, um aus den angedeuteten Einbahnstraßen wieder herauszuhelfen. Im ersten der oben beschriebenen Fälle könnte man ein systematisches Aktivationsprogramm durchführen, um die Depressionen zu überwinden; im zweiten Fall könnten situationsentsprechende, nichtaggressive Verhaltensmuster eingeübt werden.

	A Flucht	B Bewegungslosigkeit	C Angriff
I. Körperlich	Körperliche Aktivität (Weglaufen)	Körperliche Inaktivität (sich totstellen, sterben)	Körperliche Aktivität (kämpfen, entgegentreten)
II. Geistig	Geistige Abwehr u. Rückzug (Verfolgungswahn)	Geistige Blockade (Gedankensperre)	Geistige Verarbeitung (sich bewußt dem Gegenstand der Angst stellen bzw. das Problem analysieren)
III. Seelisch	Seelische Flucht und Vermeidungsversuche (Phobie Zwangsneurose Herzneurose Kopfschmerzen Alkoholismus Asthma Magengeschwür u. a.)	Seelisches Festgefahrensein (Depression)	Emotionale Verarbeitung (sich in die Angstthematik hineinfallen lassen oder sich schrittweise dem Gegenstand der Angst annähern. Mögliche Therapieform: Systematische Desensibilisierung mit Entspannungstraining)

Abb. 60: Reaktionsmöglichkeiten bei Ängsten und Konflikten
(In Klammern stehen jeweils konkrete Beispiele).
Die günstigsten Verhaltenweisen sind eingerahmt

In manchen Fällen psychischer Fehlentwicklungen empfiehlt sich eine psychoanalytische Behandlung. Hierbei wird das Symptom auf nicht bewältigte oder fehlverarbeitete frühere Erlebnisse bezogen und dort aufgearbeitet. Eine Herzneurose kann beispielsweise die Folge nichtgelungener und dann verdrängter Ablösungskämpfe von der Mutter beziehungsweise der Mutterfigur darstellen. Akute Atemnot ist möglicherweise, wie bereits früher dargestellt, eine Folge frühkindlicher Verlassenheitsängste.

Solche Begründungen sollten Sie sich selbst gegenüber nicht als Entschuldigung benutzen. Hier geht es überhaupt nicht um Schuldgesichtspunkte. Wichtig ist, daß Sie heute die Verantwortung für das übernehmen, was sich in Ihnen im Laufe der Zeit entwickelt hat. Die Eigenverantwortung mit dem Hinweis auf mißliche Ereignisse in der Vergangenheit abzulehnen, kommt einem Selbstbetrug gleich und führt keinen Schritt weiter. Sobald Sie allerdings gelernt haben, sich selbst zu akzeptieren, sind Sie wieder handlungsfähig, und die psychischen Beschwerden können abgebaut werden.

Bei kleineren Kümmernissen reichen bereits einige wohltuende Worte oder Gedanken, die Sie an andere beziehungsweise an sich selbst richten. Als weitergehenden Appell können die in Versform gefaßten Sätze von H. GÖTZ* angesehen werden:

> Worte,
> die wohltun,
> gehn selten vorbei
> an Herzen,
> die hungernd nach
> Güte
> sich sehnen.
>
> Weshalb
> werden sie nur
> an Gräbern
> verteilt?
>
> Die Stunde vergeht –
> das Leben enteilt!

---

* H. GÖTZ: Schusterkugelspiele (Nürnberg, 1970)

Sie können diese Stunde als erste Stunde Ihres verbleibenden Lebens nutzen und dann auf ganzheitlich abgesicherter Grundlage eine erlebnis- und verhaltensändernde psychotherapeutische Technik erlernen: das Autogene Training.

Herzübung

Zwischen Herz und Atmung besteht ein enger Funktionszusammenhang: Bei Atembeschleunigung schlägt das Herz schneller, und bei Atemberuhigung schlägt es langsamer. Diesem Zusammenwirken haben wir in der Reihenfolge der Übungen Rechnung getragen. Üblicherweise wird die Herzübung vor der Atemübung gelernt. Durch die Umkehrung der Reihenfolge erreichen wir jedoch bereits vor Einüben der Herzformel durch die Atemübung einen positiven Einfluß auf die Herzfunktion. Die üblicherweise schwer erlernbare Herzübung wird infolge der Umstellung leichter erlernt.

Bei der Durchführung der Herzübung stellen Sie sich direkt auf das Herz ein. Nehmen Sie den Herzschlag wahr und versuchen Sie mitzuschwingen. Bei dieser Übung können Sie sich ähnlich wie bei der Atemübung auf die jeweils vorhandene Herzschlagfolge einstellen und dann die Formel denken *Das Herz schlägt ruhig und regelmäßig* beziehungsweise *Das Herz schlägt ruhig und gleichmäßig.*

Bei besonders ängstlichen Personen kann bereits der Gedanke an das Herz zu unangenehmen Herzempfindungen führen. Sollten bei Einstellung auf das Herz Angstgefühle oder Herzrasen auftreten, empfiehlt es sich, die Aufmerksamkeit zunächst vom Herzen wegzulenken. Konzentrieren Sie sich in einem solchen Fall zunächst auf den Pulsschlag und üben Sie mit der Formel *Der Puls geht ruhig und regelmäßig.* Nach etwa zwei Wochen probieren Sie die Herzformel und stellen fest, ob sich die Herzängstlichkeit bereits gelegt hat. Über die Zwischenstufe »Pulsschlag« treten in den meisten Fällen nach einigen Wochen keinerlei unangenehme Herzempfindungen mehr auf.

Die meisten Übenden spüren während der ersten Beschäftigung mit der Herzübung einen verstärkten, manchmal lauteren oder kräftigeren Herzschlag. Diese Wahrnehmung ist bei nichtherzängstlichen

Menschen eine Wahrnehmungstäuschung. Nur bei Herzphobikern kommt es durch die Angsteinwirkung zu Herzschlagsbeschleunigung oder Herzbeklemmung. Alle übrigen haben durch die intensive Einstellung auf das Herz den Eindruck, daß das Herz kräftiger schlage. Diese Erfahrung können Sie übrigens an vielen Körperstellen machen: Wenn Sie sich auf den Pulsschlag im Arm konzentrieren, werden Sie diesen nach kurzer Zeit spüren beziehungsweise stärker spüren als vorher. Das gleiche gilt für Wunden, auf die Sie die Aufmerksamkeit lenken: Sie schmerzen beziehungsweise schmerzen mehr als vorher, ohne daß sich an der betreffenden Stelle, außer der vermehrten Aufmerksamkeit und der damit verbundenen Nervenaktivitäten, irgend etwas geändert hätte.

Das Gefühl der verstärkten Herzaktivität ist kaum unangenehm und nach ein bis zwei Tagen wieder verschwunden. Sobald Sie sich an die konzentrative Einstellung auf das Herz gewöhnt haben und der Neuheitseffekt verschwunden ist, erleben Sie Ihren Herzschlag wieder neutral.

Die Herzübung kann praktisch jeder durchführen, der nicht über das eben geschilderte Maß hinaus unangenehme Herzempfindungen verspürt. Früher war man nach Herzinfarkten mit der Herzübung recht zurückhaltend. Die positiven Erfahrungen von Patienten mit frischen Herzinfarkten, die diese gerade mit der Herzübung gemacht haben, hat uns von einer Wartezeit zwischen Herzinfarkt und autogener Herzübung abrücken lassen. Nur wenn Angstgefühle auftreten, sollten Sie, wie bereits geschildert, über die Pulsübung zur Herzübung gelangen. In jedem Fall sollten Sie Ihre Empfindungen und Wahrnehmungen mit Ihrem Trainer besprechen, um sicher zu sein, daß Sie in Ihrem Training keine Fehler machen. Mögliche Fehler kann Ihr Trainer aus Ihren Erlebnisberichten ablesen.

Mit Hilfe der Herzübung können Sie am nachhaltigsten auf die Blutdruckverhältnisse einwirken. Alle Übungen wirken vom Kreislauf her gesehen blutdrucksenkend, besonders intensiv die Wärme- und die Herzübung.

Wie wichtig für Klienten mit labilen Blutdruckverhältnissen ein Entspannungsverfahren ist, zeigen die systematischen Streßuntersuchungen von F.-L. SCHMIDT* und seinen Mitarbeitern. Sie simulierten mit Hilfe des Wiener Determinationsgerätes Streßsituationen und beobachteten dabei die psychischen und körperlichen Reaktionsweisen. Eine extreme Blutdruckreaktion zeigt die Abb. 61. Dabei ist zu beachten, daß selbst unter Belastungsbedingungen die Grenzwerte von 160 (systolisch) und 95 (diastolisch) nicht überschritten werden sollen.

Blutdruckwerte, die unter Streßbedingungen über einen Wert von 160/95 hinaus ansteigen, sind krankhaft und somit behandlungsbedürftig. Die wirksamste Behandlungsform ist das Erlernen und die Anwendung eines Entspannungsverfahrens.

Bei erhöhtem und bei normalem Blutdruck benutzen Sie zur Herz- und Blutdruckregulierung die Standardformel *Das Herz schlägt ruhig und regelmäßig (bzw. gleichmäßig).* Sollten Sie jedoch unter einem zu niedrigen Blutdruck (Hypotonie) leiden, benutzen Sie zur Kreislaufregulierung die herzaktivierende Formel *Das Herz schlägt ruhig und kräftig.* Sie haben damit die Möglichkeit, Herzfrequenz und Blutdruck, die durch die übrigen Übungen absinken, wieder anzuheben. Sie sollten die anregende Herzübung stets durchführen, wenn Sie die Ihnen bekannten Anzeichen des zu niedrigen Blutdrucks, z. B. Schwindelgefühle, bemerken. Die herzaktivierende Formel sollten nur diejenigen benutzen, deren Blutdruck ständig oder sporadisch unter den Wert von etwa 110 systolisch absinkt.

Es ist nicht unbedingt notwendig, daß Sie Ihre eigenen Blutdruckwerte in Ruhe- und Belastungssituationen kennen. Sie können immer die Herzstandardformel benutzen, solange Sie bei der Übung keine unangenehmen Empfindungen bekommen. Sollte dies doch einmal der Fall sein, können Sie immer noch überprüfen, ob dies mit einem zu niedrigen Blutdruck zusammenhängt. An Hypotonie leiden etwa 15 % der Bevölkerung; die meisten davon sind sich dessen bewußt. Die Hypertoniker (Personen mit hohem Blutdruck) sind wesentlich zahlreicher. Von dieser Gruppe wissen die meisten nicht um ihre Hypertonie und sehen von daher keine Notwendigkeit, ein Entspannungsverfahren zu erlernen.

---

* Auswirkungen des psychovegetativen Streß auf verschiedene Kreislaufparameter; in: Kongreßbericht »Herzinfarkt-Rehabilitation«, Bad Rothenfelde, 1975

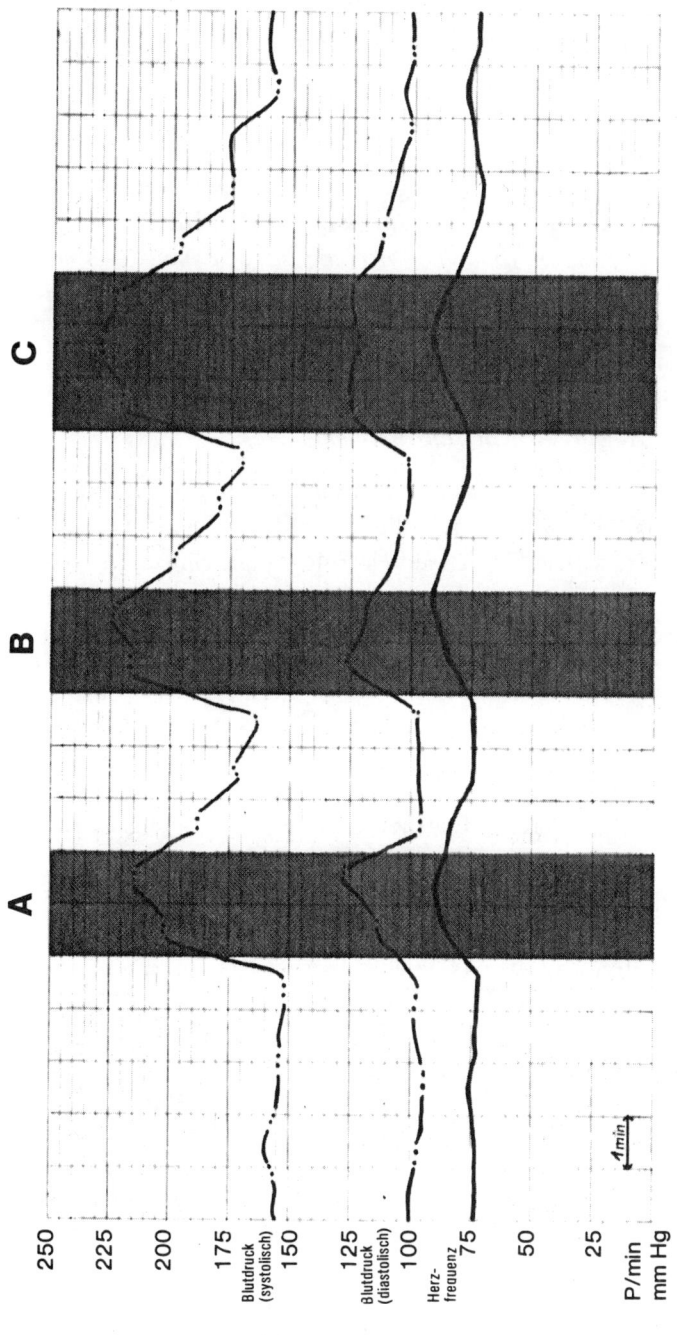

250

225

200

175
Blutdruck
(systolisch) — 150

125
Blutdruck
(diastolisch) — 100

Herz-
frequenz — 75

50

25

P/min
mm Hg

1 min

Abb. 61: Herzfrequenz (———) und Blutdruckverhältnisse (—··—) in künstlich erzeugten Streßsituationen (**ABC**). Von einem Ausgangswert von 75 Herzschlägen pro Minute steigt die Herzfrequenz unter emotionaler Belastung auf einen Höchstwert von 93 Schlägen pro Minute an. Der Blutdruck liegt zunächst bei 155/95, während der Streßbelastung steigt er auf einen Höchstwert von 230/125

Sie können sich jetzt wieder Ihrem Training zuwenden.

Nehmen Sie eine möglichst bequeme Haltung ein. Kontrollieren Sie, ob die Schultermuskeln spannungsfrei sind. Stellen Sie sich auf ein beruhigendes Bild oder gleich auf den rechten Arm ein. Denken Sie sich in Ihren rechten Arm hinein. *Der rechte Arm ist ganz schwer ... Der rechte Arm ist ganz schwer, bleischwer ... Ich bin ganz ruhig ... Der rechte Arm ist ganz warm ... Der rechte Arm ist ganz warm, wohlig warm ... Ich bin ganz ruhig ... Die Atmung ist ganz ruhig, es atmet mich ... Die Atmung ist ganz ruhig, es atmet mich ... Ich bin ganz ruhig ... Das Herz schlägt ruhig und regelmäßig ... Das Herz schlägt ruhig und regelmäßig ...*

Nach einigen Minuten stellen Sie sich darauf ein, die Schwereempfindung wieder zurückzunehmen.

Arme fest – Augen auf – tief durchatmen.

Zur bildhaften Unterstützung der Herzübung können Sie sich dabei ein Pumpsystem vorstellen. Sollte Ihnen diese Vorstellung nicht angenehm sein, stellen Sie sich auf ein ruhiges, gleichmäßiges technisches Prinzip ein, z. B. auf einen Ziehbrunnen oder auf eine Dampfmaschine. Sie können auch weiterhin die unterstützenden Bilder, die Sie von der Atemübung her kennen, benutzen.

Erfolgskontrolle

Die empfindungsmäßige Erfolgskontrolle der Herzübung ist ähnlich schwierig wie die der Atemübung. Wenn das Herz bereits vor der Übung ruhig und regelmäßig schlägt, können Sie keinen zusätzlichen Effekt wahrnehmen, zumal durch die vorangehenden Übungen die Herzfrequenz bereits gesenkt wurde. Die zusätzliche Frequenzsenkung beträgt in solchen Fällen einige wenige Schläge pro Minute; diesen geringen Unterschied können Sie kaum wahrnehmen. Aus einer bereits ruhigen Ausgangssituation heraus werden Sie bei der Herzübung Ihr Herz also nicht spüren. Wahrnehmbar ist allerdings eine allgemeine weitere Entspannung und Lösung, besonders im Brustbereich.

Bei hämmerndem oder unregelmäßig schlagendem Herzen werden Sie in den ersten ein bis zwei Übungswochen noch keine Änderungen feststellen. Durch beharrliches Training können Sie danach eine Normalisierung und ein Absinken der Herzfrequenz erreichen.

In einem Erlebnisprotokoll heißt es hierzu: »Nun Konzentration auf das Herz. *Das Herz schlägt ruhig und regelmäßig.* Ich fühl's in den Armen und in der Brust. Es ist wie das Pochen des Blutes. Die Bilder vermischen sich mit der Vorstellung des in der Brust schlagenden Herzens. Immer ruhiger, immer langsamer. Es ist wie ein Frohlocken, immer langsamer …

Da klopft es an der Zimmertür. Die Schwester bringt neue Termine. Langsam komme ich wieder zu mir. Nachdem sie gegangen ist, zähle ich neugierig meinen Puls. Es sind 48 Schläge in der Minute. Vor der Übung hatte ich 70-80 Schläge/Min. gezählt. Ich fühle mich außerordentlich erfrischt und trotzdem ruhig und ganz entspannt.«

Hat dieser Erlebnisbericht bei Ihnen die Frage aufgeworfen, wie weit Sie die Herzfrequenz senken können? Damit keine unnötigen Ängste entstehen, hier die Antwort: Autosuggestiv können Sie sowohl die Herz- als auch die Atemfrequenz nur so weit senken, wie der Organismus ausreichend mit Sauerstoff versorgt wird. Würden Sie versuchen, gewaltsam die Frequenz noch weiter zu senken, käme es zu Mißempfindungen wie Schwindelgefühlen und schließlich zu Ohnmachtszuständen. Damit wäre die Autosuggestion ausgeschaltet und die unwillkürlichen Körperfunktionen würden sich wieder von selbst einregulieren.

So weit sollten Sie es natürlich nicht kommen lassen. Wenn Sie im Gedächtnis behalten, daß Sie wohlige und angenehme Empfindungen erzeugen wollen, können Sie kaum zu weit gehen.

Eine besonders gute Erfolgskontrolle haben Sie, wenn vorhandene Herzbeschwerden durch Anwendung von Autogenem Training nach wenigen Sekunden geringer werden und dann verschwinden. Wenn Herzbeschwerden in der Zukunft gar nicht mehr auftreten, können Sie dies als Ergebnis Ihrer Übungen und Ihrer Auseinandersetzung mit sich selbst werten.

Eine Klientin schreibt vier Monate nach Trainingsbeginn: »Meine Herzrhythmusstörungen sind nach dem AT-Seminar behoben. Ich nehme auch keine Medikamente mehr ein.«

An solche Fortschritte der Symptombeseitigung oder der Beschwerdenlinderung sollten Sie sich ruhig ab und zu erinnern, besonders in Situationen, in denen andere Beschwerden auftreten und Sie an Ihrem Körper verzweifeln möchten. Freuen Sie sich dann über alle noch ungestörten Körperfunktionen! Angesichts der Kompliziertheit der funktionellen Wechselbeziehungen im Organismus ist es schon erstaunlich, welche physischen und psychischen Belastungen der Mensch aushalten kann, ohne daß größere Funktionsstörungen auftreten. Die heute häufige Belastungsvielfalt erfordert es allerdings, für das ungestörte Funktionieren durch Konfliktbearbeitung und Entspannungsübungen selbst etwas zu tun.

Welche Auswirkungen Überatmung, Konflikte und Streß auf die Herzfrequenz und auf die Blutdruckverhältnisse haben, zeigen die Abbildungen 62–65. Sie können dort ebenfalls ablesen, welche Än-

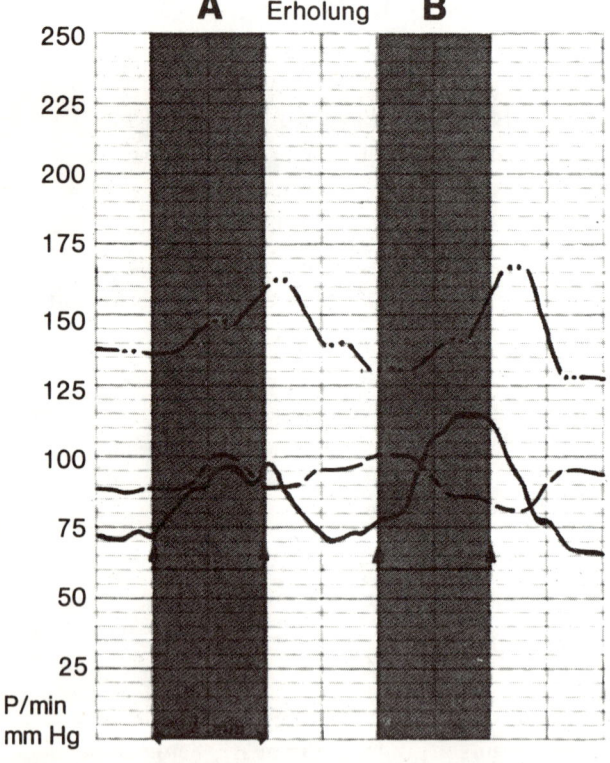

Abb. 62: Bei Programm A und B beschleunigt die Versuchsperson willkürlich ihre Atmung. Es zeigt sich nach einer zeitlichen Verzögerung ein starker Anstieg der Herzfrequenz (durchgezogene Kurve). Der Blutdruck (obere Kurve systolisch, untere Kurve diastolisch) steigt auch nach Ende des Programms B weiter an, um sich nach etwa 1 Minute wieder zu normalisieren.

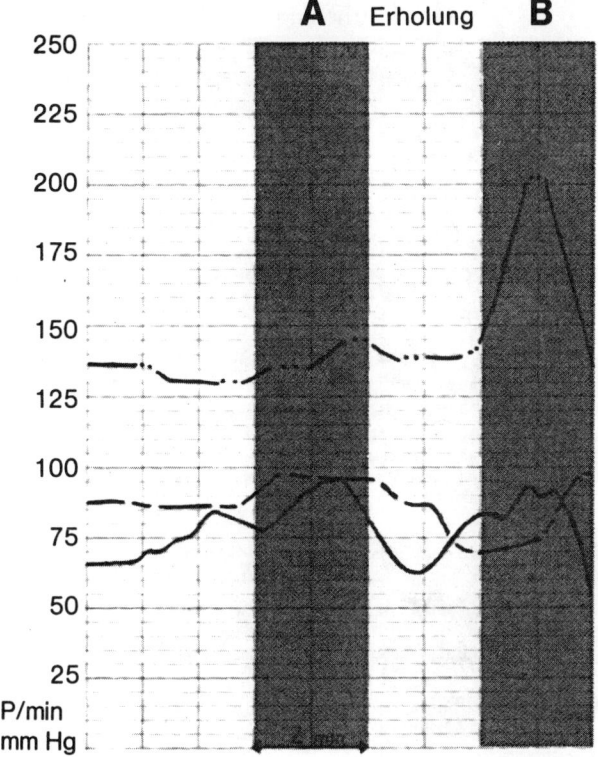

Abb. 63: Bei Programm A und B wurde die Versuchsperson gebeten, sich zwei persönliche Konflikte möglichst intensiv vorzustellen. Während der Vorstellung des ersten Erlebnisses steigt lediglich die Herzfrequenz in größerem Ausmaß an. Bei der Vergegenwärtigung des zweiten Konfliktes steigt auch der obere, systolische Blutdruckwert extrem stark an.

derungen Sie durch Anwendung des Autogenen Trainings erreichen können.

Zumindest für die Herzfrequenz können Sie diese Kontrolle durch Pulsmessung selbst durchführen.

Anwendungsbereiche der Herzübung

Die Herzübung kann bei allen Formen von Herz- und Kreislaufstörungen angewendet werden. Sofern organische Befunde vorliegen, können Sie mit Hilfe der Herzübung eine Linderung der Beschwerden erreichen. Sofern es sich um Funktionsstörungen

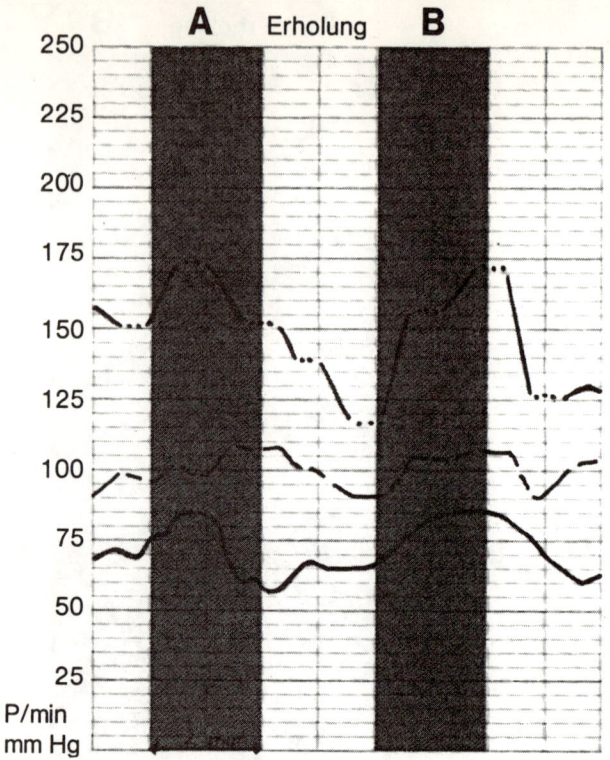

Abb. 64: Mit Hilfe eines Determinationsgerätes wurden bei einem Klienten vor Beginn des Entspannungstrainings zwei Streßprogramme A und B durchgeführt. Systolischer und diastolischer Blutdruck steigen während der Streßbelastung auf pathologische Werte.

handelt, ist es möglich, die Beschwerden auf Dauer gesehen ganz zu beseitigen.

Sympathikotoniker, d. h. Personen, deren sympathisches Nervensystem erhöht erregbar ist und bei denen sich Verkrampfungen vorrangig in der Herzgegend bemerkbar machen, haben gute Aussichten, ihren Herzdruck beziehungsweise ihre Herzbeklemmung zu beseitigen. Diese Symptome lassen sich entsprechend ihrer Herkunft entweder lindern oder vollkommen beseitigen; das gleiche trifft für den Bluthochdruck zu. Mit einer abgewandelten Herzformel können Sie auch niedrigen Blutdruck positiv beeinflussen.
Ein Trainierender berichtet: »Anfangs hatte ich einige Schwierig-

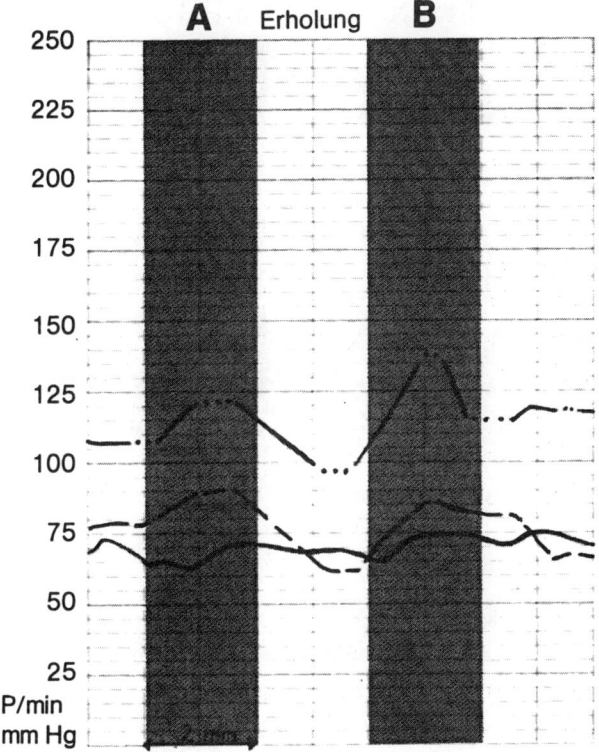

Abb. 65: Zwei Wochen nach Beginn des Entspannungstrainings wurde bei demselben Klienten (Abb. 64) eine Kontrolluntersuchung durchgeführt. Der Blutdruck steigt während der Streßprogramme noch leicht an, es werden jedoch weder systolisch noch diastolisch pathologische Blutdruckwerte erreicht.

keiten mit den Übungen. Seitdem ich jedoch die Herzformel für niedrigen Blutdruck verwende, kann ich sogar Schlaffheits- und Schwindelgefühle damit beseitigen.«

Es ist auch möglich, Herzrasen und Herzstolpern mit der Herzübung zu beseitigen, besonders wenn die Störungen durch Hetze, Aufregung und Erschrecken oder ähnliche Rhythmusstörungen entstanden sind.

Nach körperlichen Anstrengungen können Sie die Normalisierung von Atmung und Herzfrequenz mit autogenen Übungen unterstützen. Wenn Sie sich körperlich zuviel zugemutet haben und mit Herzbeschwerden reagieren, verhilft die Anwendung der Herzübung zu einer rascheren Normalisierung des Herzschlages. Natürlich trifft dies auch bei sportlicher Belastung zu. Ein Trainierender schreibt: »Ein für mich verblüffendes Erlebnis hatte ich, als ich Ostern im Harz beim Skilaufen während des Bergansteigens außer Atem kam und mit verstärktem Herzklopfen stehenblieb. Ich wendete sofort die Atem- und Herzübungen an, und ganz schnell wurde der Herzschlag ruhig und gleichmäßig.«

Die Herzübung sollte möglichst schon als vorbeugende Maßnahme erlernt werden und zur Prophylaxe von Herz-Kreislauf-Erkrankungen durchgeführt werden. In der Rehabilitation bereits vorhandener Leiden ist diese Übung auch unverzichtbar, jedoch kann durch die Herzübung kein Herzinfarkt rückgängig gemacht werden. Die organische Schädigung ist und bleibt vorhanden. Mit Hilfe des Autogenen Trainings können in solchen Fällen lediglich Folgeschäden gelindert oder aufgefangen weden, die z.B. durch Angst zustande gekommen sind.

Die blutdrucksenkende Wirkung des Autogenen Trainings zeigt der Bericht eines 52jährigen Klienten recht deutlich: »Was in Jahren mit Pillen und Tropfen nicht gelang, habe ich mit dem Autogenen Training innerhalb eines halben Jahres geschafft. Mein Blutdruck schwankte trotz verschiedener Medikamente im oberen Wert zwischen 160 und 190 und im unteren zwischen 110 und 130. Ich nehme heute kein einziges blutdrucksenkendes Medikament mehr ein und habe seit Wochen 130/90.«

5. Seminarstunde: Magen-Darm-Bereich

Psychosomatik des Magens und des Darms

Das Gespür für die engen Wechselwirkungen von Psyche und Magen-Darm-Funktionen ist im Menschen tief verwurzelt. Diesbezügliche Redewendungen werden mit sicherem Blick für die Zusammenhänge benutzt. Wir sprechen vom Ärger, der auf den Magen schlägt, Angst und Streß können den Magen zuschnüren; Sorgen, unerledigte Konflikte und Streitigkeiten liegen schwer im Magen; ein beruflicher Rückschlag oder ein sonstiges Frustrationserlebnis kann nicht verdaut werden und liegt wie ein Stein im Magen.

Diese im Volksmund bekannten Zusammenhänge wurden in den letzten Jahrzehnten von Medizinern und Psychologen untersucht und voll bestätigt.

Physiologisch gesehen handelt es sich um eine Überaktivität des parasympathischen Nervensystems und um eine vermehrte Produktion von Salzsäure und Pepsin im Magen.

Normalerweise werden die Reaktionen bei der Speiseaufnahme hervorgerufen. Auch der Anblick von Speisen setzt diesen Prozeß in Gang. Das Wasser, das im Mund zusammenläuft, ist dafür ein deutliches Zeichen.

Über den Futterversuch des russischen Forschers J. P. PAWLOW habe ich schon berichtet (siehe Seite 143).

Sein Nahrungsbeispiel der klassischen Konditionierung kann ohne weiteres auf den Menschen übertragen werden. Mit der Nahrung kann etwa das Wort »lecker« assoziiert werden. Auf diese Weise kann die Mutter dem Kind sogar weniger bevorzugte oder ungewohnte Speisen schmackhaft machen.

1) Kind sieht Nahrung	◊ Speichelsekretion
2) Nahrung sehen und »lecker« hören	◊ Speichelsekretion
3) »Lecker« hören	◊ Speichelsekretion
4) Ungewohnte Nahrung sehen und »lecker« hören	◊ Speichelsekretion

Mit dem Füttern wird auch der Körperkontakt, die Zuwendung und ein Geborgenheitsgefühl verbunden. Diese Verknüpfung bleibt über die Kleinkindphase hinaus bestehen. Dem jungen Mann läuft beim Anblick eines netten Mädchens das Wasser im Munde zusammen, und wenn er sich verliebt, hat er die Freundin »zum Fressen« gern, was nicht als kannibalischer Wunsch zu verstehen ist.

Auch Magensekretionen treten dabei auf; sie halten sich jedoch in einem solchen Rahmen, daß sie den Magen nicht schädigen. Zu einer schädlichen Säurekonzentration kann es kommen, wenn der junge Mann ständig zurückgewiesen wird und er seine Zuwendungswünsche nicht anderweitig erfüllt.

Magengeschwüre finden sich gehäuft bei Personen, die Frustrationen im Zuwendungs- und Zuneigungsbereich erleiden. Hierbei kann es sich um verdrängte Anlehnungswünsche handeln oder um die Sehnsucht nach Sicherheit, Ruhe, Hilfe und Geborgenheit. Aus psychoanalytischer Sicht wurden diese Wünsche oder Bedürfnisse in der Kindheit nicht genügend erfüllt. Es besteht ein Nachholbedarf. Das Defizit wird auf neurotische Weise, z. B. durch Anklammerung, auszugleichen versucht.

Lerntheoretisch werden Verhaltensmuster angewendet, die aus früheren Entwicklungsstufen stammen und für das Erwachsenenalter inadäquat sind.

Damit keine Mißverständnisse entstehen: Zuneigung braucht jeder Mensch, nur die Form und die Mittel sind in den einzelnen Lebensphasen unterschiedlich. Ein Erwachsener sollte geeignete Techniken entwickelt haben, um unumgängliche Frustrationen leichter verkraften zu können.

Zwölffingerdarmgeschwüre hängen nach psychoanalytischer Auffassung mit Schuldgefühlen zusammen. Sie sollen auf der oralaggressiven Entwicklungsphase basieren. In den Lebensgeschichten

der Patienten lassen sich oft Konflikte zwischen Abhängigkeits-
wünschen von bestimmten Bezugspersonen und gleichzeitigem
Selbständigkeitswunsch finden.

Dickdarmgeschwüre finden sich gehäuft bei Personen, deren Rein-
lichkeitserziehung forciert vorangetrieben wurde. Sie sind oft inter-
essenlos und engen ihre Sozialkontakte auf ein Minimum ein. Der
Gefühlsbereich ist oft blockiert und unzugänglich.

Harter Stuhl und Verstopfung finden sich besonders bei pessimisti-
schen Menschen, die zusätzlich mißtrauisch sind. Sie befürchten,
von ihren Mitmenschen enttäuscht oder zurückgewiesen zu werden. Sie behalten deshalb alles für sich und können schwer etwas
abgeben oder teilen. Dieses Ausgangsverhalten führt oft zu Kon-
taktschwäche, sozialen Hemmungen, Prüderie und Impotenz.
Psychopharmaka können hier kaum Hilfe bringen. Auch Abführmittel bringen nur zusätzliche Unordnung in die Darmfunktion.
A. T. W. SIMEONS legt dar, daß die Betroffenen meist aus Angst
vor Körperschädigung Abführmittel benutzen und daß sie getrost
warten sollten, bis die Entleerung unwillkürlich einsetzt. Eine be-
grenzte Symptombehandlung wäre Flickwerk. Der Mensch als
Ganzes ist erkrankt, nicht nur ein Teil oder eine Funktion von ihm.
Folglich muß der Mensch als Ganzes behandelt werden.

Das gleiche trifft für Patienten mit Darmentzündungen und Durchfällen zu. Zu Durchfällen kommt es gehäuft vor Bewährungssitua-
tionen, besonders, wenn diese mit Versagensängsten verknüpft
sind. Menschen, die unter Darmentzündungen leiden, zeigen oft
eine unterwürfige Geberhaltung und Demutsgebärden vor Autori-
täten. Nicht ausgetragene Aggressionen, Unsicherheiten und Er-
wartungsängstlichkeit können hinzukommen. Ein verhaltenstherapeutisches Selbstbehauptungstraining ist im Einzelfall zusätzlich
zum Autogenen Training angezeigt.

Die übrigen Leiborgane stehen natürlich auch im psychosomatischen Wechselwirkungskreis. Denken Sie nur an die volkstümli-
chen Ausdrücke wie »Ihm ist eine Laus über die Leber gelaufen«
oder »Mir läuft die Galle über«. In diesen beiden Ausdrücken wird
auch die Rückwirkung des Körperlichen auf das Psychische sichtbar. Dies sollte stets mitgesehen werden, wenn die Wirkung des
Psychischen auf das Körperliche dargestellt wird.

Ich möchte an dieser Stelle auf eine Tendenz hinweisen, über die Ärzte und Psychotherapeuten betroffen sind: Klienten mit psychosomatischen Beschwerden neigen oft zur Bagatellisierung der psychischen Seite ihrer Erkrankung. Sie wollen als »Organpatienten« angenommen und behandelt werden. Sie vertun damit die Chance einer ganzheitlichen Heilung. Wenn der Magen herausoperiert ist, können sie logischerweise keine Magengeschwüre mehr bekommen. Wenn allerdings die Konfliktlage nicht bearbeitet ist, treten mit großer Wahrscheinlichkeit andere Komplikationen auf, z. B. Zwölffingerdarmgeschwüre. Medikamentöse Behandlung kann nur vorübergehende Linderung bringen.

Einige Therapiemöglichkeiten, um den sonst unvermeidbaren chirurgischen Eingriff zu verhindern, haben wir angedeutet. Einen wichtigen Stützpfeiler für Ihre seelisch-körperliche Gesundheit schaffen Sie sich durch das Erlernen des Autogenen Trainings.

Sonnengeflechtübung

In der altertümlichen Seelenauffassung wurde der Sitz der Seele in der Magengegend angenommen. Mit großer Wahrscheinlichkeit war das Nervengeflecht gemeint, das im lateinischen *Plexus solaris* und im deutschen *Sonnengeflecht* genannt wird. Die Boxer kennen diese Stelle als *Solar plexus;* sie achten sehr darauf, daß diese Stelle vom Gegner nicht getroffen wird, weil sie sonst unweigerlich zu Boden gehen würden. Es handelt sich beim Sonnengeflecht um eine Konzentration von Nervenbahnen. Sie können sich das folgendermaßen vorstellen: Aus dem Oberkörper läuft eine Vielzahl von vegetativen Nerven in den Leibbereich. Sie vereinigen sich zu einem Nervengeflecht, in dem sich Nervenschaltstellen in größerer Anzahl befinden. Von hier aus laufen die Nerven auseinander, um zu ihren entsprechenden Organen im unteren Körperbereich weiterzuführen. Das Nervenbündel hat das Aussehen eines strahlenförmigen Geflechtes. Der Begriff *Sonnengeflecht* gibt das Erscheinungsbild sehr plastisch wieder. Die Nervenbahnen, die im Bereich des Sonnengeflechts zusammengefaßt werden, führen zu fast allen Organen im unteren Körperbereich weiter.
Hierzu gehören: Magen, Zwölffingerdarm, Dünndarm, Dickdarm, Leber, Galle, Bauchspeicheldrüse, Milz und Nieren. Dies hat den

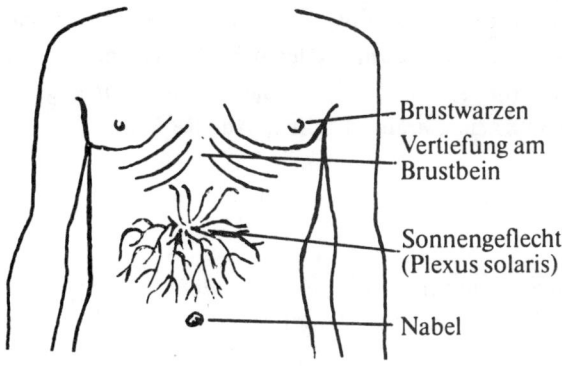

Abb. 66: Lokalisation des Plexus solaris.

Vorteil, daß Sie im Autogenen Training nicht für jedes dieser Organe eine spezielle Übung zu erlernen brauchen. Grundsätzlich wäre das möglich, es ist jedoch einfacher und effektiver, über die Beeinflussung des Sonnengeflechts die genannten Organe zu erreichen.

Um das Sonnengeflecht autosuggestiv beeinflussen zu können, sollten Sie sich zunächst eine Vorstellung davon machen, wo das Zentrum dieses Geflechtes liegt.

Die Vertiefung am unteren Ende des Brustbeins können Sie leicht finden, wenn Sie den Punkt zwischen den beiden Brustwarzen aufsuchen und dann mit dem Finger einige Zentimeter nach unten gleiten. Bleiben Sie mit einem Finger an dieser Stelle und legen Sie einen Finger der anderen Hand auf den Nabel. Versuchen Sie nun, möglichst genau den dritten Punkt auszumachen, der auf halber Strecke zwischen den beiden anderen Punkten liegt. Er bezeichnet das im Körperinneren liegende Zentrum des Sonnengeflechts. Es geht jetzt nur noch um diesen Punkt. Legen Sie eine Hand oder einen Finger auf diese Stelle und spüren Sie, wie der Druck sich bis zur Mitte des Körpers, bis hinter den Magen ausbreitet: Dort befindet sich die größte Konzentration des Sonnengeflechts.

Bei der Übung stellen Sie sich auf diese Stelle ein und denken dabei die Formel *Das Sonnengeflecht ist ruhig und strömend warm*. Die Autosuggestion der strömenden Wärme kann bildhaft unterstützt werden. Stellen Sie sich vor, wie Wärme aus dem Oberkörper im Sonnengeflecht zusammenströmt und nach unten ausstrahlt. Sie können sich das Sonnengeflecht auch als eine Sonne vorstellen, die

Wärme nach unten abstrahlt. Auch die Einstellung auf ein Strömen von Wärme um das Sonnengeflecht herum ist möglich; dabei sollten Sie allerdings darauf achten, daß Sie sich auf eine Kreisbewegung im Uhrzeigersinn einstellen. Äußere Wärmebilder, etwa die Vorstellung einer auf dem Bauch liegenden Wärmflasche, können ebenfalls nützlich sein. Vielleicht fallen Ihnen noch andere Bilder ein.

Beginnen Sie nun mit den Übungen, indem Sie sich auf Ihren rechten Arm einstellen und die erste Formel denken, die Sie dann einige Male wiederholen. *Der rechte Arm ist ganz schwer ... Der rechte Arm ist ganz schwer ... Ich bin ganz ruhig ... Der rechte Arm ist ganz warm ... Der rechte Arm ist ganz warm ... Ich bin ganz ruhig ... Die Atmung ist ganz ruhig, es atmet mich ... Die Atmung ist ganz ruhig, es atmet mich ... Ich bin ganz ruhig ... Das Herz schlägt ruhig und regelmäßig ... Das Herz schlägt ruhig und regelmäßig ... Ich bin ganz ruhig ... Das Sonnengeflecht ist ruhig und strömend warm ... Das Sonnengeflecht ist ruhig und strömend warm ... Das Sonnengeflecht ist ruhig und strömend warm ...*
Zum Abschluß benützen Sie wieder die Rücknahmeformel *Arme fest – Augen auf – tief durchatmen.*

Sollte es Ihnen nicht gelungen sein, die Stelle hinter dem Magen, wo sich das Sonnengeflecht befindet, vorstellungsmäßig zu finden, bieten sich folgende Hilfsmittel an: Sie können zu Beginn der Übung mit den Fingern einen Druckreiz auf den Bauch ausüben oder einen leichten Gegenstand auf die Stelle zwischen Brustbein und Nabel legen und dem Druck zur Mitte des Körpers folgen. Auch ein Heizkissen kann gute »Pfadfinderdienste« leisten. Es empfiehlt sich allerdings, diese äußeren Hilfsmittel nur so lange zu benutzen, bis Sie die Stelle rein konzentrativ, also ohne diese äußeren Hilfen, erspüren können.

Erfolgskontrolle

Für die meisten Trainierenden ist die Sonnengeflechtübung die schwierigste, und es dauert am längsten, bis sich Erfolge einstellen. Sie können mit einer durchschnittlichen Erlerndauer von etwa einem Monat rechnen. Diejenigen, denen Druckreiz keine unangenehme Empfindung im Bauchbereich auslöst, brauchen noch länger. Die übrigen, die einen Druckreiz als schmerzhaft empfinden, werden eher zu Ergebnissen kommen. Bei den zuletzt Genannten liegen mehr Magen-Darm-Störungen vor, so daß wegen der größeren Kontraste, die durch die Entspannung zustande kommen, eher Erfolge spürbar werden.

Ein Klient mit Verdauungsbeschwerden berichtet: »Bei der vierten Durchführung der Übung verspürte ich eine Wärmewirkung über die Bauchdecke des Unterleibes gehen. Danach kam es zu einem Gluckern im Bauch.«

Damit sind die häufigsten Erfolgsempfindungen bereits angesprochen. Die Wärme ist zunächst nur als Vorbeihuschen einer wohligen Wärme spürbar. Mit zunehmender Übung kann die Wärme auch festgehalten werden. Sie wird in Richtung Bauchdecke spürbar oder breitet sich vom Körperzentrum in den Unterleib aus. Manche spüren eine Wärmezirkulation, die auf eine bessere Durchblutung der Bauchorgane hinweist.

Trainierende mit Darmbeschwerden werden während der Übungen nach kurzer Zeit ein verstärktes Gluckern und Kullern im Magen-Darm-Bereich bemerken. Diese kullernden Darmgeräusche sind ein deutlicher Hinweis auf eine Vagusaktivierung beim Sympathikotoniker. Umgekehrt wird eine überhöhte Vagusaktivität durch die Sonnengeflechtübung in Richtung der Normalfunktion einreguliert. Die Übung wirkt also bei den beiden Regulationstypen unterschiedlich und kann sowohl bei Darmverstopfung als auch bei situationsbedingtem Durchfall mit Erfolg angewandt werden.

Die beste Erfolgskontrolle haben Sie, wenn die vorher vorhandenen Beschwerden nachlassen und schließlich verschwinden. Bevor dieses Endresultat erreicht wird, muß intensiv geübt werden. Denken Sie stets daran: Vor der Anwendungsphase liegt die Übungsphase. Ohne ausreichende Übung können sich höchstens kurzfristige Erfolge einstellen. Wichtiger sind die überdauernden Erfolge.

Anwendungsbereiche der Sonnengeflechtübung

Wie Sie im Absatz über Psychosomatik des Magen-Darm-Bereichs erfahren haben, gibt es für Störungen in diesem Bereich verschiedene psychologische Hintergründe. Die Verarbeitung noch unbewältigter Erlebnisse ist in allen Fällen anzustreben. Als flankierende und unterstützende Maßnahme kann das Autogene Training eingesetzt werden.

Sollte bei Ihnen lediglich eine allgemeine vegetative Übererregbarkeit vorliegen, die sich besonders im Magen-Darm-Gebiet manifestiert, kann die alleinige Anwendung von Autogenem Training zu guten Erfolgen führen. In den meisten Fällen spiegeln die körperlichen Beschwerden jedoch die seelischen Probleme, so daß die Konfliktbearbeitung unerläßlich ist.

Zu den Beschwerden, die Sie mit der Plexusübung des Autogenen Trainings beeinflussen können, gehören praktisch alle Unregelmäßigkeiten im unteren Körperbereich. Im einzelnen seien genannt: Magendruck, Magenstechen, Völlegefühl, Aufstoßen, Sodbrennen, Magenschleimhautentzündung, Magengeschwüre, Darmbeschwerden, Zwölffingerdarmgeschwüre, Verdauungsbeschwerden, Stuhldrang, Harndrang, Darmkrämpfe, Darmkoliken, Gallenkoliken, Nierenbeschwerden, Menstruationsbeschwerden. Da Schmerzimpulse über vegetative Bahnen geleitet werden, sind Schmerzempfindungen durch Autogenes Training zu lindern. Sofern Verkrampfungen zugrunde liegen, können die Schmerzen beseitigt werden. Lindern können Sie alle Schmerzzustände, gleich welchen Ursprungs sie sind.

Sie sollten bei der Anwendung des Autogenen Trainings jedoch nicht wahllos Schmerzen lindern, sondern zunächst abklären, ob die Schmerzen nicht ein Alarmsignal für z. B. einen entzündlichen Prozeß darstellen. Sollte dies zutreffen, ist es angezeigt, auch von medizinischer Seite die möglichen und sinnvollen Maßnahmen durchzuführen. Gleichzeitig können und sollten Sie gezielt Autogenes Training durchführen.

Auch zur Schmerzlinderung bei den Geburtswehen und zur Beschleunigung des Geburtsvorganges wird Autogenes Training mit Erfolg angewandt. Schwangere sollten frühzeitig ein Entspannungsverfahren erlernen. Sie können dadurch einen Großteil der Schwangerschafts- und Geburtsbeschwerden lindern oder von vornherein verhindern.

6. Seminarstunde: Kopfbereich

Psychosomatik des Kopfbereiches

Der Kopf ist wegen der Vielzahl der hier vorhandenen Nerven und Gefäße für Schmerzen besonders anfällig. Die häufigsten Kopfschmerzarten sind Spannungskopfschmerz und Migräne. Spannungskopfschmerz wird als dumpfer oder pulsierender Kopfdruck erlebt und kommt meist beim Zusammenwirken verschiedener Faktoren zustande. Oft wird das Wetter als alleinige Ursache vorgeschoben. Aber Bluthochdruck, Wirbelsäulenschäden und Schulterverkrampfungen können ebenfalls zum Kopfschmerz beitragen. Fast immer sind psychische Beweggründe zu finden, die Kopfschmerzen bereiten. Denken Sie auch an die Redewendungen: »Das halte ich im Kopf nicht aus« oder »Ich fühle mich wie vor den Kopf gestoßen«. Auslösende Momente sind z. B. Ärger oder Überforderung im Beruf, ein familiärer Konflikt, ein Gefühl des Nichtakzeptiert- oder Zurückgewiesenwerdens.

Das entscheidende Moment für das Auftreten des psychosomatischen Kopfschmerzes ist die vorausgegangene Verhinderung der Problembearbeitung. Das Problem wurde meist weggeschoben oder verdrängt. Dadurch wurde die unangenehme Problembearbeitung umgangen und eine Lösung verhindert. Jedoch ist das Problem damit nicht beseitigt. Es tritt in anderer Form wieder auf: als Kopfschmerz, Schwindelgefühl oder sogar als Ohnmacht.

Bei allen drei Reaktionen handelt es sich um den Versuch, das »Gedankenräderwerk« abzustellen. Beim Kopfschmerz wird der Problemdruck mit Kopfdruck beantwortet. Beim Schwindelgefühl wird den Gedanken durch »Einnebeln« ihre bedrängende Kraft genommen. Der Ohnmachtsanfall ist der letzte Fluchtweg, wenn die

anderen Abwehrreaktionen nicht gelingen. Mittels dieser Abwehr-
mechanismen kann das kurzfristige Ziel der Problemunterdrückung
erreicht werden.

Aber um welchen Preis? Die alten Probleme bohren weiter, und Sie
haben zusätzlich neue Beschwerden. Versuchen Sie bitte nicht, sich
mit dem Hinweis auf einen vorhandenen Wirbelsäulenschaden aus
der Affäre zu ziehen. Selbst wenn diese Hypothese zutrifft, ist ein
psychischer Anteil zusätzlich beteiligt, und die emotionale Bearbeitung sollte nicht umgangen werden.

Ich höre auch häufiger das Argument, man solle die Probleme doch
endlich ruhen lassen, an der Sachlage sei sowieso nichts zu ändern.
Bei dieser Ansicht handelt es sich um einen tragischen Fehlschluß,
der in der Zukunft mit Leid und Schmerzen bezahlt werden muß
und über den Umweg einer Depression sogar zum Selbstmord führen kann.

Es ist richtig, daß sogenannte objektive Gegebenheiten oft nicht zu
ändern sind. In solchen Fällen kann jedoch an der persönlichen Bewältigung des Tatbestandes oder des Ereignisses gearbeitet werden.
Es ist sehr viel erreicht, wenn Sie bezüglich eines Problems mit sich
selbst ins reine gekommen sind. Wenn Sie gelernt haben, sich mit
dem Geschehen gefühlsmäßig auseinanderzusetzen, wird es seine
bedrängende Kraft verlieren, und Sie können ihm schließlich so
neutral wie anderen Erlebnissen gegenüberstehen.

Probleme ergeben sich oft aus den Interpretationen, die wir bestimmten Ereignissen aufsetzen. Der griechische Philosoph EPIK-
TET faßte diesen Zusammenhang in die Worte: »Nicht die Dinge
selbst, sondern die Meinungen, die wir uns über die Dinge machen,
beunruhigen uns.« Die rational-emotionale Therapie nach A. EL-
LIS ist besonders geeignet, solche Problematiken durch gelenkte
Selbstgespräche zu lösen. C. ESCHENRÖDER gibt in seinem Aufsatz
»Wie Selbstgespräche unsere Gefühle und unser Verhalten beein-
flussen« (Psychologie heute, Jan. 1977) einen Einblick in dieses
Verfahren.

Problembewältigung beinhaltet, mit Körper und Seele über einer
Sache zu stehen. Versuchen Sie nur mit dem »Kopf« darüberzuste-
hen, dreht sich der psychosomatische Kreis von neuem.

In der Gestalttherapie und bezeichnenderweise auch in politischen
Karikaturen werden solche Nur-Verstandesmenschen mit überdi-

mensionalem Kopf und winzigem Körper dargestellt und als kopf-
lastig bezeichnet.

Oft läßt sich bei Kopfschmerzklienten eine Diskrepanz zwischen
dem Real-Ich und dem Ideal-Ich feststellen. Mit Real-Ich ist mein
tatsächliches Wesen und Sein gemeint, mit Ideal-Ich das Wunsch-
Ich, dem ich nachstrebe. Wenn diese beiden Bereiche zu weit auseinander liegen, kommt es mit Sicherheit zu Schwierigkeiten. Ge-
fährlich ist die kopflastige Technik, das Ideal-Ich als real vorzutäu-
schen und das Real-Ich zu verleugnen. In solchen Fällen ist Einzel-
oder Gruppenpsychotherapie notwendig, um aus den Verstrickun-
gen wieder herausfinden zu können.

Das oben Gesagte gilt auch für die Migräne. Es gibt bei Migräne-
Klienten jedoch einige spezifische Merkmale, die nicht ungenannt
bleiben sollen. Sie versuchen oft durch besondere Leistung und
Ehrgeiz zu imponieren, sind perfektionistisch und emotional blok-
kiert. Sie sind leicht reizbar und leiden häufig unter Versagensbefürchtungen. Nach psychoanalytischer Auffassung gehen oft unter-
gründiger Ärger und Wut den Migräneattacken voraus.

Dabei ist auffällig, daß die Migräneattacke nicht sofort in oder nach
der Ärgersituation stattfindet, sondern bevorzugt am Wochenende.
Man spricht nicht von ungefähr vom Sonntag als dem Migränetag.
Damit wird zum Ausdruck gebracht, daß die Migräne sich in der
Entlastungsphase einstellt, also zu einem Zeitpunkt, zu dem sich
die quälenden, unbewältigten Probleme nicht mehr durch Arbeit
unterdrücken lassen. Der Beginn der Sonntagsmigräne wurde im
Zuge der Arbeitszeitverkürzung auf den Samstag vorverlegt.

Wer die quälenden Migränekopfschmerzen kennt, wird hochmoti-
viert sein, durch Autogenes Training kombiniert mit Problembearbeitung das Übel anzugehen und möglichst zu beseitigen. Denken
Sie daran: Die körperlichen Beschwerden spiegeln die Art des Um-
gangs mit den Problemen. In ihnen liegt ein möglicher Ansatzpunkt
auch für die emotionale Lösung.

Stirnkühleübung

Sie wundern sich vielleicht, daß es bei der Kopfübung um das Erlernen von Kühle geht und nicht um Wärme. Wenn Sie sich jedoch
fragen, ob Ihnen ein warmer Kopf angenehmer als ein kühler ist,

werden Sie sich für den kühlen Kopf als Ausdruck des Wohlbefindens entscheiden. Ihnen fallen auch Redewendungen ein, wie »kühlen Kopf bewahren« oder »Kühler Kopf und Füße warm, macht den besten Doktor arm«.

Ich hoffe, daß die letzte Redewendung Ihr soziales Gewissen nicht alarmiert, so daß Sie um des Doktors willen Ihre Leiden behalten möchten. Es ist vielmehr zu hoffen, daß der Arzt durch den verminderten Andrang auf sein Wartezimmer wieder mehr Gelegenheit findet, sich um die unteilbare Ganzheitlichkeit seiner Klienten zu kümmern.

Sollten die folgenden Hinweise für Sie unzureichend sein, fragen Sie bitte Ihren Arzt, ob es sich bei Ihren Kopfschmerzen körperlich gesehen um eine Weitstellung oder um eine Engstellung der Blutgefäße im Kopf handelt. Bei einer Weitstellung der Blutgefäße im Kopf, die meist die Ursache der Kopfschmerzen ist, wird die Kühleübung zur Straffung der Gefäße erlernt. Sie können auch selbst feststellen, ob die Kühleübung für Sie richtig ist. Dies ist der Fall, wenn Ihnen bei Kopfschmerzen Kühle angenehm ist oder wenn Sie bereits versucht haben, die Kopfschmerzen durch Kühlung von außen zu lindern und diese dadurch nicht stärker geworden sind.

Bei der Kopfübung stellen Sie sich besonders auf die Stirn ein und gebrauchen die autosuggestive Formel *Die Stirn ist angenehm kühl.* Denken Sie bitte bei der jeweiligen Einstellung auf die Formel an die beiden Worte *angenehm* und *kühl.* Sie sollen stets ein wohliges Gefühl haben, und der Zustand, den Sie nach einiger Zeit erzeugen können, soll nicht kalt, sondern *angenehm kühl* sein.

Zur bildhaften Unterstützung der Übung empfehlen sich verschiedene Bilder. Sie können sich vergegenwärtigen, wie eine kühle Luftbewegung über Ihre Schläfen und Ihre Stirn streicht. Nach einigen Übungen spüren Sie tatsächlich die in jedem Raum zirkulierende Luftbewegung an Schläfen und Stirn. Sie können sich auch vorstellen, in einem warmen Vollbad zu liegen, wobei nur der kühle Kopf über die Wasseroberfläche herausragt. Auch die Vorstellung von Kölnisch Wasser oder Eisstückchen auf der Stirn ist recht hilfreich. Kältebilder sollten Sie allerdings nur in der ersten Trainingsphase benützen, später kann durch die Vorstellung von Eis

o. ä. der erreichte Zustand schnell extrem werden. Für den Kopfbereich ist als Normalzustand eine angenehme Kühleempfindung angestrebt.

Sie können jetzt mit der Übung anfangen und sich zu Beginn, wenn Sie wollen, ein beruhigendes Standardbild vorstellen. Stellen Sie sich dann auf den rechten Arm ein und denken Sie wiederholt die einzelnen Formeln. *Der rechte Arm ist ganz schwer – Ich bin ganz ruhig – Der rechte Arm ist ganz warm – Ich bin ganz ruhig – Die Atmung ist ganz ruhig, es atmet mich – Ich bin ganz ruhig – Das Herz schlägt ruhig und regelmäßig – Ich bin ganz ruhig – Das Sonnengeflecht ist ruhig und strömend warm – Ich bin ganz ruhig – Die Stirn ist angenehm kühl – Die Stirn ist angenehm kühl...*

Zum Abschluß der Übung nehmen Sie die Schwereempfindung wie gewohnt zurück. *Arme fest – Augen auf – tief durchatmen.*

Klienten mit nachgewiesener Migräne dürfen zu Beginn einer Migräneattacke die Kühleübung nicht durchführen. Bei der echten Migräne sind nämlich zunächst die Blutgefäße im Kopf zu enggestellt und werden erst nach einer gewissen Zeit stark ausgedehnt. In der Anfangsphase ist es möglich, die Formel *Die Stirn ist angenehm warm* zu benützen. Sollten die Schmerzen sich dadurch steigern, hören Sie sofort auf und besprechen Sie sich mit einem Lehrer des Autogenen Trainings.

Erfolgskontrolle

Es kann ohne weiteres ein bis zwei Wochen dauern, bis Sie die ersten Empfindungen spüren, die auf Trainingsfortschritte hindeuten. Als Erfolg können Sie ein Kräusel- oder Straffheitsgefühl auf der Stirnoberfläche oder im Bereich der Schläfen werten. Dieses Gefühl wird nicht von jedem als Kühle empfunden. Sie können jedoch davon ausgehen, daß Sie einiges erreicht haben, wenn Sie sich nach den Übungen frischer fühlen als vorher. Die beste Erfolgskontrolle stellt natürlich die Linderung oder Beseitigung der jeweiligen Beschwerden dar. Vergessen Sie aber nicht, daß Sie sich zu Beginn des Trainings in der Übungsphase befinden und sich die Symptome erst nach einiger Zeit und nach beständigem Üben bessern können.

Anwendungsbereiche der Stirnkühleübung

Es kann vorkommen, daß die Wärmeempfindung während des Übens von den Schultern in den Kopf abstrahlt. Solange lediglich der Hinterkopf erwärmt wird, brauchen Sie keine Gegenmaßnahmen zu ergreifen. Sollte die Wärme sich allerdings bis zur Stirn ausbreiten, können Sie sich, sobald Sie dies merken, auf die Stirnkühleübung einstellen.

In Alltagssituationen ist die Kühleübung sehr hilfreich, wenn Ihnen das Blut in den Kopf schießt, wenn Sie erröten oder vor lauter Diskussionseifer einen roten Kopf bekommen. Die Stirnkühleübung hilft auch gegen Müdigkeit; sie trägt zur Erfrischung und Konzentrationssteigerung bei.

Für streßgefährdete Menschen liegt darin jedoch eine Gefahr. Mißbrauchen Sie die Kopfübung bitte nicht, um aus Ihrem bereits überlasteten Organismus noch mehr Leistung herauszuholen. Dies ist zwar kurzfristig möglich, sehr bald sollte allerdings eine ausgedehnte Ruhepause folgen, weil sich sonst die psychovegetativen Symptome verstärken.

Ein weiteres Anwendungsgebiet der Kopfübung liegt in der Linderung oder Beseitigung von Schmerzen. Alle Arten von Kopfschmerzen und Neuralgien lassen sich durch die Übung beeinflussen; es gibt allerdings graduelle Unterschiede der Linderung, die von der Herkunft der Beschwerden abhängen.

Sonderfälle stellen der Fieberschmerz, der Tumorschmerz und der Zahnschmerz dar. In diesen Fällen sollte selbstverständlich das medizinisch Notwendige getan werden.

Die psychische Komponente des Schmerzes sollte jedoch nicht übersehen werden. Der französische Arzt J. BRICOUT* beschreibt die psychische Komponente so: »Der Schmerz ist immer von Verwirrung, von einem Gefühl des Ausgeliefertseins und der Hilflosigkeit der Angriffssituation gegenüber begleitet.«

Sobald Sie sich dem Schmerz gegenüber nicht mehr als ohnmächtig erleben, haben Sie bereits viel erreicht. Das Autogene Training kann Ihnen auf diesem Wege helfen.

---

* J. BRICOUT: Schmerz (München, o. J.)

Eine Klientin berichtet: »Vor vier Wochen hatte ich mich einer Mandeloperation unterzogen, wobei mir das Autogene Training sehr geholfen hat. Zur Operation war ich ganz ruhig; die Blutung war gering; ich benötigte keine Eisbeutel, da ich mir die Kühle auch zum Halse leiten konnte. Die Schwestern wunderten sich besonders darüber, daß ich keinerlei schmerzlindernde und schlaffördernde Mittel haben wollte.«

7. Seminarstunde: Schulterbereich

Psychosomatik des Schulterbereiches

Schmerzen im Rücken und in den Schultern beruhen meist auf muskulären Verspannungen in diesen Bereichen. Die Verspannungen können auf ungünstige Arbeitshaltungen, Wirbelsäulenschäden oder Spannungsgefühle zurückgehen. Deformationen der Wirbelsäule führen bei vielen, jedoch nicht bei allen Betroffenen zu Schmerzen größeren Ausmaßes. Wer gelernt hat, sich zu entspannen, ist in einer günstigeren Position.

Zu den negativen Emotionen, die sich leicht als Verspannungen im Schulterbereich zeigen und festsetzen, gehören: sich erschrecken, sich bedroht fühlen, sich getroffen fühlen und sich ängstigen. Bei diesen und ähnlichen Emotionen zieht der Mensch sich in sich selbst zurück; er zieht dabei den Kopf ein und hebt die Schultern an. Dieses Verhalten ist am besten zu verstehen, wenn wir von einer Gefahrensituation ausgehen. Sobald jemand eine körperliche Verletzung, z. B. durch einen Unfall, befürchtet, wird er mit dem reflexartigen Einziehen des Kopfes und dem Hochziehen der Schultern reagieren. Diese Reaktion hat dann eine Schutzfunktion: Der Kopf soll näher zum Rumpf gebracht werden. Dadurch wird der Körper kompakter, und die enge Verbindungsstelle Hals wird geschützt.

Sofern es sich um zu erwartende Körperverletzungen handelt, mag diese Reaktion sinnvoll sein. Die gleiche Reaktion findet jedoch auch statt, wenn emotionale Anspannungen oder Verletzungen bevorstehen beziehungsweise stattfinden. In diesen Fällen ergibt es jedoch keinen Sinn, sich zu verkrampfen.

Wenn die emotionalen Belastungen vorübergehender Art sind, haben diese Anspannungen normalerweise nichts zu bedeuten. Meistens handelt es sich allerdings um anhaltende Belastungen, wie Partnerkonflikte oder Todesängste. Diese Probleme können sich leicht in andauernden Schulter- oder Kopfschmerzen zeigen oder andere Organsysteme in Mitleidenschaft ziehen.

Meistens sind die Organe betroffen, welche die jeweiligen Probleme am besten widerspiegeln. Rhythmusstörungen im Leben können sich leicht in Rhythmusstörungen des Herzens spiegeln.

Davon abgesehen spielt die individuelle Lerngeschichte und die sogenannte Organminderwertigkeit eine Rolle. Ein bereits vorgeschädigtes Organ wird demnach eher emotionale Störungen reflektieren als ein gesundes Organ. Bei einem Asthmatiker werden sich die verschiedenartigsten emotionalen Belastungen als Atemstörungen bemerkbar machen; bei einem Magengeschädigten wird sich auch eine Rhythmusstörung in Magenschmerzen ausdrücken.

Oft sind die Zusammenhänge allerdings vielschichtiger, wie der Fall einer 52jährigen Kontoristin zeigt. Ihr Vater ist an Schüttellähmung erkrankt. Die Klientin leidet mit dem Vater. Eine längst vergessene Herzstörung wird wieder akut, und die Klientin verkrampft sich, ausgehend vom Schulternackenfeld, immer mehr. Dadurch kommt es zu Händezittern, und die Klientin glaubt jetzt, dies seien die ersten Anzeichen der gleichen Krankheit, unter der ihr Vater leidet. Es entwickelt sich eine Angstneurose, die die Themen Krankheit und Tod zum Inhalt hat.

Um derartige Fehlentwicklungen wieder aufzulösen, ist psychotherapeutische Hilfe unumgänglich. Zur Verhinderung ähnlicher Fehlentwicklungen können Sie frühzeitig selbst aktiv werden:

1) Sie können sich anhand von Beispielen bewußt machen, daß Sie Krankheitsbeschreibungen und -schilderungen sehr leicht auf sich selbst beziehen. Dies ist eine natürliche menschliche Eigenart und hängt damit zusammen, daß Sie nur aus Ihrem eigenen Empfinden heraus geschilderte Krankheitssymptome bewerten können. Sie versuchen sich einzufühlen, um den Partner besser zu verstehen. Dabei passiert es leicht, daß Sie eigene Empfindungen überbewerten oder mißdeuten und schließlich auf die Idee verfallen, auch an der geschilderten Krankheit zu leiden.

2) Beängstigende Themen sollen nicht um jeden Preis gemieden werden. Dadurch wird die Angst nur größer. Stellen Sie sich dem Angstthema, indem Sie handeln beziehungsweise indem Sie sich das Erleben Ihrer Angst wiederholt und freiwillig zur Aufgabe machen.

3) Neben der grundsätzlichen Angstbewältigungsstrategie können Sie in akuten Angstsituationen Autogenes Training durchführen, um die entstehenden Verspannungen gezielt abbauen zu können. Eine Klientin, die entsprechend gehandelt hat, schreibt: »Es geht mir seelisch bedeutend besser, ich fühle mich freier, ungehemmter, ich lebe bewußter. Das Angstgefühl hat stark nachgelassen. Ich führe das Autogene Training auch weiterhin durch.«

Schulternackenfeldübung

Als zusätzliche und letzte Übung möchte ich eine spezielle Übung für den Schulterbereich vorschlagen. Diese empfiehlt sich in der Anwendungsphase als zusammenfassende Übung, weil hierbei die drei Hauptkomponenten des Autogenen Trainings, nämlich *Ruhe, Schwere* und *Wärme* zusammengefaßt werden. Die Formel lautet: *Das Schulternackenfeld ist ganz ruhig, schwer und warm.* Sie können auch diese Formel weiter abkürzen, wenn Sie sich in den Schultergürtel hineinversetzen und sich *ruhig – schwer – warm* suggerieren. Sie können auch die Hauptwörter *Ruhe – Schwere – Wärme* mit dem Schulternackenfeld verknüpfen.

Mit dem Schulternackenfeld sind die Muskel- und Nervenstränge im Schulterbereich gemeint. Sie können diese mit der Hand greifen. Verfolgen Sie die Stränge so weit nach unten und oben, wie sie zu tasten sind. Dies ist der Bereich, auf den Sie sich beim Üben einstellen. Sollte Ihnen die Einstellung auf diesen Bereich Schwierigkeiten bereiten, hilft es Ihnen, wenn Sie vor Beginn des Trainings die Schultermuskeln kneten, so daß die Druckempfindung nachwirkt. Mit dieser anfänglichen Hilfe werden Sie das Schulternackenfeld sicher finden. Wie bei den anderen Übungen sind die äußerlichen Hilfen nicht mehr notwendig, wenn Sie die angesprochenen Regionen rein konzentrativ finden können.

Die Schulternackenfeldübung bedarf einer längeren Übungszeit, ehe sie zum Erfolg führt. Der Entspannungsgewinn kann danach recht intensiv sein, wie der Bericht eines Chemikers zeigt:

»Das Autogene Training, das ich weiterhin übe, hat mir wohl das gebracht, was allein mit Medikamenten nicht zu erreichen war. Kalte Füße im Bett und schlechtes Einschlafen kenne ich nicht mehr.

275

Die Entspannung tritt sehr schnell ein. Nach wie vor übe ich die sieben Anwendungen. Die Übungen für Herz und Schulternackenfeld sagen mir am meisten zu, die Schulternackenfeldübung besonders. Hier scheint wohl infolge meiner Rückgratverkrümmung die größte Verkrampfung vorzuliegen. Nur bei dieser Übung habe ich noch das bekannte Kribbeln. Die Übungen gelingen jetzt in jeder Lage, also auch im Stehen. Herzangst kenne ich so gut wie gar nicht mehr. Die Mühe und die Überwindung der Skepsis haben sich gelohnt, und ich möchte diese Möglichkeit der Entspannung nicht mehr missen.«

Sie können jetzt, wie in der Übungsphase gewohnt, mit der Schwereeinstellung beginnen. *Der rechte Arm ist ganz schwer... Ich bin ganz ruhig... Der rechte Arm ist ganz warm... Ich bin ganz ruhig... Die Atmung ist ganz ruhig – es atmet mich... Ich bin ganz ruhig... Das Herz schlägt ruhig und regelmäßig... Ich bin ganz ruhig... Das Sonnengeflecht ist ruhig und strömend warm... Ich bin ganz ruhig... Das Schulternackenfeld ist ganz ruhig, schwer und warm... Ich bin ganz ruhig... Die Stirn ist angenehm kühl... Ich bin ganz ruhig...*

Rücknahme: *Arme fest – Augen auf – tief durchatmen.*

Zu Trainingszwecken wird die Schulternackenfeldübung an vorletzter Stelle durchgeführt. Die Stirnkühleübung folgt an letzter Stelle. Sollten Sie nach einer geraumen Übungszeit feststellen, daß das Ansprechen der Stirnkühle bereits zu einer Erfrischung führt, so ist dies tagsüber sicher ein willkommener Effekt. Sollte das gleiche abends vor dem Einschlafen geschehen, wäre es günstiger, die Stirnkühleübung früher am Abend durchzuführen oder ganz wegzulassen.

Erfolgskontrolle

Es kann einige Wochen dauern, bis Sie im Schulternackenbereich erste Entspannungsempfindungen wahrnehmen. Die häufigsten Empfindungen sind die der Wärme und Schwere. Manche spüren auch eine wohltuende Leichtigkeit in diesem Bereich. Als deutlichsten Erfolg werden Sie Schmerzlinderung in Schultern, Nacken oder Kopf ansehen.

Sollten Entspannungsgefühle speziell bei dieser Übung nicht auftreten, kann die Teilung der Formel zum Erfolg verhelfen. Sie könnte dann lauten: *Das Schulternackenfeld ist ganz ruhig und schwer... Ich bin ganz ruhig... Das Schulternackenfeld ist ganz ruhig und warm.*

Anwendungsbereiche der Schulternackenfeldübung

Die Schulternackenfeldübung kann in der Anwendungsphase gut zum Aufrechterhaltungstraining benutzt werden, weil die wichtigsten Komponenten des Autogenen Trainings in ihr vereinigt sind, nämlich *Ruhe, Schwere* und *Wärme*. Diese können sich vom Schulternackenfeld aus leicht im ganzen Körper ausbreiten.

Bei Verspannungen im Schulternackenbereich wirkt die Übung wohltuend entspannend. Akute und chronische Verkrampfungen lockern sich. Kopfschmerzen, die mit Verspannungen im Schulterbereich zusammenhängen, lassen sich durch diese Übung lindern oder beseitigen. Verspannungen, die auf Wirbelsäulenschäden zurückgehen, lassen sich mit dieser Übung bessern.

Die Verspannungsfolgen von unangenehmen und angstbesetzten Erlebnissen können mit Hilfe der Schulternackenfeldübung gelindert werden. Sofern Probleme keiner Lösung zugeführt werden, ist zwar eine vorübergehende, aber keine nachhaltige Linderung der Verspannungen möglich. Neben der symptom-orientierten Anwendung der Übung sollte also die Ganzheitlichkeit des Menschen stets beachtet und geachtet werden.

Rückblick und Ausblick

Erweiterung und Zusammenfassung der Übungen

Zweierlei Dinge hat das Autogene Training zum Ziel: Erstens soll es dazu führen, daß Sie allgemein entspannter und gelassener werden und damit Körpersymptome verschwinden. Zweitens sollen Sie eine Möglichkeit an die Hand bekommen, sich in akuten Spannungssituationen sofort entspannen zu können.

Um diese Ziele zu erreichen, haben Sie das Autogene Training begonnen. Sie haben jetzt sieben Übungen kennengelernt. Wenn Sie regelmäßig, also wenigstens dreimal täglich, die Übungen durchgeführt haben, spüren Sie inzwischen bei den Grundübungen im bisher untrainierten Arm die gleiche Schwere beziehungsweise Wärme wie im trainierten Arm. Vielleicht haben Sie Ihre Übungen dementsprechend bereits erweitert. Die Übungsfolge sollte jetzt lauten:

Die Arme sind ganz schwer... (mehrmals)
(oder: *Beide Arme sind ganz schwer*)
Ich bin ganz ruhig... (einmal oder mehrmals)
Die Arme sind ganz warm...
(oder: *Beide Arme sind ganz warm...*)
Ich bin ganz ruhig...
Die Atmung ist ganz ruhig – es atmet mich...
Ich bin ganz ruhig...
Das Herz schlägt ruhig und regelmäßig...
Ich bin ganz ruhig...
Das Sonnengeflecht ist ruhig und strömend warm...
Ich bin ganz ruhig...

Das Schulternackenfeld ist ganz ruhig, schwer und warm...
Ich bin ganz ruhig...
Die Stirn ist angenehm kühl...
Ich bin ganz ruhig...
Rücknahme: *Arme fest – Augen auf – tief durchatmen.*

Individuell notwendige Abwandlungen der Formeln wurden in den einzelnen Seminarstunden besprochen.

Sollten einzelne Empfindungen noch zu schwach ausgeprägt sein, können Sie die Übungen noch mehr bildhaft unterstützen, eventuell durch einen Zusatz zur Formel. Beispiel: *Die Arme sind ganz schwer – bleischwer.*

Es kann auch vorkommen, daß einzelne Empfindungen als zu intensiv wahrgenommen werden. In solchen Fällen können Sie die Formulierungen abschwächen. Beispiel: *Der rechte Arm ist wohlig warm* oder *Das Sonnengeflecht ist ein wenig warm.* Abschwächungen der Empfindungen erreichen Sie also durch Einfügung der Worte *wohlig, ein wenig* oder *etwas* in die Formeln. Die autosuggestive Formel *Ich bin ganz ruhig* können Sie, wenn Sie möchten, mit dem Begriff *Ruhe* verknüpfen oder ersetzen. Wenn Sie es wünschen, dürfen Sie auch die übrigen Formeln verkürzen, indem Sie die Artikel und die Verben weglassen. Beispiel: *Arme – ganz schwer* oder *Herz – ruhig und regelmäßig.* Diese Abkürzungen sollten Sie allerdings nur gebrauchen, wenn sie Ihnen angenehmer erscheinen als die früheren Formulierungen. Es ist nämlich bei Formeländerungen stets ein Umlernprozeß notwendig, den Sie sich ersparen, wenn Sie die ursprünglichen Formeln beibehalten.

Eine weitere Formelerweiterung bei der Schwere- und Wärmeübung steht allerdings noch aus. Nachdem Sie etwa zwei Wochen mit der Formel *Die Arme sind ganz schwer* geübt haben, werden Sie feststellen, wie sich die Schwereempfindung auch in den Beinen ausbreitet. Sobald Sie dies spüren, ohne sich auf die Beine konzentriert zu haben, erweitern Sie die Schwereformel. Sie lautet dann *Arme und Beine sind ganz schwer.* Das gleiche gilt auch für die Wärmeübung: Wenn Sie die Ausbreitung der Wärme in die Beine während der Übungen wahrnehmen, erweitern Sie die Formel: *Arme und Beine sind ganz warm.*

Es ist grundsätzlich möglich, über das bisher Besprochene hinausgehend zusätzliche Formeln zu konstruieren. Mit Formeln, die den Rahmen des Autogenen Trainings sprengen, sollten Sie allerdings vorsichtig sein.

An zusätzliche Formeln sind ganz bestimmte Bedingungen zu stellen:
1. Der Inhalt der Formel soll sich auf körperlich begründbare Empfindungen beziehen.
2. Der Inhalt der Formel soll realisierbar sein.
3. Der Inhalt der Formel soll positiv formuliert sein.
4. Die Formel soll in der Aussageform gehalten sein.

Es gibt wenige Formeln, die diesen Bedingungen genügen. Für vertretbar halte ich folgende Zusatzformulierungen:
- bei Schmerzen – »Kühle (bzw. Wärme) breitet sich aus«
- bei Sprachstörungen – »Kehlkopf locker und gelöst«
- bei Drogenkonsum – »Rauchen bringt innere Unruhe – Autogenes Training bringt innere Ruhe«
- bei Hämorrhoiden – »Schließmuskeln locker und gelöst«
- bei Belästigungen – »Lärm ist unwichtig – Ruhe ist wichtig«
- bei Streitigkeiten – »Ich bin ganz ruhig und gelassen«
- bei Entspannungsschwierigkeiten – »Ruhe kommt von selbst«.

Die meisten Störungen sind mit den eingeübten sieben Formeln zu beeinflussen. Alle Leibbeschwerden sprechen gut auf die Sonnengeflechtübung an, allgemeine Störungen auf *Ruhe, Schwere* und *Wärme*. Sollten Sie trotzdem das Bedürfnis nach einer Zusatzformel haben, möchte ich Sie bitten, sich an die obengenannten vier Regeln zu halten und sich auf nur eine, höchstens zwei zusätzliche Formeln zu beschränken. Diese können Sie an letzter oder vorletzter Stelle Ihrer Trainingsformeln einfügen und stets mitüben.

In der konkreten Anwendung können Sie alle Übungen gezielt an jedem Ort und in jeder Haltung einsetzen. Vielleicht ist es Ihnen bereits gelungen, mit Hilfe des Autogenen Trainings eine günstigere Ausgangsposition zu erreichen, die es Ihnen erlaubt, gelassener an schwierige und spannungsgeladene Situationen heranzugehen oder es erst gar nicht soweit kommen zu lassen. Bedenken Sie auch, daß Autogenes Training Ihnen keine Verhaltensmöglichkeiten wegnimmt, sondern Ihnen den zusätzlichen Weg in die Entspannung öffnet. Sie haben in Zukunft ein größeres Repertoire an Verhaltensmöglichkeiten zur Verfügung, aus dem Sie je nach Situation die subjektiv günstigste Reaktion auswählen können. Manchmal mag es erforderlich erscheinen, energisch seine Auffassung zu einem bestimmten Thema durchzusetzen, ein anderes Mal mag es für die Lösung der Situation vorteilhafter sein, möglichst gelassen zu reagieren.

Nach Abschluß der Übungsphase ist es nicht mehr notwendig, die Übungen in der angegebenen Reihenfolge durchzuführen, obwohl sich dies zu Trainingszwecken weiterhin empfiehlt. Zum Aufrechterhaltungstraining schlage ich zwei bis drei vollständige Übungsdurchgänge pro Woche vor.

Im Vordergrund steht jetzt die Anwendung des Gelernten. Sie sind nun in der Lage, sich in schwierigen Situationen zu entspannen. Dazu ist keine besondere Konzentration erforderlich. Sobald Sie sich auf die Übungen einstellen, spüren Sie, wie der entspannend beruhigende Effekt eintritt.

In der Anwendungsphase können Sie vor oder in belastenden Situationen mit gezielten Formeln arbeiten. Die Formelauswahl sollte sich nach dem hervorstechenden Spannungsbereich richten. Wenn der Magendruck im Vordergrund steht, führen Sie die Sonnengeflechtübung durch; bei Zittern ist die Schwereübung angezeigt.

Die meisten erzielen den besten Erfolg, wenn sie mit einer Vorübung anfangen. Sie sollten mit der Übung beginnen, die Sie am besten beherrschen, und an zweiter Stelle den Körperbereich ansprechen, in dem Sie eine momentane Fehlregulation spüren. Zur umfassenden Ruhigstellung empfehlen sich die allgemeine Ruheformel und die beiden Grundübungen der Schwere und Wärme.

Ich werde manchmal nach der autogenen Meditation, die oft mit dem mißverständlichen Begriff »Oberstufe« belegt wird, gefragt. Hierbei handelt es sich um analytische Psychotherapie, die von Farb- und Formmeditationen ausgeht und verborgene Persönlichkeitszüge aufzudecken helfen soll. Es geht dabei nicht um eine Weiterführung der für das Autogene Training charakteristischen Körperübungen.

Es spricht nichts gegen die meditativen Übungen; ich möchte jedoch darauf hinweisen, daß in diesen Kursen keine Intensivierung des bisher Gelernten stattfindet.

Manche haben das Bedürfnis, sich über ihre Übungs- und Anwendungsfortschritte mit anderen auszusprechen oder gemeinsame Übungen durchzuführen. Dazu brauchen Sie keinen neuen Kursus zu besuchen, weil Sie das dort Durchgeführte bereits kennen. Für günstig halte ich es, einen Trainingskreis für Autogenes Training zu bilden. Vielleicht kennen Sie einige Personen, die das Autogene Training gelernt haben. Wie wäre es, wenn Sie mit diesen einen solchen Kreis bildeten? Oder fragen Sie Ihren Arzt oder Psychologen, bei dem Sie das Autogene Training gelernt haben, ob er solche Intensivierungsstunden oder -kurse durchführt. Sie können ihn auch bitten, einen solchen Kurs einzurichten.

Entscheidend ist jedoch auch in der Anwendungsphase das eigene Üben, damit der erreichte Erfolg beibehalten bleibt.

Zur genaueren Fortschrittsüberprüfung können Sie nun die gerade ausgefüllte Liste mit der Beantwortung der entsprechenden Fragen vergleichen, die Sie vor Beginn des Trainings gegeben haben (vgl. Seite 178). Vielleicht finden Sie dort auch Beschwerden, die Sie damals als zutreffend angekreuzt hatten und die inzwischen verschwunden sind, ohne daß Sie dies wahrgenommen haben. Sollte dies der Fall sein, freuen Sie sich auch über diese Fortschritte!

Etwa zwei Monate, nachdem Sie den ersten Nachbefragungsbogen ausgefüllt haben, können Sie den nachfolgenden Fragebogen ausfüllen.

Die Beantwortung der Fragen können Sie mit dem früheren Fragebogen vergleichen und Ihre Fortschritte ablesen. Sollten Sie irgendwo Rückschritte feststellen, haben Sie wahrscheinlich unregelmäßig geübt beziehungsweise das Aufrechterhaltungstraining nicht durchgeführt. Tun Sie dies von nun an wieder!

Nach etwa einem Jahr können Sie den Fragebogen nochmals ausfüllen und wieder mit dem früheren vergleichen.

Überprüfung der bisherigen Fortschritte
Füllen Sie bitte möglichst spontan den nachfolgenden Fragebogen aus!

1. Nachbefragung

Seit wann üben Sie das autogene Training?   Seit .... Wochen

Wie oft haben Sie geübt?   regelmäßig ☐   unregelmäßig ☐

selten ☐   gar nicht ☐

Womit kommen Sie beim Trainieren noch nicht zurecht? ....

....

Beherrschen Sie die	gut	etwas	noch nicht	noch nicht geübt
Schwereübung	☐	☐	☐	☐
Wärmeübung	☐	☐	☐	☐
Atemübung	☐	☐	☐	☐
Herzübung	☐	☐	☐	☐
Sonnengeflechtübung	☐	☐	☐	☐
Schulternackenfeld	☐	☐	☐	☐
Stirnkühleübung	☐	☐	☐	☐

Welche der folgenden Leiden/Beschwerden haben sich in den letzten Wochen

	sehr gebessert	etwas gebessert	nicht gebessert
1. Reizbarkeit	☐	☐	☐
2. Nervosität	☐	☐	☐
3. Schlafstörungen	☐	☐	☐
4. Abgespanntheit	☐	☐	☐
5. Muskelverspannungen	☐	☐	☐
6. Innere Unruhe	☐	☐	☐
7. Aufsteigende Hitze	☐	☐	☐
8. Schweißausbrüche	☐	☐	☐
9. Schwindelgefühle	☐	☐	☐
10. Zittrigkeit	☐	☐	☐
11. Kopfschmerzen	☐	☐	☐
12. Mattigkeit	☐	☐	☐
13. Konzentrations-schwierigkeiten	☐	☐	☐
14. Beklemmungsgefühle	☐	☐	☐
15. Sorgen/Konflikte	☐	☐	☐
16. Angstzustände	☐	☐	☐
17. Weinen	☐	☐	☐
18. Kloßgefühl	☐	☐	☐
19. Herzbeschwerden	☐	☐	☐
20. Kreislaufbeschwerden	☐	☐	☐
21. Magenbeschwerden	☐	☐	☐
22. Verdauungs-beschwerden	☐	☐	☐
23. Atembeschwerden	☐	☐	☐

2. Nachbefragung

Seit wann üben Sie das autogene Training? Seit .... Wochen

Wie oft haben Sie geübt?

regelmäßig	☐	anfangs regel-mäßig, jetzt	
unregelmäßig	☐	unregelmäßig	☐
selten	☐	gar nicht	☐

Womit kommen Sie beim Trainieren noch nicht zurecht? ....

....

Beherrschen Sie die	gut	etwas	noch nicht	noch nicht geübt
Schwereübung	☐	☐	☐	☐
Wärmeübung	☐	☐	☐	☐
Atemübung	☐	☐	☐	☐
Herzübung	☐	☐	☐	☐
Sonnengeflechtübung	☐	☐	☐	☐
Schulternackenfeld	☐	☐	☐	☐
Stirnkühleübung	☐	☐	☐	☐

Welche der folgenden Leiden/Beschwerden haben sich seit Aufnahme des autogenen Trainings

	sehr gebessert	etwas gebessert	nicht gebessert
1. Reizbarkeit	☐	☐	☐
2. Nervosität	☐	☐	☐
3. Schlafstörungen	☐	☐	☐
4. Abgespanntheit	☐	☐	☐
5. Muskelverspannungen	☐	☐	☐
6. Innere Unruhe	☐	☐	☐
7. Aufsteigende Hitze	☐	☐	☐
8. Schweißausbrüche	☐	☐	☐
9. Schwindelgefühle	☐	☐	☐
10. Zittrigkeit	☐	☐	☐
11. Kopfschmerzen	☐	☐	☐
12. Mattigkeit	☐	☐	☐
13. Konzentrations-schwierigkeiten	☐	☐	☐
14. Beklemmungsgefühle	☐	☐	☐
15. Sorgen/Konflikte	☐	☐	☐
16. Angstzustände	☐	☐	☐
17. Weinen	☐	☐	☐
18. Kloßgefühl	☐	☐	☐
19. Herzbeschwerden	☐	☐	☐
20. Kreislaufbeschwerden	☐	☐	☐
21. Magenbeschwerden	☐	☐	☐
22. Verdauungs-beschwerden	☐	☐	☐
23. Atembeschwerden	☐	☐	☐

Erfolge mit Autogenem Training

Der Autor führt in der Rehabilitationsklinik der BfA in Bad Salzuflen regelmäßig Kurse im Autogenen Training durch. Die Kurse dauern zweieinhalb Wochen. Nach zwei Wochen füllen die Teilnehmer bereits den 1. Nachbefragungsbogen aus, der dem auf Seite 284 abgedruckten entspricht. Die nachfolgenden Auswertungsergebnisse beziehen sich auf Erhebungen, die in den Jahren 1974 und 1975 durchgeführt wurden. Für die Auswertungsarbeit gebührt meiner Mitarbeiterin, Frau Schirmacher, besonderer Dank. In die Erhebung wurden alle Klienten einbezogen, die den Kurs abgeschlossen haben. Es ergab sich eine **Gesamtzahl von 420.** Die Rücklaufquote bei der 1. Nachbefragung betrug fast 100 %, bei der 2. Nachbefragung rund 95 % und bei der 3. Nachbefragung rund 85 %. Hier die Ergebnisse im einzelnen:

Ergebnisse der 1. Nachbefragung
(2 Wochen nach Kursusbeginn)
Anfängliche Bereitschaft, das Training zu erlernen:
sehr groß: 48%; groß: 31%; mittelmäßig: 15%; unentschieden: 4%; gering 2%.
Übungshäufigkeit:
regelmäßig: 57%; unregelmäßig: 39%; selten: 3%; gar nicht: 1%.

	gut	etwas	noch nicht	noch nicht geübt
Beherrschung der				
Schwereübung	57%	35%	7%	1%
Wärmeübung	55%	34%	10%	1%
Atemübung	34%	41%	21%	4%
Herzübung	16%	44%	38%	2%
Sonnengeflechtübung	5%	22%	59%	14%
Schulternackenfeldü.	2%	12%	45%	41%
Stirnkühleübung	5%	18%	55%	22%

Leiden/Beschwerden, die sich seit Beginn des Autogenen Trainings gebessert haben:

	sehr gebessert	etwas gebessert	gebessert (Zusammenf. von sehr gebessert und etwas gebessert)
1. Reizbarkeit	21%	42%	63%
2. Nervosität	21%	41%	62%
3. Schlafstörungen	16%	36%	52%
4. Abgespanntheit	21%	36%	57%
5. Muskelverspannungen . . .	18%	40%	58%
6. Innere Unruhe	24%	38%	62%
7. Aufsteigende Hitze	17%	31%	48%
8. Schweißausbrüche	15%	27%	42%
9. Schwindelgefühle	17%	29%	46%
10. Zittrigkeit	18%	34%	52%
11. Kopfschmerzen	24%	26%	50%
12. Mattigkeit	10%	36%	46%
13. Konzentrationsschwierigk. .	7%	32%	39%
14. Beklemmungsgefühle	16%	37%	53%
15. Sorgen/Konflikte	11%	31%	42%
16. Angstzustände	17%	38%	55%
17. Weinen	24%	33%	57%
18. Kloßgefühl	12%	25%	37%
19. Herzbeschwerden	17%	29%	46%
20. Kreislaufbeschwerden	15%	31%	46%
21. Magenbeschwerden	15%	35%	50%
22. Verdauungsbeschwerden . .	9%	15%	24%
23. Atembeschwerden	19%	31%	50%

Es fällt auf, daß sich bereits nach wenigen Wochen Veränderungen größeren Ausmaßes feststellen lassen. Für die einzelnen Symptome sind die Fortschritte allerdings recht unterschiedlich. Da diese Erhebungen während einer allgemeinen Rehabilitationsmaßnahme durchgeführt wurden, spielen bei den Besserungen der Beschwerden sicherlich auch gymnastische und andere atmosphärische Momente eine Rolle. Um die Größenordnung dieser Effekte zu erkunden, wurde eine Kontrollgruppe aus Klienten gebildet, die zum Autogenen Training angemeldet waren, die jedoch wegen Abwesenheit des Trainers an keinem Kursus teilnehmen konnten. Die Auswertung dieser Daten ergibt:

Nach 2 Wochen zeigten sich bei der Gruppe, die kein AT erlernte, geringfügige Besserungen in bezug auf Weinen, Kloßgefühle, Beklemmungsgefühle, Angstzustände und Sorgen; starke Besserungen hinsichtlich Reizbarkeit und Muskelverspannungen. Prozentangaben werden für diese Symptome nicht gegeben, weil die Kontrollgruppe dazu noch zu gering ist. Nach ebenfalls 2 Wochen betrugen die Besserungsraten für die Klienten, die am psychosomatischen Seminar für Autogenes Training teilgenommen hatten, zwischen 24% für Verdauungsbeschwerden und 63% für Reizbarkeit.

Im Durchschnitt wurden bei den Klienten ohne AT während der Rehabilitationsmaßnahme 42% der geklagten psychovegetativen Beschwerden gebessert. Bei den Teilnehmern des AT-Seminars wurden während der ansonsten gleichen Rehabilitationsmaßnahme 50% der Beschwerden im Mittel gebessert. Von den mittleren Besserungsquoten her gesehen zeigten sich nach 2 Wochen bei der AT-Gruppe erst geringe zusätzliche Besserungen der angegebenen Beschwerden.

Es ist allerdings bemerkenswert, daß die allgemeine Rehabilitationsmaßnahme in über 40% der Fälle zu Symptombesserungen führte. Da in der untersuchenden Klinik aktive Gesundheitsbildung im Vordergrund der Bemühungen steht, kann dieses Ergebnis als Anhaltspunkt für die Sinnhaftigkeit von aktiver und eigeninitiativer Gesundheitsvorsorge bzw. Gesundheitsnachsorge in der Rehabilitation gelten.

Der geringe Abstand der AT-Gruppe von der Kontrollgruppe hängt auch damit zusammen, daß nach 2 Wochen das Autogene Training noch nicht genügend eingeübt bzw. gefestigt ist und die evtl. notwendige Konfliktbearbeitung noch nicht abgeschlossen ist. Diese Schlüsse werden durch die Ergebnisse der 2. und 3. Nachbefragung nahegelegt.

Ergebnisse der 2. Nachbefragung
(4 Monate nach Kursusbeginn)
Übungshäufigkeit
regelmäßig: 35%; unregelmäßig: 54%; selten: 10%; gar nicht: 1%.

	gut	etwas	noch nicht	noch nicht geübt
Beherrschung der				
Schwereübung	70%	24%	6%	0%
Wärmeübung	63%	27%	9%	1%
Atemübung	43%	36%	18%	3%
Herzübung	23%	37%	33%	7%
Sonnengeflechtübung	19%	28%	43%	10%
Schulternackenfeldübung	16%	25%	45%	13%
Stirnkühleübung	13%	27%	46%	14%

	sehr gebessert	etwas gebessert	gebessert (Zusammenf. von sehr gebessert und etwas gebessert)
1. Reizbarkeit	37%	45%	82%
2. Nervosität	29%	55%	84%
3. Schlafstörungen	39%	39%	78%
4. Abgespanntheit	28%	45%	73%
5. Muskelverspannungen . . .	33%	38%	71%
6. Innere Unruhe	30%	52%	82%
7. Aufsteigende Hitze	37%	34%	71%
8. Schweißausbrüche	32%	33%	65%
9. Schwindelgefühle	26%	44%	70%
10. Zittrigkeit	31%	42%	73%
11. Kopfschmerzen	29%	38%	67%
12. Mattigkeit	22%	39%	61%
13. Konzentrationsschwierig. .	15%	44%	59%
14. Beklemmungsgefühle	27%	41%	68%
15. Sorgen/Konflikte	27%	42%	69%
16. Angstzustände	33%	39%	72%
17. Weinen	45%	39%	84%
18. Kloßgefühl	41%	28%	69%
19. Herzbeschwerden	25%	38%	63%
20. Kreislaufbeschwerden . . .	21%	39%	60%
21. Magenbeschwerden	32%	37%	69%
22. Verdauungsbeschwerden . .	21%	25%	46%
23. Atembeschwerden	24%	48%	72%

Auf allen Gebieten zeigt sich eine weitere Verbesserung der vorher geklagten Beschwerden. In der differenzierten Auswertung ergibt sich, daß diejenigen, die regelmäßig bzw. anfangs regelmäßig geübt haben, große Fortschritte in der Beherrschung der Übungen und der Symptombesserung gemacht haben. Auch diejenigen, die im Bereich der Problem- und Konfliktlösung an sich gearbeitet haben, erzielten überdurchschnittliche Erfolge.

Diejenigen, die selten oder gar nicht geübt haben, verzeichnen keine Symptombesserungen bzw. neue Verschlimmerungen der Beschwerden.

Bei der Kontrollgruppe (ohne AT) sind die Besserungsraten nach 4 Monaten für Weinen, Kloßgefühle, Sorgen, Nervosität sowie Schlafstörungen am geringsten und für Muskelverspannungen am größten. Ebenfalls nach 4 Monaten betragen die Besserungsraten für die AT-Gruppe zwischen 46% für Verdauungsbeschwerden und 84% für Nervosität.

Im Durchschnitt sind 4 Monate nach der Rehabilitationsmaßnahme 41% der psychovegetativen Beschwerden bei der Kontrollgruppe (ohne AT) gebessert. Bei den Teilnehmern am AT-Seminar sind zum gleichen Zeitpunkt durchschnittlich 70% der Beschwerden gebessert. Bei der AT-Gruppe zeigen sich jetzt deutliche Fortschritte gegenüber der Kontrollgruppe.

Ergebnisse der 3. Nachbefragung
(1 Jahr nach Kursusbeginn)
Die Auswertung ergibt bei denjenigen, die das Training weiterhin durchführen, weiter ansteigende Erfolge. Bei manchen ergibt sich jedoch, verglichen mit der 2. Nachbefragung, ein leichter Rückgang der Symptombesserungen. Dabei handelt es sich um Klienten, die nach einigen Monaten ihre Beschwerden weitgehend beseitigt hatten und daraufhin nicht mehr die Notwendigkeit sahen, das Aufrechterhaltungstraining weiter durchzuführen. In einigen Fällen traten daraufhin die früheren Beschwerden wieder auf.

Wenn die Übungen überhaupt nicht durchgeführt wurden, können diese Personen in Belastungssituationen das Training nicht mehr mit Erfolg anwenden. Ein erneutes regelmäßiges Training ist in solchen Fällen unumgänglich, um wieder Erfolge erzielen zu können. Zum Abschluß der statistischen Ausführungen folgt eine Zusammenstellung der Symptombesserungen in einer Rangreihe:

	gebessert (2 Wochen nach Kursbeginn)	gebessert (4 Monate nach Kursbeginn)	gebessert (1 Jahr nach Kursbeginn)
1. Angstzustände	55%	72%	89%
2. Beklemmungsgefühe	53%	68%	89%
3. Atembeschwerden	50%	72%	89%
4. Kloßgefühl	37%	69%	89%
5. Weinen	57%	84%	88%
6. Reizbarkeit	63%	82%	88%
7. Nervosität	62%	84%	88%
8. Zittrigkeit	52%	73%	88%
9. Magenbeschwerden	50%	69%	87%
10. Innere Unruhe	62%	82%	85%
11. Aufsteigende Hitze	48%	71%	84%
12. Schweißausbrüche	42%	65%	84%
13. Kopfschmerzen	50%	67%	84%
14. Abgespanntheit	57%	73%	83%
15. Schlafstörungen	52%	78%	82%
16. Muskelverspannungen . . .	58%	71%	81%
17. Konzentrationsschwierigk. .	39%	59%	81%
18. Schwindelgefühle	46%	70%	79%
19. Sorgen/Konflikte	42%	69%	78%
20. Mattigkeit	57%	61%	77%
21. Kreislaufbeschwerden	46%	60%	72%
22. Herzbeschwerden	46%	63%	72%
23. Verdauungsbeschwerden . .	24%	46%	70%

Durchschnittliche Besserung			
bei der AT-Gruppe:	50%	70%	83%
bei der Kontrollgruppe:	42%	41%	37%

Nach einem Jahr sind die Fortschritte der AT-Gruppe noch weiter angewachsen. Die genauen Veränderungen in dieser Zeit sind obiger Liste zu entnehmen. Die Kontrollgruppe hingegen zeigt leichte Rückschritte. Verglichen mit der Kontrollgruppe sind nach einem Jahr die Symptombesserungen bei der AT-Gruppe mehr als doppelt so hoch. Die Langzeitergebnisse der Untersuchungen anderer Autoren weisen einen ähnlich positiven Trend auf.

Nach diesen statistischen Werten, bei denen die Antworten vieler Menschen zusammengefaßt und auf die Zahlenebene reduziert wurden, sollen einige Äußerungen ehemaliger Seminarteilnehmer wiedergegeben werden:

»Gute Ergebnisse verzeichne ich bei der Besserung meiner Durchschlafstörungen, woran ich seit Jahren leide. Ich wache zwar auch jetzt noch nachts auf, schlafe aber nach Anwendung des Autogenen Trainings nach kurzer Zeit wieder ein. Früher lag ich Stunden oder sogar für den Rest der Nacht wach. Die Schwere und Wärme kann ich auf Anhieb hervorrufen. Bei der nachfolgenden Atemübung fühle ich mich fast schwebend und falle gleich in Schlaf. Auch mein Allgemeinbefinden hat sich erheblich gebessert.

Die Sonnengeflechtübung gelingt noch nicht immer, und ich weiß sie auch noch nicht gezielt einzusetzen. Ich möchte sie gern zur Behebung der Verdauungsbeschwerden beherrschen. Das Schulternackenfeld war trotz fleißiger Übung bis jetzt nicht ansprechbar. Dabei wäre es für mein Bandscheibenleiden gewiß von großer Wichtigkeit.« (M. S.)

»Meine Beobachtungen sind noch nicht beendet. Fest steht auf jeden Fall bereits heute: Stets kalte Füße und Hände gehören der Vergangenheit an; mein Blutdruck und Kreislauf sind zur Zeit in Ordnung; wenn ich aufgeregt und nervös bin, hilft Autogenes Training, um wieder ruhig zu werden.

Zum letztgenannten Punkt möchte ich noch bemerken, daß ich mich nachgerade nach dem Autogenen Training sehne, wenn ich durch berufliche oder auch private Dinge nervlich überbelastet bin. Zum Blutdruck und Kreislauf kann ich allerdings noch nichts Abschließendes sagen, denn ich beobachte und experimentiere z. Zt. noch. Ich glaube, daß es letzten Endes ein Lobgesang auf das Autogene Training wird.

Auch wenn Punkt zwei in das Negative zurückfallen sollte, so ist trotzdem das Autogene Training bei mir ein voller Erfolg. Stetig kalte Füße und Hände zu haben und plötzlich davon befreit zu sein, ist mehr, als ich erwartete. Ich glaube auch, daß ich im großen und ganzen bereits heute wesentlich ruhiger bin, und das verdanke ich nur dem Autogenen Training.« (W. B.)

»Ich beherrsche das Autogene Training so gut, daß ich die für mich wichtigen Übungen jederzeit einsetzen kann, ob ich allein bin oder nicht. Ich übe jeden Abend, tagsüber auch, sowie sich die Gelegenheit ergibt. Die Stirnkühleübung dauerte bei mir etwas länger. Jetzt brauche ich sie täglich gegen ansteigende Hitze. Wenn ich in Gefahr bin, in Atemnot zu geraten, so hilft mir die Formel ›ruhig‹, d. h., ich brauche nicht mehr Herz- und Atemübung einzeln anzuwenden. Ich habe seit langer Zeit keinen Asthmaanfall mehr gehabt. Sehr gebessert haben sich die Verspannungen in den Schultern und im Nacken. Ich führe auch das auf das Autogene Training zurück. Ich denke gern an unsere interessante Runde zurück. Dort habe ich erfahren, daß ich eigentlich ein glücklicher Mensch bin, der sich an vielen Dingen freuen kann. Dieser Erfolg hat sich am Rande des Autogenen Trainings eingestellt.« (J. W.)

»Mir gibt das Autogene Training auch einen gewissen Auftrieb, weil ich nun in der Lage bin, Vorgänge in meinem Körper zu steuern, die ich vorher nicht beeinflussen konnte.« (H. S.)

»Es gelingt mir fast immer, auch tagsüber, im Liegen, nach einigen Minuten des Trainierens in einen erfrischenden Tiefschlaf zu fallen. Manchmal dehne ich das Training auf etwa eine halbe Stunde aus, wobei die Schwere zeitweise in Schweben übergeht und das Wohlbefinden im warm durchströmten Körper wächst. Da ich unter schweren Verdauungsbeschwerden leide, konzentriere ich mich besonders auf die Sonnengeflechtübung. Dabei spüre ich oft, wie sich in dieser Region Stauungen lösen und die Darmträgheit nachläßt. Die Stirnübung gelingt fast immer auf Anhieb. Die Formel ›Ich bin vollkommen ruhig und gelassen‹ bedeutet für mich ein Lebensprogramm; ich sage sie mir oft in Gedanken vor, besonders, wenn ich Aufregungen oder sonstiges Unangenehme auf mich zukommen sehe.« (A. U.)

»Ich beherrsche die Übungen schon einigermaßen gut. Nur die Sonnengeflechtübung gelingt mir noch nicht. Äußerst wichtig fand ich für mich die Anregung, mich meinen eigenen Problemen zu stellen und nicht davor wegzulaufen. In Kombination mit dem Autogenen Training habe ich dabei schon große Fortschritte gemacht.« (F. N.)

»Im vorigen Jahr hatte ich Rente beantragt, weil ich wirklich krank war, wenigstens fühlte ich mich sehr krank. Blutdruck, Kreislauf, Bandscheiben, Kopfschmerzen, kalte Hände und Füße, Calzium- und Kaliummangel machten mir sehr zu schaffen. Ich hatte den Lebensmut verloren und befaßte mich nur mit Dingen, die bei Greisen verständlicher sind.

Seitdem ich regelmäßig Autogenes Training betreibe, ist meine Lebenseinstellung eine andere geworden. Ich unternehme wieder etwas, und mein ganzes Denken und Trachten ist nicht auf Sterben, sondern auf Leben ausgerichtet. Ich lache jetzt darüber, daß ich im vorigen Jahr Rentner werden wollte.« (W. B.)

»Zusammenfassend kann ich sagen, daß mir das Autogene Training die Möglichkeit gibt, viele Beschwerden zu lindern beziehungsweise abzustellen. Und das alles ohne fremde Hilfe, d. h. ohne Arzt und ohne Medikamente! Dabei halte ich die Erkenntnis, daß ich selbst für meinen Körper, für mich, etwas tun kann – und zwar mit Erfolg – für besonders wichtig. Es stärkt das Selbstwertgefühl ungemein und beeinflußt mich als ganzen Menschen positiv. Diese und andere wichtige Erkenntnisse verdanke ich einerseits dem durch Anwendung des Autogenen Trainings erreichten Erfolg, zum anderen aber auch der äußerst hilfreichen Gruppendiskussion. Beides – Übungen und Gruppengespräch – ergänzen sich m. E. in sinnvoller Weise.« (C. B.)

Möglichkeiten der Psychotherapie (Kontaktadressen)

Diejenigen, die die Möglichkeit haben, im Rahmen des Autogenen Trainings an der Bewältigung ihrer Probleme und Konflikte zu arbeiten, sind anderen gegenüber im Vorteil.

Für autogen Trainierte ist es in Zukunft leichter, in diesen Bereichen Fortschritte zu machen. Die speziellen Hinweise in diesem Buch sollen zusätzliche Hilfen auf dem Weg zur Problembewältigung geben.

Wenn Sie feststellen sollten, daß Sie nach anfänglichen Fortschritten in der Bewältigung Ihrer Belastungsfaktoren nicht mehr weiterkommen, können Sie sich an einen der nachfolgend aufgeführten Psychotherapie- oder Trägerverbände wenden. Regionale Adressen erfahren Sie auch beim Gesundheitsamt sowie im Branchentelefonbuch unter der Rubrik »Psychotherapie«.

Psychotherapieverbände

Deutsche Gesellschaft für Verhaltenstherapie, Hauptgeschäftsstelle: Friedrichstraße 5, 7400 Tübingen

Gesellschaft für wissenschaftliche Gesprächspsychotherapie, Geschäftsstelle: Richard-Wagner-Straße 12, 5000 Köln 1

Allgemeine ärztliche Gesellschaft für Psychotherapie, Geschäftsführung: Nettelbeckstraße 3, 4000 Düsseldorf

Gesellschaft für psychosomatische Therapie, Geschäftsstelle: Adlerstraße 21, 4000 Düsseldorf

Deutsche Gesellschaft für Ärztliche Hypnose und Autogenes Training e. V., Vorsitz: Bismarckallee 1–3, 2360 Bad Segeberg

Psychologischer Arbeitskreis für Autogenes Training und Tiefmuskel-Entspannungstraining, Paulinenstraße 20, 4902 Bad Salzuflen

Deutsche Gesellschaft für Individualpsychologie e. V., Sekretariat: Boeckstraße 14, 5100 Aachen

Deutsche Gesellschaft für Gestalttherapie und Kreativitätsförderung, Sekretariat: Brehmstraße 9, 4000 Düsseldorf

Deutsche Gesellschaft für Transaktionsanalyse, Kundrystraße 1, 1000 Berlin 41

Berufsverband Deutscher Psychologen, Sektion Klinische Psychologie, Sektionsvorsitz: Adolf-Kolping-Straße 15, 6500 Mainz

Erziehungs- und Familienberatung

Bundeskonferenz für Erziehungsberatung e. V., Amalienstraße 6, 8510 Fürth

Katholisches Zentralinstitut für Ehe- und Familienfragen, Hohenzollernring 38–40, 5000 Köln 1

Evangelische Konferenz für Familien- und Lebensberatung e. V., Matterhornstraße 82, 1000 Berlin 38

Deutscher Caritasverband, Karlstraße 40, 7800 Freiburg

Diakonisches Werk, Hauptgeschäftsstelle: Stafflerbergstraße 76, 7000 Stuttgart

Deutscher Paritätischer Wohlfahrtsverband, Heinrich-Hoffmann-Straße 3, 6000 Frankfurt/M.

Bundesarbeitsgemeinschaft der Freien Wohlfahrtspflege, Rathausgasse 11, 5300 Bonn

Verband kathol. Ehe-, Familien- und Lebensberater e. V., Marchstraße 8, 5300 Bonn-Beuel

Institut für Familientherapie e. V., Hübschstraße 4, 6940 Weinheim

Gesellschaft für Beratung und Therapie von Kindern, Jugendlichen und Eltern, Blumenstraße 22, 8510 Fürth

Arbeiterwohlfahrt, Bundesverband e. V., Ollenhauerstraße 3, 5300 Bonn

Pro Familia, Deutsche Gesellschaft für Sexualberatung und Familienplanung e. V., Cronstettenstraße 30, 6000 Frankfurt/M. 1

Sonstige Verbände

Deutsche Gesellschaft für Psychosomatische Medizin, Hattenheimer Straße 4, 1000 Berlin 28

Berufsverband Deutscher Psychologen, Hauptgeschäftsstelle: Heilsbachstraße 22, 5300 Bonn 1

Deutsche Gesellschaft für Psychologie, Sekretariat: Max-Planck-Institut für Psycholog. Forschung, Leopoldstraße 24–26, 8000 München 40

Deutscher Berufsverband der Sozialarbeiter und Sozialpädagogen, Schützenbahn 17, 4300 Essen 1

EA – Selbsthilfegruppen für seelische Gesundheit (Emotions Anonymous), Kontaktadresse: Klinik Kinzigtal, Bernbacher Straße 33, 7506 Bad Herrenalb oder Hohenheimer Straße 75, 7000 Stuttgart 1

AA – Anonyme Alkoholiker, Postfach 422, 8000 München 1

Deutsche Arbeitsgemeinschaft Selbsthilfegruppen, Friedrichstraße 28, 6300 Gießen

Aktionsausschuß zur Verbesserung der Hilfe für psychisch Kranke, Beethovenstraße 61, 6000 Frankfurt/M.

Selbsthilfe für Krebsbetroffene, Annastraße 27, 4630 Bochum

Bundesarbeitsgemeinschaft für Rehabilitation, Eyssenckstraße 55, 6000 Frankfurt/M.

Bundesärztekammer, Haedenkampstraße 1, 5000 Köln 41

Deutscher Patientenschutzbund, Adenauerallee 94, 5300 Bonn 1

Bundesarbeitsgemeinschaft »Hilfe für Behinderte«, Kirchfeldstraße 149, 4000 Düsseldorf

Verein Lebenshilfe für das geistig behinderte Kind, 3550 Marburg-Neuhöfe

Deutsche Hauptstelle zur Abwehr der Suchtgefahren, Bahnhofstraße 2, 4700 Hamm

Bundesvereinigung für Gesundheitserziehung e. V., Bernkasteler Straße 53, 5300 Bonn 2

Bundesministerium für Jugend, Familie, Frauen und Gesundheit, Postfach 490, 5300 Bonn 2.

Literaturhinweise

BERLIN, J.: Das offene Gespräch – Paare lernen Kommunikation, Pfeiffer, München, 1975

BERNE, E.: Spiele der Erwachsenen, Psychologie der menschlichen Beziehungen, Rowohlt, Reinbek, 1967

BOECKEL, J.: Warten leichtgemacht, Südwest, München, 1985

BRENNER, H.: Tiefmuskel-Entspannungs-Training, Übungsanleitung auf Toncassette, Eigenverlag, Bad Salzuflen, 1988 (vgl. S. 16)

BRENNER, H.: Blut-Hochdruck, O. Müller, Salzburg, 1984

BUCHMANN, K.-E.: Nimm Dein Schicksal in die Hand, Herder, Freiburg, 1982 (Nr. 948)

BUCHMANN, K.-E.: Lebe jetzt, Herder, Freiburg, 1984 (Nr. 1120)

BUSCAGLIA, L.: Leben – Lieben – Lernen, Goldmann, München, 1984 (Nr. 14002)

CASRIEL, D.: Die Wiederentdeckung des Gefühls, Goldmann, München 1977 (Nr. 11118)

COATES, TH. J.: Endlich wieder schlafen können, O. Müller, Salzburg, 1982

DYER, W.: Der wunde Punkt – Die Kunst, nicht unglücklich zu sein, Rowohlt, Reinbek, 1980 (Nr. 7384)

FROMM, E.: Haben oder Sein – Die seelischen Grundlagen einer neuen Gesellschaft, Deutscher Taschenbuchverlag, München, 1979 (Nr. 1490)

GEBA, B.: Das Atembuch, Parallel, Berlin, 1976

GENDLIN, E.: Focusing – Technik der Selbsthilfe bei der Lösung persönlicher Probleme, Müller, Salzburg, 1981

GORDON, TH.: Familienkonferenz, Rowohlt, Reinbek, 1980 (Nr. 7347)

GROSS, W.: Finde ich meinen Körper, so finde ich mich, Herder, Freiburg, 1984 (Nr. 1127)

HALDER, P.: Verhaltenstherapie, Kohlhammer, Stuttgart, 1973 (Nr. 167)

HARRIS, TH.: Ich bin o. k. – Du bist o. k., Rowohlt, Reinbek, 1976 (Nr. 6916)

HENNENHOFER, G./HEIL, K. D.: Angst überwinden, Rowohlt, Reinbek, 1975 (Nr. 6939)

HEUSER, E.: So funktioniert mein Körper, Deutscher Taschenbuchverlag, München, 1980 (Nr. 7918)

ILLICH, I.: Die Nemesis der Medizin – Von den Grenzen des Gesundheitswesens, Rowohlt, Reinbek, 1977

JULI, D./ENGELBRECHT-GREVE, M.: Streßverhalten ändern lernen, Rowohlt, Reinbek, 1978 (Nr. 7193)

JUNGK, R.: Der Atomstaat – Vom Fortschritt in die Unmenschlichkeit, Rowohlt, Reinbek, 1979 (Nr. 7288)

KAST, V.: Trauern, Kreuz, Stuttgart, 1982

KOCH, P./OLTMANNS, R.: Die Würde des Menschen, Goldmann, München, 1979 (Nr. 11231)

KRAUSE, G.: Positiver Denken, Rowohlt, Reinbek, 1985 (Nr. 7952)

KÜBLER-ROSS, E.: Reif werden zum Tode, Siebenstern, Gütersloh, 1981 (Nr. 1023)

LANGBEIN, K. U. A.: Bittere Pillen, Kiepenheuer & Witsch, Köln, 1985

LAZARUS, A. U. FAY, A.: Ich kann, wenn ich will, Stuttgart, 1978

LEIBOLD, G.: Depressionen vorbeugen – lindern – heilen, Humboldt, München, 1982 (Nr. 431)

LEIBOLD, G.: Guter Schlaf – gute Nerven, Humboldt, München, 1979 (Nr. 354)

LEIBOLD, G.: Schluß mit dem Streß!, Humboldt, München, 1983 (Nr. 452)

LEIBOLD, G.: Taschenlexikon der Naturheilkunde, Humboldt, München, 1981 (Nr. 410)

LEWINSOHN, P.: Der Weg zum seelischen Gleichgewicht. – Depressionen erkennen, überwinden, vermeiden, Müller, Salzburg, 1982

LINGERMANN, H. A.: Bewußt hören, Schangrila, Haldenwang, 1984

LOWEN, A.: Bio-Energetik, Rowohlt, Reinbek, 1979 (Nr. 7233)

MASSOTH, P. U. E.: So gesund wie möglich, Beltz, Weinheim, 1984

MESSING, N.: Naturärzte-Wegweiser, Ganzheitliche Gesundheit, Memmingen, 1988

MILLER, D.: Bodymind – Ein ganzheitliches Gesundheitsbuch, Ki-Buch, Berlin, 1978

MOODY, R.: Leben nach dem Tod, Rowohlt, Reinbek, 1978

PELLEFIER, K. R.: Gesund leben – gesund sein, Rowohlt, Reinbek, 1987 (Nr. 8340)

RICHTER, H. E.: Flüchten oder Standhalten, Rowohlt, Reinbek, 1980 (Nr. 7308)

RIHS-MIDDEL, M.: Den Alltagsstreß gelassen meistern, O. Müller, Salzburg, 1985

SACHAROW, B.: Das ist Yoga, Humboldt, München, 1977 (Nr. 82)

DE SAINT-EXUPÉRY, A.: Dem Leben einen Sinn geben, Deutscher

Taschenbuchverlag, München, 1962 (Nr. 86)

SATIR, V.: Selbstwert und Kommunikation, Pfeiffer, München, 1975

SCHULTZ, J. H.: Übungsheft für das autogene Training, Thieme, Stuttgart, 1973

SCHWÄBISCH, L. u. SIEMS, M.: Anleitung zum sozialen Lernen für Paare, Gruppen und Erzieher, Rowohlt, Reinbek, 1974 (Nr. 6846)

SHELTON, J. L. u. ACKERMANN, M. J.: Verhaltensanweisungen, Pfeiffer, München, 1978

SIEMS, M.: Dein Körper weiß die Antwort, Rowohlt, Reinbek, 1986 (Nr. 7968)

STALMANN, R.: Geheimnis Psychosomatik – Wenn die Seele leidet, wird der Körper krank, Kindler, München, 1979

STALMANN, R.: Guten Tag, Traurigkeit, Fischer, Frankfurt, 1986 (Nr. 3242)

TAUSCH, A.-M.: Gespräche gegen die Angst, Rowohlt, Reinbek, 1981

THUMSHIRN, W.: Jeder kann für sich was tun, Goldmann, München, 1980 (Nr. 10847)

TIMMERMANN, T.: Musik als Weg, Pan, Zürich, 1987

VESTER, F.: Phänomen Streß, Deutscher Taschenbuchverlag, München, 1978 (Nr. 1396)

WAGNER, A.: Gesund sein – gesund bleiben, Büchner, Hamburg, 1979

WALLNÖFER, H.: Besser als tausend Pillen, Rowohlt, Reinbek, 1979 (Nr. 6152)

WATZLAWICK, P.: Anleitung zum Unglücklichsein, Piper, München, 1983

WEYEL, G.: Der richtige Umgang mit Arzneimitteln, Heyne, München, 1980 (Nr. 4682)

Kleines Lexikon der Fachausdrücke

Adrenalin: Hormon der Nebenniere

Asthma: Anfallsweise auftretende Luftnot

Autogenes Training: Entspannungs-Training, bei dem mit Hilfe von ständig wiederholten autosuggestiven Wortformeln Körper- und Gesamtentspannung gelernt wird

Autosuggestion: Selbstbeeinflussung

Biofeedback: Rückkopplung oder Rückmeldung von körperlichen Vorgängen in Form von optischen oder akustischen Signalen

Bizeps: Beugemuskeln des Oberarms

Desensibilisierung: Schrittweise Aufhebung der angstbesetzten Überempfindlichkeit gegenüber bestimmten Situationen, Objekten oder Personen

Emotion: Gefühl, Gefühlsäußerung

Generalisierung: Ausbreitung, Verallgemeinerung

Heterosuggestion: Fremdbeeinflussung, Beispiel: Hypnose

Hypertonie: Erhöhter Blutdruck

Hypochondrie: Überbewertung von körperlichen Mißempfindungen mit autosuggestiver Verstärkung der Mißempfindungen

Hypotonie: Zu niedriger Blutdruck

Herzinfarkt: Gefäßverschluß im Bereich der das Herz versorgenden Herzkranzgefäße

Klient: Patient mit Selbstverantwortung und Eigeninitiative

Neurose: Psychische Störung bzw. Fehlfunktion infolge von fehlverarbeiteten Konflikten

Phobie: Auf Objekte, Personen oder Situationen bezogene unangemessene Angst, die mit psychovegetativen Symptomen verbunden ist. Wegen Meidung des ursprünglichen Angstthemas verlagert sich die Angst immer mehr auf äußerliche Objekte oder Situationen

Progressive Relaxation: Englische Bezeichnung für das Tiefmuskel-Entspannungs-Training. Dabei wird mittels systematischer Anspannung und Entspannung von willkürlichen Muskeln Gesamtentspannung erlernt.

Psyche: Seele, Lebensprinzip, Gesamtheit der menschlichen Erlebens- und Verhaltensmöglichkeiten

Psychiatrie: Wissenschaft, die sich vorrangig mit den Geistes- und Gemütskrankheiten befaßt

Psychisch: Das Erleben und Verhalten betreffend

Psychologie: Wissenschaft, die sich vorrangig mit dem menschlichen Verhalten im weitesten Sinne befaßt; dazu gehören u. a. die Emotionen

Psychosomatik: Lehre von den Wechselbeziehungen zwischen Seele und Körper

Psychosomatisch: Mit Erleben und Verhalten zusammenhängende körperliche Funktionen und Reaktionen

Psychotherapie: Behandlung seelischer Störungen mit psychologischen Methoden und Hilfe zur Selbsthilfe

Psychovegetativ: Mit Erleben und Verhalten zusammenhängende nervliche Funktionen und körperliche Reaktionen

Soma: Körper

Streß: Subjektiv erlebte Überbelastung, die sich auch körperlich als Anspannung äußert

Symptom: Hinweis auf eine Gesundheitsstörung oder Krankheit

Vegetative Dystonie: Ältere Sammelbezeichnung für nervöse Funktionsstörungen. Heutige Bezeichnung: Psychovegetatives Syndrom

Vegetatives Nervensystem: Unwillkürliches Nervensystem oder Lebensnervensystem. Der aktivierende Anteil wird Sympathicus genannt, der beruhigende Anteil Parasympathicus.

Verhaltenstherapie: Psychotherapiemethode, die menschliche Leiden auf fehlgeleitete Lernprozesse zurückführt. Unter aktiver Mitarbeit des Klienten werden neue Verhaltensweisen gelernt und Fehleinstellungen verändert

Namensverzeichnis

Register

Notizen

Notizen

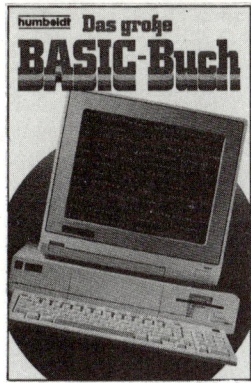